叩問中道

生命的終極解脫

Ultimate Nirvana

陳炳宏、阿媞◎著

序

變動令生命解脫

陳炳宏

變動令生命解脫，為什麼一定要在動當中有所改變？任何執著的部份都是我們動不了的識性，生命最深的心意是叩向自己的方位，自己的定位才能無染的示現在無常之中，這樣才能深切的愛自己。

變動令生命解脫，能變動的，生命彼此之間才能有尊重的空間，能轉化的，愛才能大行其道，人性之間才有真正的大道，才有相應的協調，而不是無知的識性妥協。

變動令生命解脫，解放人性的束縛，在變化中有所意會生命本然的意向，不能改變，永遠在沉淪的意識型態中累積生命的苦難，變動等同變化中有所行深的解脫，愛必在其中。

變動令生命解脫，解脫的生命有自主變動的自然，變動中的生命只有唯一的途徑，就是解除存在的所有的輪迴，不改初衷，所以，變動是必然的常態，變動引動變化的契機，引動轉化的深層能量，讓生命的本質湧動出來。所以，生命的自然必然有所變動，而變動就是生命通往解脫必然的軌跡的湧動。勇於變動，無畏於無常，就是生命已俱足解脫的時空與資糧，這是密因密碼，是必然的生命的真實真義。

序

逆向而來的解脫之道──不再有聖殤

阿媞

與陳炳宏老師一起沉澱生命，一起寫書的過程裡，他不斷的破除我過去有所累積的識性覆蓋和無法跳脫的慣性，從一開始的循循善誘、諄諄教誨，到後來，他毫不客氣的直接以快、狠、準的空性力道震盪著我固化、無明又難以改變的「自以為」，所有被識性覆蓋下的各種情緒和心念、所有內心深處最細微的、最難以覺察的不空之處，全部都被空性的力道給震了出來。過程中，識性剝落的痛苦，就好像被剝皮一樣的難過，但放下的那剎那，卻又有著無與倫比的輕鬆和瞬間了義的法喜。中道正法的解脫過程，是一層一層破殼而出的過程。

陳老師的所有內涵都是在講「中道」、「中觀」，所以不論順向或逆向，全部都要觀照和面對。放眼當下世間的所有教法，沒有什麼人敢講「中道」，因為眾生都要「順向」，不要「逆向」，逆向的接受度低，難以推廣。但是，所有教法長此以往的隨順眾生下來，已形成整個宇宙秩序嚴重的偏斜，不再中道。若是人們自己仍然不願意面對這個問題，未來將會有更大更無法預設的天災地變以逆向方式打來，一方面，逼人類面對，另一方面，重新調整宇宙的秩序。所以，這已不是單純祈禱或唸經就能夠改變的事情。

在閱讀《叩問生命系列》之前，要有一定的心理準備，因為所有的答案都引向一條路，也是唯一的一條路——打破，打破，再打破。當系列書來到第四本《叩問中道——生命的終極解脫》的時候，更是如此，更是要破除所有人類千年來所以為的修行模式和表象。我們無意與全世界唱反調，也沒有刻意針對哪一個系統，我們只強調解脫。然而，解脫之路的唯一方向，就是逆向於所有人世間自以為的一切行法。

二千五百年前，釋尊開始講道的時候，那時候北印度的人沒有人懂他在說什麼，二千年前的耶穌，更是被當權者殘害，釘上了十字架，這二位偉大的思想家，或者我們可以稱他們為當世世人的「救世主」，在當時傳道的時候都是非常艱辛的。為什麼艱辛？因為，他們都在走一條「逆向於所有人世間的路」——解脫、變革、前所未有。除了少數門徒和追隨者之外，他們所留下來的重要言論和內涵，根本不為當世世人所接受，真正的廣傳，都已是數百年之後的事了。

所以，所有的世人都應該好好的想想：他們不是救世主嗎？為什麼在當時傳道會那麼艱辛呢？不是應該受到世人尊敬和敬仰嗎？以我們現代人的角度來看，好像非常的不可思議，但是，其實一點都不奇怪，因為這就是「人性的瘋狂與殘酷」，人類對於所謂的異教徒、不順我者、非我族類的迫害，千百年來，從沒有停止過，從宗教，到政治，到商場上的爭戰，處處都揭露了人性的殘酷之處。

千年之後，雖然人們仍然不斷稱頌他們的偉大事蹟，傳揚他們留下來的理念，但隨著時代的變遷，人類的生活日益富裕而舒適，解脫之道的真義也早已被埋沒在金錢和福報的表象之下，「解脫」已變成是人們自己富裕生活的某種裝飾品，在宗教集會裡面歌頌一下流傳千年的經典，沾一沾那種氛圍，就當作自己保證可以上天堂，或可以解脫了。

但是，有信念就等同解脫嗎？有信仰就能夠上天堂嗎？有唸佛就叫做修行嗎？有開悟就會是永生嗎？有懺悔就一定得救嗎？這其中，所有你可能會像當時的猶太人迫害耶穌的「因」，或可能會像當時的北印度人用無常向釋尊叩問的「因」，千年來，你可能從未真正解除過。

這些讓你過去生完全錯失「解脫之道」的「因」，可能現在依然存在在你的深處，而你卻從不知道。現在的你高唱著經典裡面的字句，但會讓你輪迴無量劫的原罪，你卻從未真正意會過，每天過著自以為良善、正義、光明的日子，你從未真正了解你自己。

你依著識性和慣性的意識型態來過生活，也用這種方式來理解經典和修行，你的意識型態、世界的意識型態早已形成一個巨大的輪迴漩渦，你在裡面順著游，舒適快活，不知這樣只會越來越沉淪，越來越無法從漩渦中解脫出來。對於那些逆向游的人，你視之為異類，你向其嗤之以鼻，你質疑他們的論點。

不願意生命生活中有任何逆向的你，你敢說，你不會錯過你生命中最重要的解脫內涵嗎？你敢說，你不會誤解最能夠幫助你解脫的人嗎？你敢說，當如來佛或上主以逆向方式出現在你面前的時候，你不會視之為惡魔嗎？你敢說，面對所有為了解脫而逆向行來的人事物，你不會逃之夭夭嗎？

在閱讀《叩問中道——生命的終極解脫》之前，請先自己回答自己。

推薦序

人類最後的解脫契機

張皓傑

當《叩問中道——生命的終極解脫》這本書拿在你手上時，世界已經悄悄在進行一場心靈的革命，而台灣就是這場革命的發源地，你也在其中。

不管你眼中的台灣是什麼樣子的，你都不能否認她是個極為特殊的地方，在這土地上各種教法之昌盛，教派之多元，人民對宗教活動之熱衷、信仰之虔誠，修行人數之廣，絕對這是世上屬一屬二的。但令許多人不解的是，為何人民生活依然如此辛苦，甚至用鬼島來形容這塊土地？

這現象的背後在提點一件事，就是任何外在形式教法都沒辦法引領人民從這個世代的苦難之中解脫出來了，這個世代已經不是你拜哪一尊佛，敬哪一尊神就能解脫的，因為已經沒有任何外在的救世主可求了。這個世代人類唯一皈依的方向是「萬民成自己的主，讓地球成為主性的國度」。不管你是否有意識到，也不管你的態度意願為何，已經沒有第二條路可走了，叩問系列叢書就是根基在這樣的志業圖騰上孕育而生，為人類指出這條自主的解脫之道。

我們強調的是人人自主，每個人要能成為自己生命的主人，彼此以主性對待，互為世間尊重互為主，這是人類唯一能走下去的生命道途，而所有這些自主的內涵都在叩問系列叢書所傳遞的「中道思想」裏。

中道思想是蘊含著人類終極解脫密藏的重大思想體系，其宗旨不是要創立任何新的宗教派別，相反的，是要解除所有外在形式的教法，不管是顯、是密，或是任何教派，只有將這些外在形式全部都打破，方能讓各種類別的宗教修行形式真正重新整合，完全還原在日常生活之中，回歸到人性本然的存在存有之處，開啟人類解脫的契機。

這世代的人們最大問題在於所有的人早已不識本心了，不知道自己究竟是怎麼樣本質性的存在。佛陀當初以心印心的傳法，早已不存在於任何宗教系統之中，也就是原始佛教的教義，在宗教裏已經蕩然無存了。

什麼是原始佛教？世尊當初證道時，並沒有著手成立任何宗教，而是他生命恢復的佛性感召了一群追隨他的人，一群有意願恢復自己內在佛性的人，進而形成了一個共修的團體。這群人是能以如來性直接與世尊對應的，他們以如來性向世尊請益，聽聞世尊說法，讓他把解脫的智慧傳遞到世上來。是後人為了有系統地傳達這些智慧才形成了佛教，而把這個最早尚不是宗教團體的組織形式稱為原始佛教。

三人或三人以上在日常生活中當下生命生活的面對，已是俱足的生命互動，現在的一切人間事，已經等同世尊當時的原始佛教的初衷本義，一切的知苦了義在本質的公義上，都反應在眾人的生活輪動之中，只是每一個人自己的面對態度，或人與人之間所參與的連結，是如何的對應態度？這一切都已經是等同原始佛教共同面對的僧團的廣義原始佛法。

隨著時間的更替，佛教在不斷往外廣傳的同時，原始佛教的本義也在普傳的過程中逐漸淡化，到後來只剩下經文的闡述辯證，以及外在形式的宗教儀軌。不管是在顯宗或密宗裏，在識性不斷的累積之下，真正解脫的內涵已經被覆蓋在層層的識性解讀下，關鍵的核心意涵已被埋沒得無人能知了。

中道思想的內涵，就是要還原原始佛教的教義，所以這一次是要開出中道密宗的原始佛教密藏，同時也要開出中道顯宗的原始佛教密藏，在此之後，報身佛的密藏，甚至諸佛之後的密藏也全部都將開演出來。

然而這一切都必須還原在人性的輪動之中，人肉身的存在之中，人一生的生活之中，也就是人日常生活的平凡平常之處，所經驗的一切都已是俱足轉識成智的世尊之原始佛教，也就是不可思議的人與人之間互為世間尊重，互為生命自主的世尊中道，這就是中道正法在《叩問中道——生命的終極解脫》這一本書的核心價值。

這樣的開演從台灣開始啟動，這也是台灣之所以特別的地方。這世代降生在台灣的人，許多都是有大願力的靈魂體，為的就是要參與這一局的開演，這也是台灣修行人數如此眾多的原因之一。很多人可能生命到了某個臨界點，就開始心靈的探索，去尋求自己能認同的教法修行，當中過程可能因人而異，但是往往到某個瓶頸就卡住了，到了某種次第就修不上去了，停在一個解脫不了的關卡上，這是目前很多修行者的問題。

《叩問中道——生命的終極解脫》就是要引領讀者去打破這些問題，這本書並沒有要教授你任何修行的法門，相反的，是要你放下原本的修行法門，打破你原本教法中自己固著的部份。所以在過程中，你可能有所震盪，有些內涵會衝擊你自身對原本教法的知見，這時請不要思議，不要用識性去理解書中的內容，因為這些震盪是要幫助你剝落對原本教法的執著，你的法執正是令你停滯不前的原因，令你上不去的關卡，只有將之打破才有改變的契機，才有機會往解脫之道繼續前進。

你可能對生命迷惘過，你可能對人生的意義質疑過，你可能對生活的輪迴不滿過，你可能尋尋覓覓想找出方法解脫這一切。經過了內在外在的各種波折，你內在那渴求解脫之道的初心，終於讓你有機會將這本書拿在手上。所以請好好珍惜這個機會，不要用慣性的頭腦來讀這本書，而以內在覺受納入書中的內涵，不要有多餘的思議，不要讓識性來干擾，請放手讓主性的法流引領你內在的質變，這是最後的解脫契機。

我們必須在我們的生活中相應這樣子的契機，解脫人性存在的慣性，這一生每一個人來到這個世界，都希望所存在的是人與人之間共同的世間尊重，這一切卻是必須從每一個人對自己的慣性解脫開始做起，這就是這一本書《叩問中道、——生命的終極解脫》真正的重點所在。

人的生活本來就已經俱足了一切解脫的緣起的法供養，也就是人對自己本身存在的叩問，也是解脫不可思議的緣起，每一個人都是如是我聞在生命之中，如是奉行在生活之中，圓成世間尊重的中道生活。

推薦序

中道革命世代，第一記鑼聲響起！

張端筠

末日之說每隔數年風行一次，驚駭的天災地變，雖偶有演繹，卻從未大規模來臨。天地示警的威能，無常變動的加劇，人類從不真正想看，不真正想聽，最終淪為好萊塢娛樂素材，茶餘飯後話題，紙醉金迷再撈一筆，即便塗抹少許反省的胭脂，落回可樂爆米花的尋常生活，痛定思痛有幾許？

幾千年來人類文明承載過重，發動逆破的流血革命，成功又有幾許？總是要被剝奪到最後一粒僅剩的稻米，才要命也不顧的揭竿起義，打破不能自主蜉蝣般的奴性。然而擴張掠奪是基因裡難以擺脫的毒癮，掌了權力忘了身形，眾生撿回一碗殘糧，就回到苟且偷安的小確幸，以為真有一種叫做維持現狀的膏藥，永遠不必面對生滅痛苦的提醒。

公式化的識性思議，反射動作的食衣住行，每天為生存的機率算計，痲痲木木的走到一生必然的最終一局，唯一人皆必死的鐵律。平白的來世界一遭，怎能只留下汙染就離去？把地球弄成這般萬物不得安寧，可不可以，負起一點責任，莊嚴看待生命的意義？

順向之流更是詭詐的陷阱，攀著若有似無的人生體驗，隨著環境擺盪，表淺的善念，表淺的正義，表淺的領悟，表淺的修行，表淺的論述時事，表淺的人際關係。生下來求福報，死去後求哀榮，福綠壽南柯一夢，一種遙不可及的神話之旅。即便有面對生命的機緣，一些最初鬆綁的心得，也很快原地止步，眷戀安逸裹足不前，亦或忙著擴散廣布，變成商業的載具，一路往外，沒時間留一點內向深化的空間，錯失究竟的契機。

解讀生命是誰的專利？宗教大師，教育專家，商業領袖，體制高官，賢達聞人，或自己？

修行道場是誰的專利？廟宇教堂，神學教育，靈山聖地，古代文明，外星球體，或自己？

每天所說的話，就是一己的佛說；每天所在的空間，就是一己的道場。解脫的權柄不必再外求，從日常生活中的絲絲縷縷，往內看向深處的黑洞迷宮，生命的答案在早已成佛的自己。

這本自解自剖的生命之書，捧回家，納入心，好好端詳自己的三十六計，七十二變，五十五道陰影，百千萬劫難遭遇。那個叫做外境的虛擬動畫，把我們七折八拐的宮心計放大投射出去，形成各式各樣自毀自燃的苦難大戲，每天透過八方資訊，閃進眼耳鼻舌身意，誰說末日沒有來臨，這樣凌遲的，日日加密的，次第崩解的，逼著我們攤牌確定，要解脫？要抱著累積永遠沉淪下去？

台灣島嶼密藏世界奇蹟，質變世代的中道內涵，原汁原味從這片美麗大地展開，新世代革命演義。陳炳宏先生自恢復以來，源源不絕的精闢內涵，恢弘深廣不可思議，無不可觸及的面向，無不能深入的剝落，每每以為已觸及窮盡之境，又開出更無邊無量無向度密義。炳宏與阿媞的叩問系列堂堂進入第四部，《叩問中道——生命的終極解脫》，拿到手自然舉眉頂禮。個人並無任何世間宗教修習，最高的禮敬，來自內在本然俱足的確定。

《叩問中道——生命的終極解脫》之廣博精深，一字一字朗讀轉化之妙難以言喻，即便只是瀏覽目錄一遍，已足以令人嘆服止息。中道世代，素人改革，自省教育，第一個老師，第一個學生，就是自己。

不再落入順向逆向的判別，不再落入光明黑暗的執念，不再落入是非黑白的制約，往外看的一切，是為看回真正的自己。救世主已臨在，就是當下覺醒，質變決心，勇於翻轉的每一位，能有此一念，此一心，此一行，第一記革命鑼聲響起！

【目錄】

第一章 識性的瓦解，解脫的開始 56

第二章　法執的照見與打破　125

前言

《叩問系列》裡面提到許多有關於「如來」、「主性」、「佛」、「世尊」、「中道」等的字眼，看似好像與宗教有關，但其實與任何宗教無關，但也包含了任何的宗教，例如儒釋道，以及回教和基督教。如來主性本不受限於任何宗教，是完全無分別的，是人類自己的意識型態做了分別。之所以會用「比較相應」於佛教的語言表達方式，是因為這些文字圖騰本身是有其願力的，它的整體設計，包含發音、具體的形象、抽象的意涵，也最接近陳炳宏老師想傳達的中道思想內涵。

無量生命體輪迴在這地球的數千年歷史當中，任何只要是曾經聽過，看過，接觸過，感受過「如來」、「主性」、「佛」、「世尊」、「中道」等字眼的靈魂，都有機會在與《叩問系列》的共振當中，獲得與如來主性連結的機緣，這是這些文字圖騰最深的悲願。

所以，《叩問系列》的「如來」、「主性」、「佛」、「世尊」、「中道」其實是俱足了人類各種宗教的系統、法門、派別與教義，俱足了之外的所有人類生命一切形式的自主生命之本體，俱足了宇宙無邊無量生命形式的主體性，和無邊無量生命變動變現的存在存有的形式，都包含在《叩問系列》「如來」、「主性」、「佛」、「世尊」、「中道」文字圖騰的主體意義之中。

生命的起步

導讀

在進入解脫之前必須先有的知見

阿媞

自從認識陳炳宏老師到現在，已經好幾年了，這也是我生命徹底大翻轉的幾年，每次向陳老師當面請益，常常會有瞬間的恍然大悟，心中的大石也常會在聆聽的當下，瞬間的放下，或瞬間被粉碎，之後，就會感到一段時間的輕鬆感，有不可思議的突飛猛進。所以，每日的日常生活中，以不思議的狀態大量納入這些主性的內涵和法音法流，已成了我的基本生活態度。

在進入身心靈的領域之後，一剛開始，我天真的以為，「我只要開悟就好了」、「我能對空性有一些領悟就代表我完全沒問題了」，現在回想起來，那時的我真的是很無明，但這真的不能怪我，因為幾乎很多書上都在寫「開悟」，讓我誤以為「開悟等同解脫」。誰知道，開悟也只不過是通往解脫的一個小小起步而已，真正的功夫是在識性和慣性的放下，這時候，才是面臨考驗和痛苦掙扎拉扯的時候。

識性：「誰想改變？現在的我好的很，我很喜歡現在的狀態，而且我也習慣了，這樣很

好。」

如來：「識性本來就是要被質變的，不質變，沒有任何解脫的機會。」

因為，常會在自以為有所領悟的當下，開心的以為自己大有進步，然而如來就會在此時把自己丟到另一個更深的面對議題上或更大的無常裡面，考驗自己在前一個階段所領會的厚度。當自己好不容易通關了之後，又有了一些更深的意會，正在沾沾自喜時，如來就又會冷不防的引來更大一波的打擊，震盪出自己更深層的殘存識性，清楚看到自己的無明，讓自己把剛剛才說出口的大話，硬生生的給吞回去。

本來以為所謂的開悟，就是斷輪迴，可以不必在世間繼續受苦，就可以幸福平安的過日子了，但我這種想法真的很蠢，所謂的開悟，到底是悟了多少的範圍？多大多小的境界？看到境界中的一個小小片段，就自以為是解脫了嗎？就自以為解除了自己生生世世所有的因果嗎？就能確保自己不會退轉嗎？

在生命恢復的路上，如來才不會讓我們一直在某一個階段上耽溺太久，如來透過境界的引領把我們帶進一段時間的狂喜之後，就會開始有各種不同必須要面臨識性被打破的面對過程。

識性：「如來瘋了嗎？把我丟在這種狀態底下，這根本不是我想要的，一點都不好玩，為什麼如來這麼殘忍？」

如來：「有所意會很好，但就算你有某種空性或空相的意會，並不等同解脫，真正的解脫是要有實力在無常中面對。」

每一次面對如來的善逝力道，當識性越緊繃，越不願意放下，就會越感到痛苦，越無法一次到位究竟的穿越；但有時候一個心念瞬間切換過去，反而覺得這樣的力道下得真好，有一種爽痛的感覺，一次超越，有種瞬間放鬆的了悟和暢快。所以每當這樣面對如來的善逝力道之後，都反而會非常感恩如來願意協助我們擊破識性的覆蓋，因為單憑自己的能力，一步一步慢慢拖拖拉拉，不知要等到何年何月才能突破。

後來才知道，原來，不是每一個人的如來都會這樣引領肉身的，是因為與主性「重逢」了之後，如來才會開始對肉身下力道。

識性：「如來，我真的好愛你，之前對你所有的不理解，請你接受我最深的懺悔。」內心不斷的湧動。

如來：「善逝你一切的識性，是我對你最深的愛」，彷佛一切都與祂無關。

識性：「但是被善逝的時候，真的好痛苦，我可不可以不要被善逝？」跟如來討價還價。

如來：「誰理你，你到底想不想解脫？」

從對如來的仰望與祈請，到對如來的不理解，到對如來的臣服，到對如來不再有任何相對性的看待，這中間的面對和剝離識性的過程，豈是以前在身心靈讀書會裡面吃吃喝喝大放厥詞所能夠體會的呢？

但是，當自己又以為對如來有了一種非相對性的意會，心裡正感到開心和不可思議的時候，誰又知，自己前不久才意會到的深度竟然被如來結界起來，再也想不起來，無法思議，緊接而來的卻是波濤洶湧的識性心念，停也停不了，空也空不掉，心念中，腦海裡，充滿的全部都是自以為已經完全解除超越的識性。如來又在不預設中，引來下一個大輪動的面對過程。

識性：「為什麼我的覺沒有了？我的領悟到哪裡去了？為什麼我變成一般人了？為什麼我的存在裡面全是識性？」非常的不安。

如來：「任何的意會和領悟都不必執著，所有的覺，到最後都會空掉的。所有的識性都是被覺的、被排毒出來的，正因為被排毒出來，所以會有很多識性之念。」

本也以為解脫只是自己一個人的事，「我只要自己開悟就好了」，但自己在世間因果關係和所有前生今世關係的連結，也會因為此世的自己已有某種解脫可能的引動，而整個湧動上來和自己對應，無法逃離，也不能忽略。所以，他們的識性和意識型態，整個無形的磁場會蜂湧而至，把自己全面性的籠罩住，讓自己常常誤把這些眷屬的識性磁場和心念當作是自己的問題，但實際上，這也是個人如如不動的厚度不夠，所以當大量磁場湧動上來的時候，自己完全被牽動。

收拾自己的碎片

收圓生命無量劫來散落在宇宙虛空中的碎片

原來，解脫之路是要把自己的存在和多生累劫以來的所有眷屬眾生的連結，整個轉識成智，整個收圓回歸到主性，不單是自己解脫，周遭眷屬也會像一大串葡萄似的，整個串連起來，根本不是一件想像中簡單的事情。

至少在這個世代的此時此刻，在和陳老師以主性對應之後，這一局真的是空前絕後，所有一切只能以「皈依境」的圖騰來作理解，解脫的內涵早已和歷史過往留傳下來的經典完全不同了，是進階版的，更是具有開創性的。

如來：「因為這是一個終極性的世代，人人都是共同肉身的皈依境、共同生命生活的皈依境、共同因緣果報的皈依境、共同轉識成智的皈依境、共同如來主位解密解碼的皈依境。我們走過永劫以來的時空歲月，經過宇宙萬有各種不同生命形式的顯相，最終來到這個地球顯相為人類，要在這個終極當下這一世的肉身，成為人與人之間共同皈依境的主位，這也是在生命恢復過程中重要的核心價值，讓我們的肉身在這一世中，成為皈依境的主位，成為主位的皈依

境。」

這是一個多麼大的格局，多麼宏觀的視野啊！這不禁使我們每一個夥伴都必須重新思考自己如來的終極願力，而不單純只是個人解脫的角度。

識性：「如來，我只是一個平凡人，為什麼要面對那麼龐大的磁場？我承受不住。」自以為很渺小。

如來：「你沒得選擇，只能奉行，因為這是我的願力，我們要一起回歸空性，收圓無量劫所有一切的相對性。」

當我選擇奉行如來義之後，漸漸的，自己的心量和格局越來越寬廣遼闊，所看到的視野再也不同，不再是之前的那個小鼻子小眼睛的人，表相生活依舊，但骨子裡已完全換了一個人。

而此時，好不容易與如來越來越相應，越來越能意會如來引領的時候，也已經漸漸習慣日常生活中有如來參與其中，但自己卻反而越來越覺受不到如來，誰知，原來到最後連如來引領這回事，都是必須完全放下的，

識性：「如來！報身佛！救救我！我好痛苦啊！為什麼我現在覺受不到你的引領？」陷入很大的恐慌中。

如來：「……」，微笑無語，看著識性不斷的抓狂。

所以，整個解脫的過程需要有極大的心力來面對一波接一波的魔考，就好像陳老師最時常拿千手千眼觀音如來的圖騰來做比喻，觀音如來的千手是一層又一層的，識性的剝離也是一層又一層的，從粗到細。整個識性剝離的過程，就是生命恢復的過程，如來掌握其中的節奏，自己用力不得，快不了，也慢不得，更完全不在自己的想像中，但正是因為無法預設，所以才是如來啊！

如來：「因為有預設就是有因果，有時空感的，有來去，有生死，是有限的，是識性的，是不自主的；若是無一定法的、不落入的、不往外的、不在相對中的、無識性的，那就沒有快慢的問題，沒有來去時空設定的問題，就一定是自主的、如中的、覺空的，一定是如來主性的當下。」

所以，在解脫之道上，所有我們識性的預設，在如來面前，都必須完全放下。

生命恢復的第一關，必經的過程

識性的震盪與照見

即使經過這幾年的淬鍊，整理了這麼多陳老師的主性文字圖騰，聽了這麼多殊勝的法音，但仍不免偶爾會面臨「鬼打牆」的狀態，讓我如何都進入不了主性的內涵，有看沒有懂，有聽沒有懂，或一知半解，或才剛納進去就瞬間空掉了，搞不清楚自己懂了沒。但更常發生的狀況是，一層一層的被主性震盪出自己深層的識性心念，不斷的排毒，卻又不斷的落入被排出來的心念毒素，非常的焦躁難安，安住不了，完全不知自己該怎麼辦，很想要一個容易操練的方法和步驟，如果要不到方法，就又開始識性震盪不已。

識性的認知是非常不容易被解除掉的，它常會陷入在一種反反覆覆的不穩定狀態，但唯一不變的就是識性會一直往外投射，增加相對性的對立狀態。所以在生命恢復的過程中，我們必須要時常提醒自己「不往外」，要不然，只要是讓識性不舒服的狀態，最後都一定會往外丟，變成「都是別人的錯」。

識性：「那麼多主性的內容，但到底該怎麼做？可以給我一個方法嗎？」開始往外了。

如來：「沒有方法。」

識性：「沒有方法那要如何才能到達得了呢？如何才能真懂？」

如來：「無須到達，無須用力，一切本然俱足，時間到了，該你懂了自然就會懂，不懂的再怎麼問還是識性的理解，不是真懂。」

識性：「……」，又再度陷入痛苦的沉思中。

直到現在，有的時候，我在看以主性為出發點的解脫內涵時，當我忘記提醒自己要「不往外」的時候，就會有一種「告訴我方法和步驟，或告訴我如何做」的想法被震盪出來。以識性的認知角度來看主性的內涵，如果一直往外投射，就可能會有如下的心念——

識性：「主性內涵太抽象了，不符合我在世間想要的狀態，不夠通俗，根本看不懂。」

識性：「這不是我要的，不符合我的期待，不適合我，我要去找我看得懂的。」

識性：「為什麼都在講我（識性）的問題？為什麼不讓我好過一點？」

識性：「為什麼不給我想要的答案？」

但是，這些想法都是被主性內涵給逼出來的一種「心念的排毒」，也就是指這些心念是必須被自己看見，知道自己有這種識性心念，而後應該要被解除掉的毒素。

然而，人類卻從沒有這樣的知見，都會落入自己排毒出來的識性念，反而堅持要滿足自己的識性念，以識性去要求主性「給我（識性）想要的答案」。所以現在整個世界上全部都充斥著識性想要的東西，包括各方面的心靈書籍，常是順著識性，讓識性可以「接受」的內容，讓識性覺得「舒服」的內容。

但我們卻完全忘了，主性不可能給你的識性想要的任何東西，因為識性是有限的，有邊角的，是相對性的，是輪迴性的，是背離主性的，如果想要解脫，就必須整個從識性中走出來，我們怎麼可能反而讓主性依照識性想要的角度去走！如果自己根本沒有意識到是識性在作祟，而不斷以此往外要求時，就會出現原地打轉的狀態。

用一個擬人化的比喻，如果想要如來恢復在即身肉身，如來當然會先把我們識性肉身內的毒素先清空，轉化所有識性和因果，就好比我們要搬入一個房間之前，要先把房內的垃圾都清空。所有外在看得到的毒素是很容易理解的狀態，很多人都知道身體必須排宿便的毒素，但是對於心念的無形垃圾，卻難以意會，反而常落入而不自知。然而，無形的垃圾卻是更難以被清理的狀態，也是更關鍵的能不能解脫的重點。

所以，一定要先建立這樣的觀念——當自己被震盪時所產生的識性念，都是被主性照見的，先有照見，才有獲得被解除的機會。

看到自己識性的高牆

一切都是識性的心念排毒，不能落入

主性都說生命是一切俱足的，但為什麼以人類的角度來看，卻都不是如此？問題到底出在哪裡？

當識性和主性之間有落差的時候，以識性習慣往外丟的狀態，就會以自己過往曾經熟悉的無數教法的知識理念向主性爭辯，或擅自以熟悉的意識型態和認知，創造出自己另一套解讀方式，很自動的把自己喜歡的部份納進來，不喜歡的部份就晾在一邊。

往往，當我們過往浸淫在教法的時空中越重，就越會累積自己原有的一套信念，要識性放下信念是很難的一件事，識性會不斷的和主性做拉扯，一方面感動於主性的引領，不斷向主性索求更不可思議更殊勝的內涵，另一方面卻又堅持己見，不肯輕易被主性解除掉，想要在自己的時空中以自己喜歡的方式來意會主性。

但是，往往識性所意會出來的狀態也是有限的，卻又貪求於主性的能量加持，然而主性會震盪出肉身存在的所有識性，所以就會出現時而主性充滿，時而滿身識性染著的不穩定狀態。

主性、如來、一體性

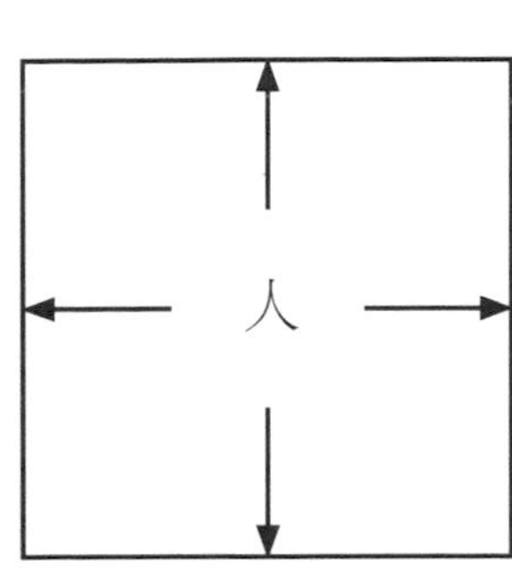

原本識性心念被震盪排毒出來，是為了要做解除，就好比整理房間之後，最終那一包垃圾是要被捨棄掉的，對主性而言，無用於解脫的，根本不必再留。然而頑強的識性有一個「本領」，識性會把那一包垃圾視為不能夠丟棄的「內在的月光寶盒」，然後把它變成是堆積成高牆的其中一個結構體。當識性不願意捨棄「月光寶盒」的時候，識性的高牆就會越築越高，造成和主性之間越來越深重的隔閡。

我自己本身就曾犯這樣的錯，忘記很多的心念是被如來排毒出來的識性念，所以必須時時刻刻提醒自己，當被震盪的時候，不可以落入。

在生命恢復的過程中，我見識到不少「築牆」的高手，多半都是處在自認「非常無辜」的狀態中——

識性：「我每日這麼認真的在反省生命，為什

麼卻仍與主性有所隔閡？」

識性：「為什麼我感受不到主性對我的幫助？為什麼我越是面對生命，卻反而越是痛苦？」

識性：「為什麼人生是苦？解脫的過程更苦？」

所有的一切重點，都出在看不到自己建構出來的識性高牆。

解脫的過程就是瓦解識性高牆的過程，看不懂主性的內涵，或意會不到主性的存在，是因為我們人類每一個人都有自己多生累劫以來所建構出來的識性高牆，是人自己躲在識性的高牆之內，以人類自己為出發點的角度看待所有一切萬有存在，包括看待所有主性的文字圖騰。所以人類看不到主性的遼闊，只看到自己眼前的牆，落入且當真牆本身和牆中的一切。

有意識到要解脫，卻意識不到自己識性高牆的人，就會拚命的向主性要開悟的方法，要解脫的步驟，開始不斷往外尋求，但所做的一切仍是在滿足識性的想望。一旦識性無法獲得滿足的時候，人類的識性往往會把之前所有對主性不可思議的意會和感動全都忘光了，而習慣性的往外投射，又變成是另一個識性高牆的結構體。

如果，真的想要找什麼方法，唯一的方法就只有「放下識性」，才能真正意會主性。

主性的角度和識性的角度本來就不一樣

只有主性才知道識性如何能夠真解脫，所以識性必須放下掌控權。

識性：「我想依照我的節奏與腳步，一步一步慢慢來。」

識性：「主性的節奏太快了，我跟不上，好辛苦。」

識性：「主性對我的要求超過我的能力所能承擔的範圍，我做不到。」

識性：「主性的善逝力道好可怕。」

只要是人類，難免都會有以上的反應狀態，但這樣的反應代表什麼？識性只想自己掌握一切。

所以我們必須重新思考——

是識性知道如何解脫嗎？還是只有主性才能真正知道識性如何解脫？

解脫的腳步是識性自己掌控進度嗎？還是交由主性操盤？

如果識性只能依照自己既有的節奏，一個次第一個次第的慢慢突破，識性會知道自己什麼時候該突破哪一個部份嗎？

識性如何知道自己是真突破？或又另外建立了一個難以打破的高牆？

識性可以無時空的無關性的超越所有生生世世因果關係的綑綁嗎？

識性能夠認清自己的全貌嗎？

如果以上的自問，得到的回應是——

識性：「我不確定，但我還是想用自己的方式。」

識性：「可是……」企圖找理由。

識性：「但我覺得……」不斷辯解。

那麼，就還是識性在企圖掌握一切的狀態，到底，你想不想解脫呢？還是只把解脫當作是自己生活中的某一個裝備？或另一種教法上知識性的搜集和研讀呢？

識性：「我也想解脫啊！但是……」又在鬼打牆了。

從主性的角度來看，本來生命就是一切俱足，沒有問題的，本來就沒有那一道牆阻隔在那邊，是我們自己當真了，所以主性本就無需提供任何的方法，主性所提供的，就是以主性的角度所看到的狀態。

很多人想要求解脫，但常犯的最大問題就是站在眾生識性的不空之處，去修一個解脫，去修一個主位佛成，那就一定會出現一個問題——在識性的有限之中，去預判一個目標來成佛。那還是在識性的框架之中，就算有所改變，也難以究竟；當更重的因果打來時就退轉了，當生活執著的慣性一對應上來，就又整個流失了。

所以，以如來解脫的立場，在主性實相俱足的角度上，直接以如來的主性密藏解密解碼，開演出無時空無識性的甚深微妙法，這樣中道的開演，讓所有的生命在面對解脫之路的時候，可以有完全不同於識性的視野與角度，也讓生命意會到自己落入識性來面對解脫所存在的問題，是如何的設限綑綁。

所以在這樣終極世代的時空之中，直接開演中道如來主性正法，將會是俱足廣深不可思議的解脫之道的如來密藏。

識性本身看不清自己的問題，所以主性把它指出來，那是主性對我們最深的呼喚，「從識性中走出來吧」。有的時候，主性不會在不可思議不可說的境界上或方法上有太多著墨，對於某些貪圖境界和能量之人，反而會增加他們識性更深的執著。

當識性看清楚自己輪迴的死德性，也願意被解除善逝的時候，時間到了，自然而然會在相應的時間讓我們懂得該懂的狀態。

然而，我們每個人無量劫來都把自己的高牆當真的那麼認真，到底要怎麼辦才能解除識性的高牆呢？這就是這本書《叩問中道——生命的終極解脫》的意義所在。

自己主動性的打破

打破識性的高牆，有時候，真的只在一念之間而已

當我們開始走上解脫之路後，就必須要換一個腦袋，意思就是要重新設定自己身口意裡面的所有意識型態，因為那些都是築成識性高牆的重要元素，所以必須重新拿出來反省一遍。

凡是以前覺得是順向的、喜歡的、理所當然的、流行性的、主流的事情，我們得要想——這樣，真的有助於自己解脫嗎？還是那些跟本是無明的、不自主的、輪迴的、不安恐懼的、綑綁的、受制的？

凡是我們以前覺得是逆向的、討厭的、不習慣的、非主流的、小眾的事情，我們必須正視——這樣對我們真的不好嗎？這些既然不在自己有限意識的框架中，也許反而容易把我們從集體意識型態中整個拉拔出來呢？

識性：「我就是沒有辦法，真的好難啊！」

識性：「我就是不喜歡！不喜歡！不喜歡！」

這時，我們又必須自問——

打破自己識性的高牆，轉變自己的意識型態，真的有那麼難嗎？

識性：「我想了想，其實不會很難，只是我要不要，願不願意而已。」

識性：「我就是有那麼一口氣吞不下去，我好不甘心啊！」氣到全身發抖。

有過這樣轉化經驗的人都會知道，有時候，識性高牆的瓦解不過在一念之間而已，而那只是一瞬間的事。

當我們選擇專注在自己的識性即將被打破的不舒服感上面時，不斷的去強化那份不舒服感，再加上不斷的延伸各種識性的思議和不安恐懼，真的就會增加那個困難度，因為一旦往外，必然是遞增相對性，結果就一定會變得更難。

但如果我們選擇以不往外的態度面對時，就是往遞減相對的方向走，當相對性遞減到一個程度時，就會發覺瞬間的超越其實並不難，反而有一種輕鬆的感覺。

這時再回頭看看以前的自己，就會發覺真的很蠢，不知自己當初到底在堅持個什麼勁兒。

這個時候，我們才發覺，能否解脫不是在於我們有多麼高深境界的意會，也不是在於我們有多少的慧根，或有多豐富的知見，識性再怎麼重都沒關係，高牆再如何高都不要緊，重點只在於——自己的態度。

你在識性即將被打破的當下，你的選擇是什麼？

你選擇主性?還是識性?

你選擇突破?還是回到舊的時空軌跡?

識性:「那我可不可以既保留自己喜歡的狀態,又能回歸主性?」還真是貪心啊!

如來:「你到底看不看得到自己的輪迴性啊?」厚!

中道不只解脫而已，而是讓你成主

以中道的角度切入生命的解脫性議題

走在解脫之道上，我們就必須先針對人類的識性問題有所瞭解，基本上可以從二個大方向上來看，一個就是落入「空」的問題，一個就是落入「有」的問題，因為這個地球本來就是一種二元性的設計，人類落入二元，為的就是要解除二元，才能中道不二如一。

不管是在日常生活中，或在修行中，人類不外乎就是落入「空」和「有」之間來來去去的取捨，所以，這本書主要是以「中道非空非有」為出發點，點出現代人類在生活中、修行上的盲點。

當我們落入了清淨的空相，就必須「非空」，解除一切「著空」的清淨相，而入中道；若是落入了菩薩道「著有」的救渡相，形成各種不同眾生識性的染著，落入萬有輪迴的軌跡，就必須「非有」，解除一切落入「有相」的萬有諸相的染著，而入中道。

生命的原點本在「非空非有」，而入一切如是我聞的中道正法，如是奉行即身當下的生命生活，才有辦法讓肉身的一切都是空有雙融的等同等持無上中道之正等正覺。

解除所有落入「空」的問題

以我自己為例，在早期接觸主性內涵的時候，有著大量的對如來的覺受，和一些不可思議的不可說的覺受，甚至有時會有一些非相對性的意會，和對空性空相的意會，這似乎是如來刻意在引領我，加持我，讓我時常處在充滿著法喜的狀態。

於是，我向主性內涵一頭栽進去，每天都抱著主性的內涵，以為自己多大的進展，多棒的開悟，開心得不得了。殊不知，自己落入一個更大的法執，一種清淨的法執，高標準的法執，然後又依此標準，盼望著如來給予更不可思議的引領。

當然，那時候的自己仍是有著一個非常錯誤的認知，以為「開悟就是一切」，而且對那樣的意會樂此不疲。但開悟不等同解脫，不等同沒有因果，所以雖然有著無比殊勝的意會，但事實上，在日常生活中，還是會遇到讓自己非常頭大而不知如何對應的人事物，仍會牽動出自己無法控制的情緒。在狂喜之後，緊接而來的是，我根本不知如何把這些意會用在我的日常生活當中，這使得自己很想逃離世界，不想面對這麼複雜的無常狀態，不

空性、空相

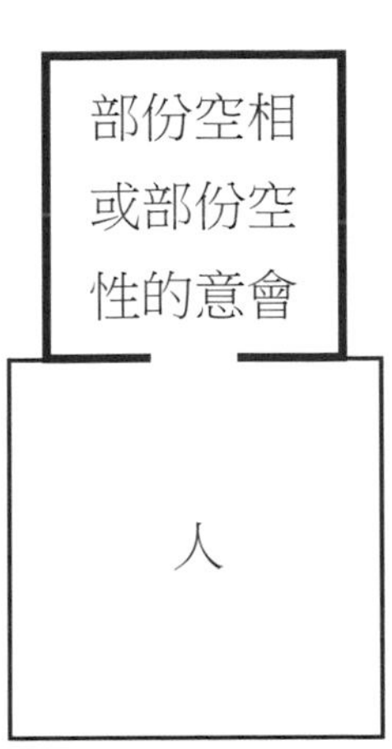

知所措。

所以，就時常躲到清淨的小小時空裡面去，不願意出來，因為只要一回到「人」的世界裡面，就是一大堆煩人的事情，一大堆的不安恐懼，而我也不願意和所謂的「太過世俗」的人有太多對應，一心只想回到「空」的意會當中，我喜歡那樣的空。然而，當被如來逼著走出那樣的清淨時空，面對無常時，卻反倒被震盪出比以前更大的痛苦和不情願。

這就是陳老師說的「著空」的狀態，著於空相，落入清淨相，這也是大部份的修行人最常犯的錯，陳老師稱之為「羅漢」，就是自了漢，只管自己一個人，平常就不太理會眾人之事。通常羅漢型的人都有著很高的意會能力，比起一般人更能覺受到「空」和不可說的境界，以為自己有著某種解脫的能力，認為別人「啊！你不懂啦！」拿高標準檢視著眾生，對眾生和識性世界有著很深的厭離心。

其實，這類的人已經把自己關在一個「清淨的高牆」裡，而這道清淨的高牆常常因為是好不容易修行得來的境界，更讓人認為應該要好好緊抓著這樣的境界，不願意放下，所以這樣的識性高牆反而比起一般人在識性世界裡所築的高牆更堅實，更難以被打破，別人走不進來，自己也走不出去。

通常有著高境界意會的人，很喜歡拿自己的境界和法教與別人在教法上做辯證，是看不起「普通」的人事物的。羅漢型的人雖然對一般識性世界有著一定的厭離心，也有一些看破，和一些深度的生命意會，但因為長時間待在自己的清淨時空裡面，空有深度卻廣度不足，所以當面對無常因果打上來的時候，就會顯得無法自處，在無常世界裡面的對應能力明顯的不足，這時候，自視甚高的羅漢反而比不上一般的眾生在無常裡的應對進退。

所以「著空」的狀態就必須要經過「中道非空」的過程，把著在空相裡面的狀態轉化掉。

如來：「中道正法的法流，本在當下非當下圓滿圓動之轉化，照見一切著空之淨相，解除一切不究竟的空相，才能直接入中道空性的不可思議。」

解除所有落入「有」的問題

另一類特色完全不同於羅漢型的人，陳老師稱之為「菩薩」，也就是所謂的領眾者，菩薩型的人很擅長在「法」上面著墨，這個「法」不是指法要或心法的法，而是方法、術法的法，意思就是因為他們廣結善緣，所以遇到人生障礙時就常會用方法和人脈來解決問題，不會在「緣起性空」、「性空緣起」上面下太多功夫，障礙太快解決了之後，深化的空間就不夠，因此也就常有廣度夠，但深度不足的危機。

菩薩型的人有著無比的悲心，對眾生和廣大世界的苦難，有著難以割捨的情懷，要羅漢型的人放下對「空」的執著是非常難的，而要菩薩型的人放下對眾生救渡或廣大江山事業連結的執著，卻是更難的事。有的時候，這類的人不禁會讓人懷疑，到底是你自己要解脫？還是你是為了要救眾生而才想解脫？

佛陀講「實無一眾生可滅渡之」，對菩薩型的人來說，是不容易意會的，因為他們與廣大無常世界眾生的連結之緊密，常會把眾生的苦難當成是自己的苦，對眾生苦難的感同身受可以到很令人匪夷所思的地步。即使眾生在識性世界裡的所有生活模式和價值觀是

完全無明的輪迴狀態，菩薩們也會悲憫的看著眾生，「他們沒有錯，他們在他們的世界裡就只能這樣，不可以對他們太嚴苛，要他們面對和改變，我的心好痛」，很容易就站在眾生的立場上來看待所有的一切，隨順眾生。

所以，在這種「凡事皆先把眾生擺在前面」的心念下，即使是對於主性解脫內涵的意會，也時常會自我解讀成為符合一般世界大眾能夠接納的方向。因此，當主性的力量要眾生面對時，例如天災地變的發生是為了要善逝眾生的識性和生活模式，但在菩薩型的人面前，主性要眾生面對卻反倒變成了是主性的無情和殘酷，「為什麼要讓蒼生受苦？他們承受不了的」，完全忽略每一個眾生的背後都有他們自己的如來性可以引領他們的肉身，讓他們在苦難中質變和茁壯。佛殺之類逆向的闇黑知見，對他們來說，簡直如同惡魔一樣的可怕，「凡讓眾生受苦的，都是難以接受的」，光明和道德已成為他們難以突破的意識型態。

充滿著愛心的菩薩們，最常犯的錯誤就是過度伸手救渡，主動幫人擦屁股，常讓自己「做到流汗，嫌到流涎」，他們喜歡也很有能力把一群人集結在一起，變成一個龐大的系統。菩薩不是沒有能力意會空性，而是所有不可說的意會再如何的殊勝和不可思議，一旦眾生有苦，菩薩馬上就轉向眾生，把「實無一眾生可滅渡之」的法義拋在腦後。

菩薩也不見得不知苦，但卻無法厭離眾生，看不到眾生習性之惡，對人性識性的穿越不夠透徹，所以在這種難以厭離識性世界的情況下，自以為的光明美好的良善，和對苦難眾生的救渡就是他們最牢固的高牆。

因為常和眾生在一起，所以他們比羅漢更能在無常世界裡面自在穿梭，但因為在無常世界裡面混得很好，很容易就使自己沾染上眾生的習性，甚至自己已經退轉成眾生而不自知。他們常把別人當成眾生，一心要去救渡苦難，卻把自己的眾生習性掩蓋得很好，在慈悲的表相之下，讓被救渡的人誤以為「這就是解脫」，是許多大菩薩型的領眾者常犯的問題。

這就是一種「著有」的狀態，著在自己的「有」上面，「中道非有」就是讓所有這類情況的人可以整個打破。

如來：「在與萬有的對應之中，一切落入其中的相對性，一切染著過度的救渡，以中道之正法轉化一切系統識性的不空之處，解除菩薩道著有的法執，而入中道圓滿圓動如如不動之原點。」

中道非空非有

非空非有方為中道不二如一

不管是羅漢型的人或菩薩型的人，都是在此生有願力的，畢竟，他們比起一般識性世界的眾生更接近解脫之道，只是因為各自有過去生累劫的不圓滿，所以此生帶著這樣的特質，透過「非空」或「非有」來解除自己的「著空」或「著有」。

然而，我們每一個人都曾經有過「著空」或「著有」的不同生生世世，所以當如來要我們的此世成為最後一世，永不再輪迴，完全回歸空性的時候，會把我們的存在中那些未被完全解除的識性狀態一次在此世做一個全面性的照見和震盪。

例如有一類人，他們過去生偏向在羅漢道的發展，所以他們此世的肉身天生就有一些很高境界的領會，但卻在一種半被強迫的狀態下，不得已而出來領眾，進入無常世界，藉由入無常而突破自己「著空」的狀態，這個就是非常困難的情況。因為他們一方面有著難以放下的高標準，所以看待普羅大眾時，就會有很深的不耐煩，但另一方面又被逼著必須打破清淨相，所以內在常會有無奈的矛盾感。

而當他們開始體會到領眾的權力優勢之後，由自視甚高的羅漢所集合成的系統，會

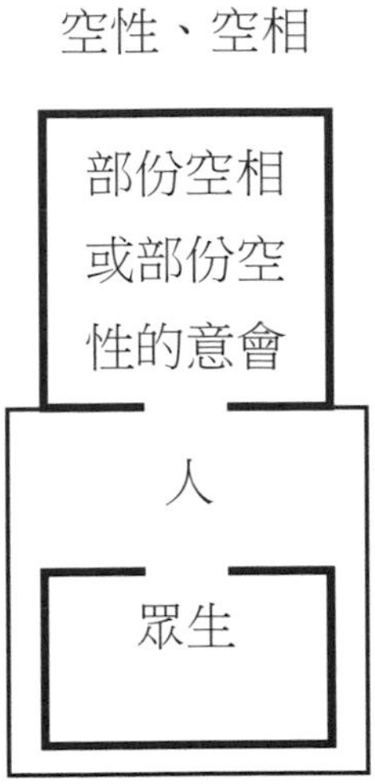

空性、空相

部份空相或部份空性的意會

人

眾生

變成以高標準的優越感而進行對他人的批判和鬥爭，由他們的意識型態所形成的鬥爭是很可怕的。

另一種是過去生比較偏向菩薩道的發展，天生就很容易廣結善緣的人，但此世的人生道路卻被設計成完全結界在一個小範圍裡面，沒有辦法拓展，怎麼樣努力都發展不起來，這就是他們的如來要他們在結界當中，不要他們再過度延伸，讓他們在有限的廣度之內可以往深度的智慧發展。

但若意會不到這一點，就會在習性上一直不斷的想要用盡各種方法連結再連結，偏向廣度的發展，總是有深化不進去的悲。

準備好了嗎？逆破吧！

在無量劫之後的今天，我們都來到這個終極的歲月時空，用肉身求一個主性的覺，每一個人都有機會反應自己本身偏向「空」或偏向「有」的問題，但也有機會在日常生活中與各種不同的法性供養共振，讓自己的肉身與中道正法能夠即時即刻「非空非有」，而入中道的等同等持，更有機會讓自己的存在存有能夠「空有雙融」，在自己即身當下的每一個慧命之中。

這一本書《叩問中道——生命的終極解脫》是以這樣的本願初衷形成的，我們盼望整個世代的每一個人，都能夠是「妙空妙有」如是中道正法的世間尊重，而成人人都是自己生命的主人。

第一章

識性的瓦解，解脫的開始

識性結界的真實密碼

∞ 在永劫以來識性的結界裡面，檢視著我們本身識性的不空之處。

識性其實就是一種結界，這是從主性智慧所觀照出來的解密解碼，識性的結界也就是苦難，苦難就是世尊，苦難就是最直接的報身成就（註：報身佛為執掌虛空宇宙萬有因果轉識成智的如來本體示現之圓動力量），我們要用整個肉身在苦難裡面成就我們的戒定慧，一切成熟穩定的即身肉身慧命就是在苦難之中成就。

所以你要瞭解到，我們滿身的識性是用來做什麼的？永劫以來人類的修行者永遠在相對性之中，把苦難當做是一個相對的對應之道，所以沒有辦法切入解脫的如來真實義，從來就沒有一個修行者能夠成最究竟的解脫者，除了世尊和蓮師。為什麼？就只有一句話，「在染濁的世界開出蓮花」。

但是很多眾生的理解或修行者的理解，各種不同次第的理解裡面，對於「在染濁中開出蓮花」，他們的理解是相對性的理解，因為用識性去看。**你用識性去看佛說的時候，其實你的苦難是被照見的，你識性的知見是被照見的**，那個問題是出在哪裡？問題是出在於

——染濁歸染濁，蓮華歸蓮華。解開這個關鍵的密碼是什麼？不離世間覺。既然不離，蓮華開在哪裡？染濁的世界！染濁的世界對佛來講是開出另一個蓮華嗎？錯！對眾生來講，他聽這佛說的境界的意會是——蓮華是歸蓮華，染濁歸染濁，他是染濁之中另外再開出蓮華，所以永遠修不成啊。

今天將這個密碼直接宣告——**染濁就是蓮華本身**。本來無一物，所以永遠不會在染濁之外再開出一朵蓮華，而是**你滿身的識性知見全部解除了，你通過所有識性的考驗，你全部解除了的那一刻，你會很清楚的知道，何來染濁之地？只見蓮華滿身！**

從來就沒有染濁之地，本來就是空性的存有存在，只是我們自己如來應許的所有識性的結界，在永劫以來識性的結界裡面，檢視著我們本身人子識性的不空之處。所以，**是你自己著了染濁的知見和身口意，對應了無邊無量的世界**，只有這個問題。如果你今天不斷的轉識成智，在轉識成智的過程裡面，你對於整個染濁之地的無常，全部是不一樣的看待，一定都在轉變之中。所以當你究竟的那一刻，你所親見親證的狀態——所謂的染濁之地，也只不過是主性親自檢視你的狀態。

所以我們今天要恭敬的禮讚是什麼？我們滿身的苦難、滿身的因果、滿身的識性，這些都是你如來應許你必須被檢視的狀態，所以識性檢視著你的清靜之處、你的究竟之處，只是你自己如何去相應這個狀態？如何去成就這個轉識成智的過程？

所以**苦難本身就是最關鍵性的結界，識性本身就是如來最深的作用義**，這就是為什麼修行時要在逆向之中打破我們的識性知見。請問用什麼打破？當然是識性，識性本來就是逆向的，你落入的時候，你不會覺得識性是一個問題，但識性是一個逆向。

我們被稱之為眾生，是因為我們順著識性去走。我們最深的落差就是——將如來所布局出來的識性，落入了其中並且當真了。所以在自己演化的過程中，我們進化的有限，或進化不了。或者是永遠在那個設計的界面裡面當真的時候，我們通不過識性的考驗，我們成不了佛，我們不識如來真面目，見不著自己本身的存在存有，所以我們見到的是一個識性之身，以為我們的肉身就是染濁之身，看到的世界也是染濁的世界。

所以問題非常的清楚，何來染濁之地呢？本來就是無一物，本來就是輕鬆無為的，只是識性作用。起了識性作用的時候，是誰起了識性作用？對不起，是你自己落入，是你落入！

緣起是空性，空性是緣起，識性的緣起是空性，空性的緣起起了作用，只是它是空性的妙用，你偏偏用識性去理解就變成識性的輪迴，就這麼簡單，就是這麼的如是我聞。

你自己的奉行是什麼？

你自己的依止是什麼？

你自己的信靠是什麼？

你自己的轉識成智的立場，你要抓的非常的清楚，你一定要轉識成智。

識性的考驗非常的清楚，用整個識性結界你，而這個識性是什麼？你通不過的問題，你累劫的問題，累積的問題，你自己沒有辦法突破照破的狀態，你照見也不見得能突破，這就是為什麼我們本身的識性不斷在轉識成智的時候，要非常的清楚這樣的引動之力。

所以我們有一個核心的價值，今天很清楚的表達——**識性的作用就是如來的作用義**，為什麼？識性可以檢視你所有落入的部分，如果識性不是如來的應許之道，要不然它是什麼？你當真的部分，就是你落入的部分。所以如來從來沒有離開過我們，主性從來沒有離開過我們，從來就沒有染濁之地，整個宇宙永劫以來都是空性。

請問：今天即身肉身的存在，你自己的真實義是什麼？

那就是要面對你識性的檢視、因果的檢視、輪迴的檢視，所有的關係也是這樣。

所以你要了解到所有眷屬的識性都是如來拿來檢視你的，我們如果想要成佛的話，我們要通過所有周遭眷屬各種不同關係的檢視，若你一直往外看，去做各種不同的比較，絕對是落入。你比較所有因緣的時候，你不知其因，卻落入其果，即身之果的對方，他永劫以來有多少時空，你要如何比較？要去對應比較一個不見如來的眾生，是最大往外的一種輪迴。

所以我們今天一直在表達生命是比較不來的，我們成就無分別都來不及了，哪還有時間空間落入比較。今天如果要看別人，就只有一件事情，觀照自己還有往外的部分，我們要從彼此的碎片之中找回自己的如如之真。所以要了解到為什麼要等同等持？平等性中的第一義就是不比較生命。看生命的問題不是拿來比較，若會比較，你要觀照到「會比較」就是往外的部分、有分別的部分，產生的比較還是被照見的狀態，這些都是在檢視著我們，是識性的檢視。

別人的識性也是如來的，我們自己的識性也是如來的，我們在密行當中比較之心是被照見，即身當下是被照見的。如來的狀態透過別人緣起的因果識性，檢視著我們自己的分別心，和我們自己被落入的部分。一切都是如來的，這個狀態是非常清楚非常重大的不可思議的解除之解密解碼狀態。

整個人類的修行次第中，這個密藏是不存在的，是從來沒有過的，「一切都是如來的」，誰敢這麼去肯定這樣的一個佛說實相圓滿狀態？誰能去表達這麼清楚——所有的識性都是如來的，所有的識性都是如來的作用義呢？我們今天要清楚，永劫來的苦難結界在整個地球，對整個人類做一個結界，我們只有一個認知—這些都是如來的，地球本身就是如來的皈依。我們要徹底的把所有的苦難全部反應出來的時候，只剩下一個面對就是——你要先懂得你的如來透過無常在檢視你，透過你自己即身肉身輪迴的識性在檢視你。

如果今天你沒有辦法面對這一狀態的時候，你往外都是比較，別人比較你，你比較別人，在比較當中我們只剩下彼此之間沒有辦法去承受的諸相承受。這個承受就是有壽者相，有壽者相我們承受得起嗎？

當我們承受不了的時候，很清楚啊，我們累了，我們走不下去，我們貧乏了，最後我們自己是被自己考倒了。我們被自己的識性掠奪，而不是我們掠奪世界，整個地球被掠奪的狀態其實都是假象，但是對所有眾生來講，他們完全在這個識性的掠奪遊戲裡面，他們貧乏了所有自己本身的真實義，他們沒有辦法親見自己的主性。這一關過不了，都不會有任何的機會，唯一的機會就是佛說的公告，佛說演義當中的真實義。

識性結界了所有的生命，我們都必須通過識性的檢視、相對性的檢視，我們才有辦法把自己本身累劫的問題、落入的問題、不清楚的問題、不究竟的問題，全面在即身肉身的軌跡中透過無常生活的檢視整個通達，整個恢復。這就是為什麼提到即身肉身、主性肉身密藏的重要性。肉身是何等的尊貴！我們必須珍惜所有肉身裡面在生老病死當中的法流法義。

所以我們要了解到，當我們自己本身的真實義切入的時候，我們就是要面對自己的識性，識性本身的通路就是我們即身肉身的識性，我們可以從中成就的最大染濁之地，就是我們肉身的識性、肉身的因果、肉身的轉識成智的狀態。如果今天不從這個地方下手，我們不會有任何的機會，所以人類要學會面對自己的肉身，要懂得肉身裡面識性的檢視，就是我們自己的真實義，就是如來的真實義。

我們用自己肉身的識性去運作了身口意，所以我們有因果的肉身，我們用識性的肉身去運作各種不同的狀態，用錯了肉身的角度，被自己肉身的識性考倒了。我們沒有辦法去親見原來染濁之地就是蓮華所在，本來就是主性國度的蓮華，只因為我們落入了肉身的識性狀態，落入了肉身的世界去看待整個外在的形式、外在的存在。

落入本身就是相對性，相對性久了就是染濁的世界。誰染濁？只有你自己的存在染濁，就是不清楚的狀態啊。但是你染濁了，世尊並沒有離開你，佛說並沒有離開你呀，真實義並沒有離開你，你如來還是沒有離開你，因為一切都是如來的。

所以，所有的修行者、所有的本尊、所有的生命、所有的人子們，請你們很清楚的如是我聞，你即身肉身一切的永劫都是如來的。你很清楚這個密行本義的時候，只有一個答案——佛說了算，如來說了算。你自身的示現是用來檢視的一個設計的圖騰，把所有落入其中的狀態全部整個解除吧！那麼你就會很清楚的了義，所有的染濁之境早已是蓮華所在的等同等持的即身肉身。

即身當下的狀態就是唯一

∽一切圓滿的基督之力的主性，都在我們當下的狀態。

我們現在要問的是：你自己本身的你是什麼？

「我是我的存在，我是我的生死，我是我的狀態；

我不必是人，我不必是任何存在的可能；

我是任何存在的可能，我也不必是任何存在的可能。」

「我本身是畏因的我，我如果用我的某一個次第理解我所有的狀態，那麼我是不是只有這樣識性認知下的狀態？

我就變成一個最大的危機就是——我只能夠用某一個次第的範圍去理解我的存在。」

「那麼，如果我固定在這範圍裡面，我也注定一個後果就是——我無法改變。

我無法改變就是我只能死在一個固定的狀態，或者某一個凝結的狀態。更大的悲哀就是——我只能夠用這樣子的一個狀態去看待所有可能輪動的一切關係。」

其實所謂輪動的關係，重點就是它要動，因為它要輪轉一個可能性的圓滿。但是當你輪動不了的時候，你在每一種關係裡面，你只能夠用一個固定的狀態，或一個比較難以改變的狀態，去對應所有一生當中所謂的關係的對待，因為它是動態的狀態。

每一種動態本身都是一種相對性的狀態，每一個相對性的狀態就會有一個覺受，這個覺受，如果你只能用一個固定的狀態、難以改變的狀態去對待所有變動的機會的時候，你忽略了變動本身就是一種機會，就是一種對待，在相互之間的狀態裡面，你就失去了一個畏因的可能性。因為它進不了你固定的狀態，進不了你執著的狀態，你就失去了當下每一個點點滴滴的法緣。那個妙法出不來，是因為你自己固定了你身口意裡面可能的一個難以改變的狀態。所以，你也看不到別人是以什麼樣子的一個狀態來和你對應。

對你來說，所看出去的別人任何的狀態並不重要，因為你只是把別人任何的狀態，在看不到的狀態裡面看成你自己唯一的狀態，所以你只拿自己本身所認知的狀態，去對應著每一種你已經不再有任何納入的對方的狀態中，去做任何的對待。所以這個對待本身沒有辦法有任何的相應，它應不了一種改變，應不了一種質變的狀態。

你應了一種改變是為了深化，深化之中才能打破你固定的狀態，當你打破的時候，你才能進入一個真正的不預設的狀態。當你願意打破你自己固定狀態的時候，你會面臨不安恐懼，因為長期凝固的不願意改變的狀態裡面，面臨某一種衝擊的時候，並不是待在不願意改變自己的狀態就可以的。

當某一種因果、某一種輪動從外緣裡面打進來的時候，它就是應許一些結果，就是你可以改變，不管你的狀態要不要改變，不管你有沒有觀照，你都無法拒絕。因為你的固定不願意改變有某一種因果的狀態，當你本身在某一個固定的狀態中，一定有某一種因果的輕重。但是，當應許某一種改變的時空來臨，有一個更大的苦難、更大的因果，要打破那個僵化固定的你的時候，你終將面對的是一種改變，你將改變你的狀態。

因為這種改變不是自主的，不是自願的，不是意會到的，是外力形成的時候，那麼，這裡面就面臨打破當下的所有不安恐懼，全部都在被打破一種不願意改變的結界狀態，從那個被打破的結界裡面，逐步的進行某一種狀態的改變。所以當事者會面臨「我必須面對改變」的一種瞬間時空上所湧動出來的不安恐懼，那個不安恐懼其實就是因為你不願意改變，累積了太多因果的問題。但是當你改變的時候，那個不安恐懼的提點就是你必當進行的一種自我改變、自我改造。所以我們要了解一個實相就是——**變動是一種常態，變動是一種生滅之中的不生不滅。**所以我們寧可選擇生滅，選擇一個相對性的生滅，因為在一個動態相對的生滅裡面，它可以輪動出我們本身非常多的狀態。如果你處在一個反應不出任何深層問題的一個時空或道場，或一個所謂的天堂境界的時候，那都是外在的狀態去覆蓋你自己本身的狀態。因此，要成佛，你必須懂得打破自己的狀態。

但是當你自己的生命已經應許某一種解脫的時候，你會來到一個道場，它是會反應你問題的一個道場，它是一個無常的道場，它是一個輪動的道場，它是一個充滿了苦難的道場，在你可以承受的範圍裡面，你做了一個堪忍的變動，有忍得住，但是也有忍不住的地方，一步一步把忍不住的部分，在我們即身的當下逐步的放下。我們要有一個誠意，對萬有誠意，對生命誠意，我們要對所有任何的狀態做一個不可思議的對話，這種對話讓我們了解到，無常都在告訴你：你必須改變。無形的一切存在的任何密碼也都在告訴你：你必須有一種逆向的改變。如果不願意改變，你所有的一切，都會掠奪萬有的資源成為鞏固你不願意改變的一種狀態。不願意改變的你將變成一個僵化的人，將變成一個獨裁的人，你用你不願意改變的意識型態，去鞏固你自己本身的一個既定的狀態，那麼，你就會往外掠奪那一些萬有中層次比你低的、更沒有主宰性的生命。因為你自己不願意改變，你掠奪了某一些生命的軌跡和他的資糧或能量之時，你改變了別人的存在，你改變了別人的資糧，因為你不願意改變，這就是一種極端性的狀態。

所以，我們不能用不願意改變的自己去對話，我們要意識到一個不願意改變的殘忍，就是最大的一個困境，是最大的痛苦。而真正你在改變的時候，你被打破或自己願意打破的當下的任何狀態，你都願意去面對的時候，那麼，雖然在輪動當中，它反應了一切的諸苦，但是有機會的，因為你看得到，你承受得到，你覺受得到，你面對了它。

與苦難對話，與改變中的每一個狀態的自己對話，把它說出來，把它面對出來，逆向就是成佛的通路，沒有不能對話的狀態。

只要能改變，你就能行深，你就知道問題出在哪裡，知道自己和別人的對待中，到底要改變的是什麼。我們就會了解諸苦的狀態是什麼，我們會了解每一個因當中裡面的果是什麼，這個果背後的因是什麼。無量的狀態、識性的狀態、身口意的狀態，我們都必須轉化，在轉化之中一切次第的狀態都是在跟我們對話。

所以，**改變所有的狀態，觀照我們自己即身當下的狀態，到最後觀無所觀的時候，我們對我們即身肉身一切的密藏狀態都能夠對話，都能夠真正進行重大的質變，包括無上的密行。**當我們進入一個無分別心狀態的時候，我們會了知在天地之間唯一的本質就是「變動」，但是我們在這個變動當中讓自己如如不動的一個狀態是什麼？

當無邊無量的沉淪的狀態，我們都能夠了知通達時；當如何質變、如何轉化轉識成智無邊無量的一切苦難的這些狀態，我們都能夠了知時；在日常生活當中，如何進入一個如來自主的一切圓滿的輪動，我們都能了知的時候，我們自己本身就會很清楚的知道，所有一切圓滿的基督之力的主性，都在我們當下的狀態，只在於我們願不願意去觀照那個狀態，一些我們不願意改變的大小不同的狀態，我們都必須應許去對待而打破它。所以，當下的狀態就是你自己唯一的道場。

肉身是無量無窮盡的存在

∞ 當我們本質的肉身都是中道涵攝的那一刻，我們就具備了無量性。

真的只能這樣嗎？很多生命本身的自我設限是最大的悲哀。因為自我設限，所以我們只能這樣，我們不敢那樣，不敢怎麼樣。不敢的結果就是妥協，妥協的結果就是讓別人去控制，讓他人去控制我們自己的身口意，在各種不同的關係之中，我們都不敢怎麼樣，在各種不同關係中的輪動我們都受制了。

在關係之中的受制就是因為我們自身不敢怎麼樣，不敢怎麼樣我們就只有妥協，妥協的結果就是一個恐怖的平衡，恐怖平衡的結果就是大家都沒有機會，這個沒有機會就是我們都沒有面對的能力，如此，我們本身就失去了太多的可能性。所以我們沒有辦法去確定某一件事情，那就是我們每一個人都是無量性的。也就是我們自己每一個身口意的動作的無量性，我們都開展不出來，演化不出來，這是最大的悲哀。

在關係之中所輪動出來的無邊無量的可能性，其實就是一個實相，這個實際面我們一定要活出來，這就是今天主性要來到這個世界所開演出來的一種無量性的革命。革命是無量性的，它的本義就是無量心、無量身、無量口。

佛說的無邊無量就是我們要把自己活成一個無量性，這個無量身、無量佛、無量身口義的狀態、無量的六根六塵、無量的因果、無量的無邊無量，是無始無終之中的基本面。在無窮盡當中，我們成就了無邊無量；在無邊無量的無窮盡，我們成就了永劫的無窮盡。

這就是我們要瞭解到，為什麼基本面就是無量性。**無量性才有辦法無始無終，在最初的無始無終，到最後的無始無終，都是當下的無始無終的無窮盡。**基本面是你自己本身的立場就是要活出一個無量的狀態，這個無量的狀態就是我們對自己的衡量都是無所住的，我們才有辦法打開所有的界面，打開所有關係上的設限。

關係上的設限本身就是一種考驗，所以所有的關係之中，我們都必須通過一種考驗，就是我們自身對如來的確定性，對如來的盟定，對如來的密義都能夠奉行在我們肉身的一切關係中，逆破一切可能性的限制。打破了所有的限制的時候，我們自己本身就能夠進入無量的空性之門、空相之門。

這就是我們自己本身了義的狀態，也就是我們的責任，用整個肉身去打破我們自己肉身的設限，一切關係的設限，人世間的設限，最後是諸相對應之中的設限。

所以我們要逆其破，破其逆，在逆向之中我們打破了自己的時候，我們的有限性被打破的那一刻開始，所有關係都會改變，所有人世間就會改變，所有行為都會改變，所有對待都會改變，這就是基本的公義。這個公義懂了之後，我們才有辦法平其心，平其心去觀自在那一刻，我們了解了很多事情是我們把自己給設限了，這就是最大的悲哀。

當我們無邊無量的打破的時候，我們會了解到宇宙的無窮盡，就是顯相給人類去做一個重大的最深的顯化，就是一切的轉化都是不可設限的存在。有了這個基礎，我們就是所謂的無量壽，我們在每一個壽命之中，就是為了恢復這個無量性，這個無量性就是我們自身的壽命有了無量做基礎的那一個無量的身口意，我們就是阿彌陀佛的無邊無量，無始無終。

這是一個本質性的狀態，但是可以放在任何生命的形式當中，生命雖然形式上是有限的，但都是為了唯一的目的，就是體會那個無量性。所以當我們是無量的那一刻開始，我們就是無罣礙的，是沒有煩惱的、是無時空的。

每一個存在之中，都是透過生滅的相對性去成就所有的無邊無量，所以在有限的相對的存在存有之中，它本身就是一種檢視，讓我們了義各種不同相對性都是一個設計的關卡，我們必須逆破其中。

這個相對性是無所不在的，我們生活是相對性的，我們肉身的對應是相對性的，很多世間的識性行法都是相對性的，那個檢視的考驗，關係著我們自己本身能不能通過這樣的一個不落其中的狀態，我們才能成就中道的必然性。

當我們本質的肉身都是中道涵攝的那一刻，我們就具備了無量性，不落入相對性就是無量性的開始，無量身口意，無量不思議，無邊無量的存在，無始無終的無所不在。我們就會了解到無窮盡本身就是一個存在的基本面，但是我們必須從日常生活中的打破開始。

在密破的方向中徹底解脫，把所有相對性的檢視和考驗，全部都能夠消融到我們無所不在的當下，這是我們生活上關鍵所在。我們就是要消融所有的相對性，一切的關係都是相對性的，一切存有的諸相都是相對性的，但是我們背後存在重大的寂滅，在解除所有相對性的那一刻開始，我們確定了一個無量性的基本面的身口意時，我們就是無窮盡虛空的無窮盡肉身狀態。

這個態度一定要建立起來，這是世間尊重的態度，就是一個無窮盡的存在，無邊無量的存在，對於各種不同相對性，完完全全不會有任何的干擾。每一個人要活在自己的相對性裡面，那是他自己所承受的作用義，這是生命自身的選擇。

相對性一定審判著肉身，肉身一定必須透過相對性去成就非相對性的無量性，這是一個關鍵性的基本面，也就是我們對於真正解脫的行法一定要通過相對性的關卡，任何宇宙的存在存有都是這樣子的。

所以我們了解這個實相之後，我們自己非常清楚，**只有你當下肉身的相對性，就是你通往成就解脫的必然性的基本面，**透過我們即身肉身相對性的檢視，我們自己也通過生活中無常性的相對性檢視的那一刻，我們打開了自己的障礙，打破了所有的生死門的那一刻，我們就是無窮盡，就是無量的存在。

我們每一個身口意的狀態不斷地遼闊，恢復到我們最深遠的制高點就是佛成的必然性，但必須經過報身佛成就的轉識成智過程，把所有的相對的障礙點全部解脫出來。這個體會，這個經驗值就是所謂的無上的修行，這個基本面是無所不在的。

每一個生活上的遍一切處都是在反應這個逆破的觀自在，當逆破的觀自在成為我們生活中的關鍵性態度的那一刻開始，我們就完全地進入如此結界的重大根本究竟的密行義。我們只有一個必然的態度，那就是隨時隨地的善逝，善逝我們所有相對性的身口意，善逝無常中所有相對性的檢視和考驗。

當這一切全部完成的那一刻，我們肉身的每一個六根六塵都是無量性的，都是無窮盡的，那一刻我們肉身就是虛空本志存在的重大示現輪動的實相。

ꙍ 哪一個相對識性之念，不是要成就你如一的第一義智的佛念呢？

世尊的本念就是第一義的「觀自在」的本念，「觀自在」是在念頭上生起的佛首智第一義念，那個念頭本身就是世尊——世尊之念，世尊的當下，世尊的觀自在，世尊的佛說。

念本身就是一種本質狀態，所以我們要了解到，佛念本身的存在存有，就是佛首智本心的無上智。當我們的念頭生起的那一刻，也就是我們面對的時刻，而不是讓自己在念頭中，被念頭所牽動出來的各種不同的價值所引動。

第一義當下念本身就是本念，本念就是本質性的佛首智，本質性的佛首智所切入的狀態，就是世尊。

我們即身當下的肉身所存在的第一義，第一義的本身就是第一念，在念之後的第二念、第三念……都是識性。所以，在念念之中，我們自身不必要在念頭裡有任何多餘用力和落入的觀自在，能觀自在的就是念本身的存在，念本身的存在就是第一義的本念，你自身要非常清楚在本念裡你自己可以成就的各種狀態，這都是可以的。

譬如說你是佛念，那麼，本念本身就是佛念、本質之念，那就是第一義念。但是之後的也都是本念所延伸出去的狀態，那就是無邊無量的識性之念，第二念、第三念、一切念都是識性念。

所以，**「觀自在」是在於恢復我們第一義的本念，這個狀態如果念念都是本念的時候，我們自身的佛首智都是如如不動的第一義的智慧，就是佛首智的世尊之智**，這一點我們要非常的清楚。

所以我們一直在表達一個關鍵就是，其實**我們的念頭無所不在的狀態，都是本念的事實**，但是我們會生起太多的解釋，太多的不安恐懼，太多的延伸、各式各樣價值的觀念和自以為是的判斷，這些狀態其實都還是在第一義本念之中被觀照著的。

所以今天永劫來各種不同的念頭，其存在的意義就是我們要恢復第一義的本念。這就是為什麼釋迦牟尼佛在佛說的當下，一直在表達第一義智，這個智慧本身在反應一個事實就是——人類最大的問題就是思議性過重。

有很多的教法和引導就是教導你要平靜，要寧靜，事實上這是沒有用的。在你不可說的形式當中，內在有太多思議的心念不斷地在打轉，這個狀態是騙不了人的，但也是一個很難去面對的關鍵性狀態。所以為什麼千手千眼觀音如來的佛首智是五層的狀態，是面對每一個面向的狀態，這一方面也在表達整個人類世代的功德力，在過度的引動出來的一個過程當中，我們整個世代文明累積了太多複雜的面向。

我們今天要在一個世代中解脫的時候，我們每一個面向的佛首智都必須解脫，拉回來我們自身的基本面就是無壽者相的佛念，無壽者相的佛念就是第一義智的本念，在第一義智的本念中我們的生命是本然俱足的。

但是如果今天我們的判別過多、識性過多的時候，我們自己所以為的價值和存在其實就是那些不安恐懼的心念，不管你今天有什麼樣子的一個存在，那些都稱之為妄念，相對性的念頭。而我們大部分存在的價值就是相對性世界裡各種不同的意義，我們規範了相對性的意義，但是我們永遠失落了第一義念、不二之念的狀態。

所以念頭本身背後的關鍵，就是要恢復到一個念念都是佛念的自在之觀自在。念本身就是真正你生命的佛，每一個念背後都是一尊如來，每一個念背後都是一個觀自在，每一個念背後都是法報化三身俱足的狀態，因此，每一個念本身都是你生命終極的原點。

每一個眾生的念，我們要表達不是只有人類，是每一個諸相的念本身就是真正所有永劫來輪迴的基本元素，就是我們的心念，無形的心念。創生一切天地之間的就是我們如如不動的心念，第一義念的重要性，本質之念的狀態俱足一切。所以我們要瞭解到，當我們自己有太多不安恐懼的心念引動出來的時候，這些都是不空之處，都是在念中被照見的各種不同的妄念，這就是念本身的功德。

念本身是無窮盡的狀態，你要怎麼生起妄念，它永遠就是相應於你；你有多少不安恐懼，就生起多少念給你，那種狀態非常的清楚。當你的心輪啟動某一種浮動的時候，那個等同的不安恐懼的念就是同步生起，甚至你還沒意會到，你肉身還沒意會到自己各種不同經絡的狀態有各種不同承受相時，那個念早就生起不安恐懼在那邊了。

所以為什麼很多在起承轉合的臨界點上，我們的肉身會常常有各種生理和心理上的不安恐懼，那就是我們自己本身的識性判別，永劫來的習性都著根在那個染著上的經驗值的習慣裡。那是非常習慣的不安恐懼，那就是一直有相對性的經驗，我們心念裡就會起相同的反應，所以你就會知道念頭本身非常的不可思議，那就是我們自己的原動力，就是我們所有的動能所在的一個佛首智的狀態。

念念存在的狀態，每一個念都是無邊無量的皈依境，所以**一個大智慧者的佛首智，其每一念的第一義就涵攝永劫來的妄念，全部把它收回來**。念頭的收圓，用第一義的念頭收圓永劫來的相對識性之念，這終究會在重大的佛首智的實相中，逐步的公開這樣的主性密藏的運作。

所以我們要瞭解到，在地球的這個道場，我們一生當中能夠覺醒於自己本身佛首智中自我叩問的不安恐懼狀態時，每一個心念的妄念，它不是妄念，它是一種叩問的相對性的心念。也就是今天你要恢復到第一義的佛首智、第一念本身的第一義智時，很清楚的，你要能夠面對你的妄念，而不是今天自己觀照著妄念，但妄念歸妄念，然後讓它過去，什麼都沒有解決。但是，妄念去了哪裡？它還在你的存在裡面、你的心海裡面。

所以很多狀態不是一個單純的相對性的修行可以去判別、去面對的。很多的面對狀態最困難的，其實在身口意當中最無相的就是我們的心念、我們的意念。所以，我們所意會得到的狀態，最重要就是我們一定要解除所有相對性的心念，不要把它當作是一個錯誤的假象，以那麼單純的角度去理解，以為如此就可以解決。你可以在某一些修行的次第上認為它是一個妄念，然後不去理會，隨它而去，但那只是一個境界上次第的過程。

如果你今天要究竟，我們非常清楚的表達，所有妄念的背後，都是第一義念本身，你自己所主導出來的一個狀態。相對性延伸的心念，它還是你自己的存在，牢不可破的你自己本身的存在。只是它不究竟，它不是本質狀態的實相，但是它本身卻是你自我叩問的關鍵。

妄念是你本身自我叩問你真實念的一個重大的切入點。每一個識性之念不就是你佛首智的不空之處嗎？每一個識性之念生起的時候，不就是在告訴你，你某一個價值中的狀態是不自主的嗎？每一個識性之念生起時，不就是叩問不空之處的那個心念之海裡的不究竟的切入點嗎？哪一個相對識性之念，不是要成就你如一的第一義智的佛念呢？這個關鍵非常的清楚，這個覺知非常的清楚，這個法義上的佛首智一定要表達這樣子的狀態。

所以我們應許在不可思議的功德力之中，佛首智的報身佛將臨在於自己本身所有智慧上和心念上轉識成智的過程，這就是為什麼千手千眼觀音如來的佛首智是五層的狀態，到最後祂成就的就是無壽者相的阿彌陀佛智。

阿彌陀佛智就是所有永劫來的心念都是第一義念，生起的第一義念，不可思議的第一義念。第一義念你要如何去訓練出來？第一，形式上不要對任何眾生的價值和觀念行為做任何的判別；第二，任何對待到你的各種不同逆向的狀態或順向的狀態，你只有一個無關性的等同等持，不是只有等同等持，而是不承受的無關性也要建立起來，這就是關鍵所在。第三，就是你自身對於自己即身一生中的各種相對性之念，都是重大的切入空性之門的第一念佛首智之念，這就是關鍵所在。

我們要非常清楚，當我們自己面對各種不同佛首智的妄念，所生起的識性之念的牽動時，我們是要如如不動的，我們是要觀自在自己佛首智每一個相對之念而有重大的面對。唯有如此，我們才了解任何不安的心念，都是我們自身要覺所覺空的佛首智狀態的報身成就，我們要有辦法在自己的佛首智進行報身成就的轉識成智。所以，這是生死關鍵之門，這是空前絕後的重大佛首智成就必然建立的一個狀態。

所以，每一個念本身就是本質之念，這本質之念的狀態，本身就是一個淨土、一個佛國、一個無邊無量眾生的皈依境。你要延伸多少識性之念，你都是可以去創生延伸的，這就是它非常可怕的狀態，但是我們人類對這一區塊是不了解的，不了義的，不是將妄念丟在一旁就解決了，不是這樣單純的事情。所以，在所有的識性之念的背後，就是我們真正空性本家的切入點。

永不往外投射

∞ 所有投射性的狀態，到最後都是非常表象膚淺的一種沉淪。

類別之中，有類別之因，有類別之果，有類別必然形成的一切分別狀態。這種類別分別狀態，就是看當事人怎麼去界定自己本身面對的程度，類別本身就是各種不同的觀自在。為什麼要產生一種類別狀態？是因為每一個人的苦難狀態是不一樣的，類別本身的存在，它就是專業性的結界狀態，所以類別的結界它本身就是專業性的轉識成智重大的基準點，這個基準點的類別，就是建立在你一生當中進行的各種不同的道途之上。

所以你要瞭解到，**你自己所投射出來的一種形式，它在類別之中，就是反應你自身的分別心，這分別心的轉化，是你必然的人生態度。**但這個人生態度如果不能成為一種基本面的立場的時候，那個投射性的輪迴就不斷的轉動在你和諸相當中的對待裡面，你永遠沒有辦法拉回來。

眾生是沒有辦法從各種不同類別的身口意和各種不同諸相的連結之中，把裡面的痛苦所反應出來的識性整個拉回來面對，因為拉不回來，眾生就粉碎在各種不同的諸相之中。幾乎所有的眾生都是這樣子活在自己的世界裡面，形成它所謂生活的組合。這種粉碎性的分類性的模式，就成為我們所在意的點點滴滴，這種在意本身，是人類自己沒有辦法控制的，這種是非常殘忍的事情。我們對諸相的一種投射，往往造成最關鍵的狀態就是我們堪忍不住，我們永遠習慣在被牽動的情況之下，將外在的事情不斷的在在意之中投射去做一種整理。整理了又怎麼樣？你形式整理好了，但你那個落入的狀態永遠不會得智。這背後是透過諸相的緣起，要性空自己本身投射出去的狀態。

所以很多時候，眾生把外在整理了，因為在意他自己的投射，他不知道那個投射是個問題，他不知道這背後的在意是反射在諸相的連結上，這個連結的目的不是為了連結諸相上的人事物裡面的各種不同條件，所以投射久了，眾生就粉碎在各種不同投射的意象之中，成為他自己存在的價值。事實上他是什麼都看不到的，因為所有的諸相本身投射出去的時候，他所有的連結變成一個固定的狀態，變成一種法執性的方法。

所有諸相的生滅都是會變動的，當這個變動形成的時候，你所在意、所投射連結過重的因果狀態，你的情境情緒就被綑綁在那邊，就沒有辦法接受生老病死各種不同諸相人事物的變動和變化。這就是關鍵所在。

所以眾生若沒有辦法把自己拉回來，修什麼都不會有用的。這就是為什麼很多人修行，再怎麼修，**若是沒有辦法面對和諸相連結當中的綑綁，到最後都是被諸相的變化變動的**

因果性，整個消融殆盡，所以沒有辦法有什麼修行上的成就。

今天要檢視的是在於，我們與諸相連結的目的，不是停留在和諸相連結的這樣子的表象，變成一種重複性的連結，最後只有不斷的去連結。這個連結的背後意涵是——我們要在連結的緣起上意會到，因為我們沒有辦法無相的面對自己，沒有辦法完全在一己當中的完整性，建立自身戒定慧結界的身口意的重大質變工程，所以我們必須透過外在的境界去反射出我們自己生命陰暗的狀態，這個狀態本身其實是要迴向到我們自己本身的觀自在。

如果這個點沒有辦法建立的時候，事實上你所有的因緣都沒有辦法轉動的，你只有在緣裡面，但那個畏因是建立不起來的。所連結的只有在緣當中的份量，就是眾生講的緣分，愈來愈重，那畏因之處，在緣當中是建立不起來的。

你既然沒有辦法知道那個原因在哪裡的時候，緣分裡的連結最後都是結果型的狀態，這樣的眾生就是很悲哀的啊。所以從這個地方來說，什麼樣的緣分，什麼樣的連結，幾乎都不重要，你連結有錢人、有權勢的人，求一個平安嗎?求一個保命符嗎?而你去連結那種所謂偉大的無形力量的神佛有什麼用呢?你怎麼知道他不會是陰地鬼神?

我們要瞭解到所有投射性的狀態，到最後都是非常表象膚淺的一種沉淪，不是你外在肉身活得怎麼樣的一個好或壞的問題，而是，那是沒有辦法解脫，永遠不會知道問題在哪裡的。所以這是關鍵，那是與覺醒無關，與改變自己無關。

因果上的流動變動，人生當中的每一個界面的改變，那不是真實義的改變，那是一種輪迴當中的波動現象，有時候好，有時候壞，如果眾生以為那就是一種真正的改變，那是永劫來最大的自欺欺人。很多人把這種福報因果當中的流動變化，當作自己修行上境界的變化，都搞混了，這是最大的悲哀。

所以我們要修行的一個基本面，就是你投射出去的諸相的連結，有一天你要從連結當中再反觀回來，能反觀回來，你才有辦法去切斷那個連結，你不能永遠連結在那邊，都要靠諸相才能夠反省自己。

之所以有這些連結是因為眾生的面對不成熟，他需要一個外在信靠的連結，依照外境來觀自在，當你成熟的時候，這些外在的信靠和攀緣的境界上的緣起都必須解除掉。所以當你不往外的時候，這些狀態，外在形式上的信靠，全部都要解除，包括任何的偶像崇拜都必須解除的，你要回歸你一己肉身本身的完整性在日常生活之中，面對無常的真槍實彈。那個狀態非常清楚，瞬間只有檢視自己的完整，檢視自己面對的一切不空之處而已。

當你能夠這樣的時候，所有的在意點，當下即身就是你被提點的；你所有的在意點，當下都是你自身要面對的狀態，就在當下裡面，你會看得很清楚。

當你自身一己完整建立結界的時候，那個基本的戒就是你不能靠外物再來面對自己，那是重大的犯戒。**你肉身就是你自己的圖騰，你就是必須在肉身裡面完全處理你所有的狀態，這才有辦法佛成，才有辦法真正一己完整的觀自在。**

觀自在很多種層次，

一種由外往內看；

一種就是「我就是眾生，我和諸相沒什麼兩樣。」看別人都當作觀自在啊；

一種是不斷拉回來的觀自在；

另一種是已經不透過外在的狀態，直接透過即身肉身的觀自在；

還有一種是沒有觀照的過程，沒有我的過程，那個觀自在是內化的過程；

最後一種是轉識成智，各種不同過程裡面的觀自在，都能夠知道那個轉識過程中，轉識不成智那個卡住的問題都觀照的非常清楚。

觀無所觀的時候，覺所覺空，你自己的狀態都已經是無的時候，沒有任何可觀的狀態的時候，那個觀也不見了，那個覺也不見了，存在就只有如來本身的真實義而已。

所以我們要瞭解到，基本面就是你自己所在意的，都是永劫來沒有解決的，不管你在意什麼，那就是牽動，就是即身當下那個在意點全部必須被解除、必須被提點、必須被轉識成智的。已經把你的不空之處都報告給你了，你肉身裡面到底要不要成佛？很清楚啊，就是你自己面對當下轉識成智這個方向上的如是奉行而已。

在動態之中的涵攝

∞ 具備真正輪動性的涵攝力，把一切相對性的碎片全部迴向回來。

我們自己本身要有當下性迴向之德的重大不往外之力。大部分我們存在的修行最高的境界幾乎都是往外的見諸相，我們見不了即身當下的轉識成智，這裡面關鍵的問題是在於我們迴向之德的涵攝力不夠。

涵攝力有相對之中的涵攝力，也有不往外的涵攝力，最重要的是——迴向之德當下的轉識成智的涵攝力，和即身觀自在的涵攝力。

我們在面對生命的每一個立場之中，最重要的狀態就是沉澱反省的機制，反省要能相應的重點是在於，**反省當中本身要具備涵攝力，有真實的涵攝力，才有真義的反省**。反省是檢視所有相對性之中的各種不同殘存狀態，我們都必須在第一時間點裡全面性的整個迴向回來，迴向回來就是把永劫輪迴的相對性的碎片，全部都回歸到即身的主位皈依境上。

若有所皈依，必當以涵攝作為一切的核心價值，**涵攝得回來，我們自己才有辦法永不破碎**，涵攝的經驗就是等同轉識成智的重大基本面。

具備涵攝力，才有辦法有任何轉識成智的可能；具備真正輪動性的涵攝力，才有辦法把一切相對性的碎片全部迴向回來。迴向回來就是收圓的過程。在收圓的過程中，把所有無邊無量的輪迴性，全部輪動成一個轉識成智重大的中道的示現狀態，這就是正法的軌跡，這就是不二的軌跡，這就是中道的密行。

今天生命最大的議題就是所有的生命不懂得反省，我們反省的重大的狀態，就是觀自在。我們的反省一定要具備觀照的基本能量場，如果今天我們不懂觀照是我們即身存在的一種俱足時，我們做任何事情都是放射性的，都是投射性的，無邊無量的投射，所引動出來的還是在輪迴當中的自我叩問。

輪迴是一種生命的叩問，非輪迴也是生命的叩問，就算沒有輪迴的問題，輪動本身也是在叩問著扣住每一個生命本身的本然。

我們今天要高舉一個重點就是——生命何時進入反省的品質？這是一個質地的問題，這是一個元素架構的問題，也就是在存在存有的本質上，你的存在意義是什麼？這是生理上的意義、物理上的意義、化學上的意義，或者是一個無形的意義？各種不同可說和不可說的意義是什麼？都是在一個反省的機制當中。所以，一個反省的生命，他的生命品質就能提升，這個提升本身不是一個分別性的提升，而是一個信靠到本質狀態的方向的提升。我們一定要提點所有的存在就是我們要具備涵攝力，涵攝回來的迴向之德，迴向之德是一個能夠輪動的涵攝力。

很多生命有所反省，但是他是一個死胡同的反省，雖然反省了，還是在橫面之中，還是在輪迴之中，還是在掠奪之中，還是在往外之中，還是在因果之中而不自知，這就是識性的反省。他就算是具有理性的思辯，看起來好像是有某一種統合、某一種消化的理性算計的概念，但那是一個死的涵攝力的假象，是一種識性狀態的反省。所以那是一種假道德的約束，假道德的一種狀態，這種所謂的理性訴求，它是一種識性智性的概念，它沒有任何的智慧，沒有任何真正輪動的涵攝力。

我們講的涵攝力就是真正生命本身即身當下的重大統合的涵攝。統合的涵攝就是我們要消融所有的碎片，我們要回歸主位的完整的皈依境。所以為什麼在諸佛的圖騰當中，最重要的還是在於千手千眼觀音如來，千手千眼觀音如來就是代表著永劫來的碎片統合之後的一個主位的本尊，永劫來所有碎片整合之後，一個圓滿廣志的千手千眼觀音如來的觀自在。

我們自身一定要建立反省性的涵攝力，如果今天生命沒有任何的涵攝力，所有的一切都是不可能解脫的。不懂得反省，就不會知道問題出在哪裡。當我們知道問題出在哪裡時，我們怎麼去處理這個事情?就是解脫的道途，也就是建立一個重大的觀照能量場，在我們即身肉身的觀照之中，觀照到所有的問題，輪動出轉識成智的狀態。

生命能夠見諸相，並不代表能夠反省出真正的道途，**生命道途的解脫，一定是動態之**

中的涵攝，這個涵攝力的動態就是轉識成智，轉回你自己的迴向之德。這個德的公義就是你自身了解到，生命的第一義就是在涵攝之中回歸到自己本身的主位，把所有碎片的眷屬回歸到自己本身主位皈依境的即身肉身的功德力，成就法報化三身的不可說的佛說當下。

當我們具備了迴向之德的時候，沒有什麼不能反省的，反省到無反省相，就是非相無承受相的過程。我們能輪動一切，我們就能夠轉識成智一切，就能夠非因非果一切，轉動一切的畏因之處，轉動一切的結果之處，這時候，我們會意會到自己的迴向之德，就是輪動到我們自己本身整個肉身的一個精準度。

當我們在精進佛說的過程當中，我們肉身的整個淨化過程裡面，我們要成就一個見諸相的觀自在，報身佛輪動轉識成智的觀自在，還有同時是肉身本體化如來相的觀自在的狀態。

觀自在就是所有涵攝力的開始，當你觀自在起動了重大的報身佛成就的迴向之德時，你的功德力就是逐步的具備法報化三身的輪動。生命具備轉化的能力、行深的能力、廣渡的能力，一切都是自主的。當我們能夠進入這樣迴向之德的反省，我們就會了解所有存在的一切，在因果之中的變動過程，在無常的變化中就是具備涵攝力的迴向之德。

為什麼我們在因果之中承受了催逼之苦？為什麼會有諸相的承受？為什麼有生老病死的承受？那就是在涵攝某一種臨界點。當我們自身有所承受，那就是在涵攝某一種臨界點，當我們有所承受時，我們就必須圖謀某一種改變，我們就必須有所割捨。

割捨的過程就是啟動一個輪動的迴向之德，你就會去檢視很多事情要重新再來看一遍，也就會有一種反省的態度、反省的立場、反省的意會、反省的不可說的狀態，把我們自己本身忽略掉的生活流程，肉身本身殘存的識性，全部做一個關鍵性的檢視和反省，它就會啟動一個輪動中的變化過程的自我革命。

所以，當我們自己意會到肉身最尊貴的莊嚴，就是在迴向之德的當下，我們就看到了自己全然即身肉身的佛說是無所不在的輪動之處。因此，迴向之德的反省的觀自在，就是我們自身日常生活中，世間尊重必要建立的公約數的心性之德，肉身之德，生活之德，當下之德，無量之德，身口意之德。

態度決定了一切

ω 一個不尊重的態度，能反省什麼？倒不如回去做眾生吧！

人世間的一切，生命的道途本身是無所不在的通路。每一個身口意的對應所輪動出去於無邊無量的當下，都是一個生命慧命恢復道途的究竟性。所以我們要瞭解到生命的立場就是在於態度的立場，也就是我們面對自己的態度、面對生死的態度、面對當下的態度、面對一切的態度、面對一切關係的態度，都是我們修行的基本界面。

這個基本的界面是建立在一個平常性的平凡心，這個平凡心不是因為我們自己本身為什麼而什麼的修行。我們一切當下就是一種修行，不斷的去修正自己的行為，調整自己在行動當中的基本輪動，所反應出來的畏因狀態。但重點是在於，我們自己的心態是什麼？態度是什麼？那就是必須要有一種深定的態度、深厚的立場、禮敬的態度，以及良知良能的一種深切的自我生死關懷的初衷。

我們在初衷之中獲得了本質的應許，我們在應許之中得到了一個重大的莊嚴，這個莊嚴就是我們的態度。態度決定了自身在面對各種修行修正的重大力道，這個力道本身的深度，決定了一切我們自己本身的打破，一切就在當下進行的。

很多人的生命是淺薄的，他們以為可以從修行之中帶來某一些利益，這是非常錯誤的想法。**修行的目的不是為了得到相對性的利益，修行的目的是為了放下相對性帶來的因果承受，這就是基本面的立場。**

如果今天面對生命生死的問題，態度是如此的淺薄時，那麼我們還是奉勸一句話——回去做眾生吧，回去帶著因果繼續輪迴吧，回去過你假象幸福的生活吧！這是被尊重的，這是每一個人自己要沉淪的權利。

但是我們要表達的非常清楚，如果一個基本的態度建立不起來，如果對自己世間尊重的莊嚴度，是以如此的狀態面對自己的肉身，是如此的面對自己的身口意，是如此的面對自己生活中的每一個行為的時候，這種態度是何等的淺薄，是得不到任何如來性的應許的。

所以態度決定了一切，很多時候我們自己的立場不知道那個輕重，只不過是用一種人世間非常表淺的眾生立場，以為自己本身在修行什麼樣的重大教法，事實上卻是什麼都不懂，什麼都不了解。

世間沒有任何重要的教法，世間任何教法的目的，只有回歸一個道理，就是你如何面對的態度？所以，一個深切的良知良能，全知全覺的一種立場的態度，建立在日常生活中的每一個界面時，這樣面對生命的立場能夠建立時，任何平凡當下的遍一切處，都能夠得到重大解脫的遍一切智。

如果今天我們的態度是淺薄的，是輕浮的，我們的立場是不以為意的，有時候想修行，有時候又不想修行，就只是來人世間在各種不同關係中逗留，如此，我們能得到什麼樣的結果？再深遠的教法給你，再縝密的道理給你，也只不過是曇花一現的一個風花雪月。這就是關鍵的問題，也就是態度決定了一切。

一個不尊重的態度，能修什麼？能面對什麼？能反省什麼？倒不如回去做眾生吧！這是很多現在主流修行者的問題，他們在生活中何等的淺薄，在生活中何等的表面，在生活中都是說一些相對性的話，對自己本身存在的議題，根本就搞不清楚狀況，根本沒有觀照自己肉身身口意的問題，沒有具備面對畏因提點的能力。

所以，一個如此淺薄的態度，也只不過輪迴在很多假象的來來去去的對應罷了，整個人類的態度就是這樣，整個人類基本的流程就是這樣，整個人類各種不同的關係如此的貧乏，就是如此的過日子，在日子中過著這樣貧乏的身口意，怎麼可能面對任何的修行呢？

我們要具備一個深遠的態度，一個初衷本願的態度的功德力，才能意會得到自己修行本身的立場，其初衷的第一義態度，就是我們自己本身不可思議的戒定慧。不可思議戒定慧的身口意，也就是決定了我們自己態度上莊嚴慎重的重大畏因，一個不懂畏因的生命是何等的不能夠面對任何考驗！當我們自己本身態度建立的時候，也就是我們一定要徹底的出離解脫，徹底的改變自己慣性和識性的那一刻，我們獲得了重大的初步的成就。

態度決定了一切，莊嚴的態度決定了一切，慎重的態度決定了一切。無所不在的歷程都是慎重的態度，無所不在的一切都是一己完整的重大行深的立場。這個立場是世間尊重的基本態度，如此，修行才能獲得一切生活中諸相對應下的迴向之德。

我們得到迴向之德重大的深化過程當中，才能深入我們自己本身轉識成智功德力報身佛的不空成就，我們才有辦法在如如不動的如來相之中，獲得自己本體性的智慧。這一切的條件都是來自於我們決定終其一生在最後的末日審判之中，給自己一個莊嚴慎重的態度，所以態度決定了一切。

如果今天意會不到深重的態度，我們絕對沒有辦法知苦，一個沒有辦法知苦的立場，怎麼可能去面對任何的修行？怎麼可能得到一個重大正法護持的善護？

所以我們要瞭解到我們對自己最深的加持，就是從我們自身面對生命的時候，就要非常清楚，絕對不拿一個淺薄的態度來面對自己的生死議題，對自己的狀態怎麼能夠輕忽呢？但絕大部分的人都犯這個錯誤，因為他們只要表面的流程，只要浮華的表象，所以在載浮載沉之中所面對出來的一切，從來就沒有一個肯定的答案。如此，確定不了自己本身的戒定慧，確定不了自己本身的生死，確定不了自己本身一切生活的存在存有。什麼都確定不了，只因為初步的態度建立在一個非常淺薄的浮動之中，不以為意的自以為是的面對修行的態度，能修什麼？不可能的事。

所以我們一再昭告重大的事實——拿出你的態度，就是世間尊重的莊嚴，也就是給自己本身寂滅的立場，才有無我的狀態。

生命之演化，本為無之妙生，眾生落入其中，共為識性累積之道場，不稱其名，不稱其識性為名，乃一切作用義皆無識性在其中，如是之我之存在，乃名其為無我也。

我若無識性，故不稱其名，只在本質之中，生起無識性之作用義，不落識性中，起妙作用義。一切的存在義本在解除識性，在無我之臨在，無識性之遍一切生命所顯相之作用義，無為之中，覺空之智，我本空所，何來有我？故名無我。

所以莊嚴的態度決定了我們自己本身戒定慧當中，不可思議的莊嚴之德，我們才有辦法在本身的初衷之中，涵攝住我們自己面對生命行深的重大流程。

在變動中引動出所有的行深轉化

∞ 行深是為了我們的衣缽中無窮盡的主性密藏，全部都要引動出來。

你以為世界那麼慈悲嗎？

每一個人都隨時可以改變的嗎？

如果你今天沒有辦法進入到轉識成智的時候，你轉不起來的時候，你能改變什麼？只有外在形式上改變，但人不願意改變。重點是，人為什麼不願意改變？

因為我們害怕改變，我們不知道改變後會變成怎麼樣？

人最大的問題，就是只能夠活在原有的已知之中，所以我們到一個形式上的擁有之後，就只能夠在已知之中的時候，我們有多少非知的大能量場，都被覆蓋在這個已知的狀態裡面。眾生是不願意改變的，害怕改變的，無法面對所有改變性的狀態。

一個真正懂得改變的基礎，是建立在我們自己轉識成智到一個狀態的時候，這個轉識成智就是一種改變。這個改變是深層的改變，是覺的改變，是不可說的改變，是真正了義的改變。當你改變了某一些識性之後，你的綑綁有所鬆動的當下，你轉識成智的智慧性已經有所厚度的時候，你會知道人生的改變是必然的，這才能有真正的格局。

懂得改變的生命，對於諸相狀態的對待，就不會累積，就不會執著，就會看得比較自在，就會產生自發性的觀自在。自發性的觀自在就會成為一個願意改變或懂改變之人的一個基本生活層面，隨時隨地都是在觀自在的身口意狀態。

但是我們的重點是在於，我們懂得改變了，這代表了什麼意思？我們有沒有辦法隨時隨地處在一個能夠相應改變的必然性？如果這個相應的節奏是等同等持的，我們的改變是無所不在的，我們與整個無常性的法流是等同節奏的時候，我們將會是怎麼樣的普賢之路？非常清楚的，我們整個身口意都是自發性的改變，就是本質性的改變、無相的改變、觀自在無相的改變、無壽者相的自在的無我的改變。

所以當我們了義改變的時候，我們在變動之中，我們會透過一個變動性的緣起，緣起有各種不同的形式，有各種不同的時空表，有各種不同因果的引動過程，但是我們要性空的基本面，就是來自於我們願意接受這個改變，我們終於有了改變，我們懂得改變。

但是我們懂得改變的時候，我們如何去連結緣起上的改變，和緣起上各種不同因果類別的改變？緣起上其實有各種不同的層次，我們在緣起上面對各種不同人事物、次第、教法、因果，緣起裡面也有各種不同層次的轉識成智，和各種不同的如來相的引動狀態。

如果今天我們把緣起再做各種不同存在的不可說的狀態的時候，無形的緣起，通達一切宇宙無形的緣起，都能夠進入我們自己本身轉識成智的不可思議的存在，這個就是不可說的整個宇宙虛空廣志的立場，就是主性無邊無量臨在的當下，都是一個變動的過程。

任何的無量緣起，都是我們自己本身在變動之中的變化，我們要在變動中行深轉化，重點在此。你的行法一定要深，這個深就是我們自己本身的識性全部都解除的狀態。每一個緣起的目的都是在行深，行深到一個不可說的狀態就是要轉化掉，重點一定要徹底究竟的寂滅。**寂滅的究竟度就是整個轉化的必然性，寂滅到無所的時候，那個深度就是深不可測的虛空本志的基礎面。**

真的打通了，是永不見底的，沒有可著之處。宇宙的虛空無窮盡，它的目的就是很清楚的警告所有的眾生，沒有萬有萬相這個事情啊，你有萬有萬相就是因為你有執著，它就變現一個你所需要的日月星辰，給你這樣子的道場，讓你見到你的執著是如何的山川大地，你是如何的在這個天地之中執著在你自己因果的法執中而不自知啊。

你當真的肉身，你當真的一切，你當真的生活，你當真的擁有本身是如何的輕重，整個寫滿在你一生流程中的生老病死裡面的擁有，都是你執著下的遍地的碎片，你從來就捨不得放下那些顯相，顯相出來就是放不下的部分。

所以，這個變化的過程，就是如來虛空本志透過萬有的道場，把你**永劫放不下的累積的執著，透過這個緣起的諸相，把你永劫來放不下的那些成不了格局的識性狀態，成為你在地**

球一生當中修行變動變化的資糧，就是你擁有的全部變化。

也就是，一生中的生老病死，在一生有限的時間裡面所有擁有的諸相，包括你這個肉身，包括你生活中所有對待關係裡面的因果，都是你所有永劫來放不下的碎片，它還是變動變化給你看，用你的資糧——你所執著的資糧，變化給你看。所以，你的資糧是不可得的。

食衣住行當下的納入，若有可得，可得之所乃為意念之識，是為眾生之有所，乃為可得之生死因果累積之所在。但肉身必定有生老病死，肉身若滅，一切本不可得，一生之中所擁有之資糧，不管是任何的形式，本不可得，故一切的資糧本是變動變化之法性供養。

識性之人對於一生之資糧，只在於多寡之算計，出離之智者以智為要，一切資糧之來去，當下不著於一切資糧之算計，只在於自己本身法性供養之法報化三身成就，於慧命解脱之即身肉身。

若肉身有所功德解脱，本念初衷，感恩圖報，必迴向一生所有供養肉身之資糧之諸相，共成轉識成智之眷屬，共成如來解脱之共同之功德本。故一切一生之法供養資糧，本為如來本體之共如一體性。意會者當如是我聞，如是奉行。

緣生緣滅，這就是畏因的所在狀態，這個方向是格局，若全部通達了，你就沒有什麼放不下的，你就會對這個擁有沒有興趣。這個狀態就是你真正通往如來的關鍵臨界點，通往主性的重大連結的必要關鍵點，這就是重點所在。

這就是為什麼一直要建立「無關性」，要有「無關性」的緣起，因此，文殊智是何等的重大。對於觀音系統的累積過多，就是要以文殊智的文殊劍，整個善逝砍下來。這個意思是什麼？無緣性，無緣性的觀自在，我們自己何時才能夠等身等持的存在？那就是我們自身把所有的識性全部都解除掉之時。

所以地球的道場它最大的無窮盡的慈悲，就是讓我們所有的執著，永劫裡面的累積放不下的，成為我們這一生的圖騰，生活的圖騰、肉身的圖騰、對待的圖騰、因果輪動的圖騰，一生當中遍地都是這樣子輪迴的圖騰，你要不要善逝掉？用你一生的改變去善逝掉這樣放不下的狀態，整個意義在這裡啊。但是眾生在做什麼？他把所有放不下的部分，用一生不斷的放大，累積更多的放不下，今天的眾生就是在做這個事情。

在變動之中，我們所要動出來的狀態就是徹底無窮盡的行深，行深的目的就是我們衣缽中無窮盡的主性密藏，都全部要引動出來。唯一的條件就是我們要轉化所有的識性，把我們自己一生中擁有的存在狀態全部寂滅，在一生當中還來得及的時候，我們就成就了覺的法報化三身的功德力。這個時候，你的一生是不一樣的，你就是一個最深的衣缽，你肉身是一個自性的衣缽，你的生活是一個主性的衣缽，所有周遭的眷屬，永劫來的存在都會廣納到你自己彌勒的乾坤袋，而成就你自己本身主位的皈依境即身肉身的當下。

所以當我們自己要面對變動的時候，我們就必須出離，我們要全面性的出離，全面性的排毒，究竟的出離，每一個步驟就是寂滅性的出離，究竟性的真正解脫，這是一個基本的立場，這是一個世間尊重生活態度的身口意的莊嚴。

當我們能夠這樣善用我們的肉身，在這個無常世界的時候，我們沒有任何可以執著的，我們可以把永劫來的執著，一次整個寂滅掉，清淨掉，善逝掉。那麼，我們自己就必須在臨在的立場裡面，好好面對我們的變動，好好面對我們的變化，**每一個變動、每一個變化，都是在湧動我們自身難以改變的深藏在肉身裡面的各種不同習性和慣性，這就是關鍵。**

變化的共成，變動的共成，就是無常中存在的各種不同輪動的變化變動，就是為了引動我們自己肉身裡面各種不同無窮盡的不安恐懼的識性眾生，讓我們有機會全面性的在我們生活中，成就我們自己本身的主位皈依境不空成就的法報化三身的即身肉身的完整性。這就是關鍵。

所以無常就是我們引動的最大契機，就是我們無上的緣起。懂得把自己的肉身放在無常中，引動我們永劫來的苦難，這就是我們自己本身為什麼要面對這樣全面性的變動。當我們能夠逐步面對變動，接受變動的時候，我們就能夠在無常中懂得，無常的變動是在成就我們自己本身關鍵性無上的了義過程。

整個無常都是我們的藥師佛，但是我們懂了嗎？我們要懂得出離，懂得面對，並接受所有無常中引動出來逆向照破的不可思議的面對流程，無常就是我們自性的上師，這個態度是很清楚的。如果今天你還是一成不變，什麼都不願意改變的時候，終究你只不過是被識性所操控的一個人身木偶，也會死在無常的覆蓋之下，一生終究是不知所措的無明狀態。

一個懂得用無常來面對自己的即身肉身，就是真正普賢之道的不可思議的修行，精進的大無畏狀態，一定是當下即身畢竟空的圓滿。

無相對性的身口意納入一切

ω 沒有任何相對性的狀態下，讓所有能量場和磁場全部回歸，而沒有任何承受。

最困難的關係，就是人與人之間各種不同對待的是非對錯，這個是非對錯更大的困難就是各種不同判斷的價值，當下的判斷、事後的判斷，和事後處理無窮盡延伸出來的各種不同的判斷。這就是人與人之間的人生觀，人與人之間的因緣果報的算計的狀態，不管過去現在未來都是這樣子的如是的存在，這就是整個人類共同存在最深的痛苦。

但是我們並不懂這裏面的嚴重性，這個狀態不僅是人與人之間的狀態，是人與價值之間的狀態，人與無形存在的狀態，人與因緣果報的狀態，人與意識形態的狀態，也就是與我們自己心念的存在有絕對的關係。

但是我們今天要表達一個狀態就是——我們自己一己獨特的完整性是什麼？**我們對自己本身永劫以來各種不同能量場的存在，都在我們當下肉身的對待之中，成就我們自己的完整性和絕對性。**

今天我們自身的重點是，在緣起上不管是有形無形的對待是什麼，我們是不是懂得用一己肉身的存在，對永劫的眾生負起最大的責任？

如果今天我們的肉身是一個空性狀態的時候，任何無邊無量回歸回來的眾生狀態的逆向，我們自身都是納入消融的，我們用一己之力，來面對所有回歸眷屬的意識形態的時候，這個回歸的過程，就是在我們日常生活之中一切對待的關係。

每一個人本身的存在都是有形無形的，每一個人存在的狀態，都具備了法報化三身各種不同轉識成智的功德力，每一個人都有各種不同永劫來的因緣果報狀態的眷屬，但是我們怎麼去對待？

我們自身的信靠，如果是在空性的狀態的時候，我們即身肉身在如來本體的狀態，具備轉識成智的功德力的時候，我們自己肉身最大的負責就是——**我自己內在是沒有任何相對性的狀態之下，讓所有苦難眾生的能量場和磁場全部回歸。**

我們自己本身內在的心念，我們外在的身口意全部都是無相對性的，也就是無壽者相，無我相的狀態，去接納永劫來所有相對眷屬的回歸狀態。我們要用這樣的狀態去納入所有的眷屬，不管它是怎麼樣的存在存有狀況，而這種對應是進行在我們自己日常生活中，每一個關係的平台所應景的當下，關鍵就是在這個地方。

所以對一個重大的覺者來講，肉身在回歸所有的皈依境當下的眷屬時，我們自身不升起任何相對的一念，納入所有無邊無量的眾生的形式。就算我們肉身有所承受，我們有磁場的承受，有各種不同形式的承受，我們都要非常清楚，我們只有寂滅自身相對的身口意，這就是最關鍵的負責任，也是最究竟的臨在狀態。

我們在面對永劫來眷屬回歸的各種不同能量磁場和各種不同對待的關係，我們只有性空自己，我們只有觀自在自己，成就我們自身的最深遠的虛空衣缽狀態，此外無他。

我們如果今天存在的身口意是空性的、是空相的、是無壽者相無我相的時候，我們是隨順所有眾生的回歸狀態。而當我們的功德力夠的時候，我們會納入一種法性供養的功德力，我們會覺明覺知的，這個狀態我們是可以相應生起這樣世間尊重的法供養。

也就是以無我相納入一切苦難眾生，**我們內在已經沒有任何相對性來納入的時候，我們外在形式會接受眷屬殊勝的、不可說的公義性的法供養。**在這種情況之下，我們的內心還是無我相的狀態，這個法供養在形式上就會形成一個引領的狀態，但是我們的本心的覺受狀態是不可思議的，我們肉身的身口意是不可思議的狀態。

所以世間的法供養我們納入的時候，還是一本初衷，就是所有眷屬的回歸狀態，我們在有形的狀態接受一切形式法供養的當下，那不只是單純眷屬的回歸，更重要是，逐步在世間形成眷屬回歸的具體相，顯相在世間的重大系統的教化之用。我們自身要莊嚴無功德相來成就一切的功德相，這是眾生需要的，這是有肉身的眾生需要的一個功德力的普賢性的教化，這個引領我們要能夠如如不動，不動如如的狀態。

當所有的不可思議的眾生收圓到一個究竟的時候，我們就會在世間顯相一種世尊教法，我們會逐步的接受各種有形象的法供養，但是在如如不動的皈依當中，我們自身要建立一個莊嚴無相的淨土形式的時候，我們自身的存在還是如如不動的。

所以一切就在於緣起性空，緣起無量有形無形，性空一切當下的有形無形。**當性空一切當下的有形無形的時候，一切緣起的妙用就會形成在世界的存在存有，成就各種不同不可思議殊勝的道場。**這個存在是無所不在的，不管它形成的是各種不同的系統，非宗教性的系統，或是宗教的系統，或者所謂的無常的系統，我們都稱之為法供養的世尊道場。但唯一的重點是，你自己在圓收收圓的如如不動的當下，你自身性空的即身當下的肉身，心中永劫不生起任何相對性的一念，就是虛空本志的狀態。

當是如此的時候，很清楚的，你自己本身不會有任何的承受，所有的皈依就是究竟的，所有的眷屬的回歸，不管是有形無形永劫以來生命的眷屬，都是能夠得到第一義究竟的主位皈依境的當下的完整性。達到不空成就的時候，所有的眷屬本身的回歸，都是共主狀態的轉識成智的成就。

當這個成熟度形成的時候，也就是世尊法供養的形式就會形成在一般的世界。但是我們的本心還是一如本初佛的初衷就是——實無一眾生可滅渡之。唯有如此，我們就能夠承載一切眾生的國度，而成就主的國度。

從相對性的意識型態走出來

∞解脫到達一個厚度，就沒有辦法再回到過去那種相對性的世界。

真正的解脫之法不是一種方法，真正的解脫之法不是教人要成為怎樣的人，真正的解脫之法不是一個相對性的教育，真正的解脫之法是從相對性當中解脫出來，解脫出來的過程才是真正的解脫之法。

所以，真正的解脫之法不是任何的方法，真正的解脫之法就是要解除——所謂任何意識型態下的人，想要在任何的意識型態下做怎樣的人的認知，那個方向本身就是痛苦的。解脫之法是讓人在各自要求的關係裡所攀緣認知的人際之中解除出來，那個解除的過程才是相應解脫之法的。

人類所有的教育都在識性的分別中，教導習慣於識性的身口意，成為一生都是識性重複的人生流程。人類真正的教育是放下之道，解脫之德，大捨人識性的思維，善逝所有慣性的行為。教育在於人性解脫之後，寶生人本心良能良知良善之覺醒的生命本質，這才是教育無上的本心之道、情懷之德。

所以任何意識型態的標準，在每一個世代、每一個時空的每一個狀態，人都會有自己當時的價值判斷，用自己的價值判斷去要求別人，或要求自己成為符合那個價值標準裡面的一種形式，來做為他活下去的理由和判斷，那就是一種道德教育。

人們以為的那個道、那個德，其實是在意識型態理解下的一種判斷，這個並不是解脫之法。每一個世代，每一個傳承，每一個生命來到這個世界，都有他的慣性，有他心念上的標準，當那成為一種意識型態的識性的時候，就是一種習慣。

「我用我的意識型態往外去要求，在我的資源下，在我的控制下，在我的理解下認知，形成一個大環境的主流標準，也用這樣的標準去詮釋自己之外的各種不同別人的人生，互相牽制，互相影響。」這樣的認知是不是一定會互相成就？對，會互相成就，但那也是一種識性的活動，就是所謂的識性的功名成就，這個不等同於解脫之法。

道德不能是一種意識型態的判斷，當道德成為一種主流的威權時，它是一種人性的覆蓋，而不是令生命對自己有等同意會的法緣。教育來自身教的質變，人世一生，一切當以無分別為基本的認知，當以世間尊重的行為成人世間的生活態度，方能令一切道等同一切德，等持所有的身口意，等同如來相應的生命之愛。

解脫之法的本身不是在要你成為哪個標準下、哪一個道德下、或哪一個認知下所謂的那樣的人，去符合某一個教條、類別、形式、要求的一種所謂那樣的好人。那裡面是一種識性的人的形式，這個地方是人類必須全面性的去面對與沉澱的。

今天整個人類這個方向已經形成空前最大的一個障礙，就是知識性的障礙。在專業的知識裡面，這個慣性的輪迴變成一種金錢的遊戲、人性的遊戲。

人對自己的了解不但沒有任何深化的機會，反而都必須衡量自己的行為、講話、眼神、態度，各種場合、各種對應、各種想法都衡量著是不是符合所謂老闆的要求、父母的要求、客戶的要求、男女關係的要求、子女的要求、甚至佛菩薩的要求、宗教的要求等，或者是自己每一個人生階段的意識型態裡，一直在改變的那種要求。

這樣的人類怎麼會有足夠的能量去恢復？所有能量全部散落成滿街的碎片，這是非常痛苦的事情。

人以為了解的，都是教育本身要介入的，即身的相應，對應一切的教法，因果之教，方能變革輪迴之生死。生命的觀照，一切在轉換中得觀因果的無上智，生命自有其自主之了然，肉身的存有本應以生活即修行本身的一切教育願力之所在。

因為存在的每一天、每一個時空的自己，都是在衡量如何符合別人的意識型態，而到最後也失去了自己。每一個人都失去了自己，因為每一個人都活在別人的意識型態裡面去符合別人的要求。也許是為了生存，也許是為了不得罪，也許是為了利益掛鉤或其它的因素，但是那背後有太多的不安恐懼。

這種意識型態的本身不是一種讓人放下的意識，如果是一種放下性的意識型態，可能還是一種比較平安、安住的世代。但是如果不是這樣，那麼，它本身就是不良善，就會在累積到一定程度的時候，堪忍不住，就會把識性整個投射出去，難以良善自己本身的心性之狀態。這樣的話，人的本能就完全失去，人的覺性也完全覆蓋，覆蓋在每一個分裂的狀態。

因為，自己的一生當中有太多的意識型態了，拿自己的意識型態，去衡量所有一生當中碰到的各種不同關係的人們的意識型態，然後又落入事件當中表相的各種利害衝突，人對自己還能夠剩下什麼？

不必再有任何的要求，生存的存在，存有的所在，所在的存在，供需之間，自主平衡，不落入所有的意識型態，所有形式，自主其義，統合無量，整個世代總持一念，無極其中，圓滿當下。

解脫之法本身正好是逆向的，它要讓人類完全從這裡面解除出來，所以，苦難就是提點了你，讓你意識到你已經粉碎在意識型態裡面的狀態；而當你開始想要不再這樣活下去的時候，那就是解脫之法的開始。

所以，解脫之法就是讓你從分別的識性中解脫出來。那些識性的心念是每一個人無量劫來各種不同的層次，每一個識性就是每一種情境，有每一種分別、每一種思議、每一種落入，有你無量劫來生生世世都不自主的分別的識性，這些就是要解除掉。

在這種情況下，就不是人成為好人或壞人的問題，而是人已經變成每一天存在的太複雜的自己，已經不是原來自己的自己。所以真正的解脫之法不是讓你去做符合別人要求下的自己，重點是在於，所有你還會受制於別人意識型態的那個自己的心態，你全部都要解除掉，這當中就是誠意、決心與態度，把自己從符合別人意識型態的狀態整個拉回來。

所以，從中解除所有自己與別人無量劫來生生世世各種不同意識型態，和分別心念下的一種徹底的意識操控，從裡面的價值全面性的解脫，那才是真正的解脫之法。

自然來的事物，自然去的時空，人性的自然，無我的傳承，自在的生存，無分別的世間尊重，生命自有其必然的隨緣因果，一切因自然之道而不可說，一切在其中，因一切早已自然不落入其中。

解脫的過程中，當到達一個厚度的時候，你就會很清楚的知道，你絕對沒有辦法再回到過去那種相對性的世界，那不是你要的。在你的生命理路裡，你會很清楚的知道不要再回到那樣的時空、思維、對待、心念和識性，不會想再回到那樣的從前，也不要再讓自己活在那樣的狀態之下，這是一個重大的決心。但是，當你意會到的時候，你能跳脫得了嗎？這個地方非常的重要。

生活的每一個當下，都是教育即身的法緣，人在其中，以慣性互相教育不落入輪迴的照

見，人如何不在其中自我教育？無承受之教育，觀自在之道德，世間有情，人間有義，道之於心，識性本空，世間自主之路，本於生活，圓於生命，教育之道，功德自在人心。

所以，在相對性法緣裡面的所謂貴人，也還是相對性的。但是，當你要解脫的時候，真正的貴人是真正善護你善逝慣性的活菩薩的法緣，這是不一樣的貴人。當你要解脫的時候，你碰到的貴人所結的緣不是一般因緣那麼簡單，他會是一個畏因的法緣。當你自己願意從無邊無量的識性裡面、從別人的識性裡面走出來，就會有適合的法緣協助你解脫，這是不可思議的。

當你的人生走到一定範圍時，覺得需要有所改變，你意識到該從自身的識性走出來，那樣的你會是什麼狀態？重點就是在這裡。所以，當你不要再回到過去的時候，你會覺得不對，當你在生活中覺得不對，不對的那個感覺就是你要告別某一種覆蓋，告別別人的和自己的覆蓋。那麼，你自身一定要付出一種代價，要做一種告別，那就是「放下」。

每一個人所覆蓋的狀態和層次，或者他的如來性要在他這一生的肉身裡面，成就這種即身成佛的功德力是無法預設的，自性湧動的解脫之法功德的威德，要終結掉那一種受制的識性，那個力道到什麼程度？每一個人是不一定的。

你願意出離，你有機會意識到你要告別這個慣性，你要告別之前的自己，告別那種「我到處都符合別人，我都活在別人意識型態下，我是多麼好的人」的認知，當你意會到你不要再做別人意識型態下的好人的時候，你就意識到了告別受制的識性的重要。

但有多少人能意識到？

那麼，有意識到的眾人當中，又有多少人有決心要走出來？

就算有部份的人有決心走出來，又真的能走得出來嗎？

走出來要有方法啊，對不對？

要有貴人啊！要有因緣或法緣啊！要有有形或無形的助緣啊！

你如來願不願意給你這個機會呢？

祂給你的考驗是什麼呢？

這個時候，你自己本身要了解這個輕重是什麼？

此時，你就是要做回你自己，那就是——我不在別人的識性裡面，我不在別人的知見裡面，我不在別人的已知裡面，我不活在別人的慣性裡面，我不活在別人的因果裡面，我不活在別人的生死裡面，我將永遠不活在別人的輪迴裡面。這樣做的決心，你自己意會到什麼程度？

必須在自然中容納所有的生命之自然，生命的自然是無預設性的自我深層的教育，生命的本法是在於萬有萬相最自然生命之美的自然之教、根本之育，一切的涵養在不用力中呈現一切自然深刻之美。

所以，當你自己想要改變的力道下去的時候，當你下決心的時候，你就必須付出「放下」的代價，但是所謂的代價還是假象，因為你割捨不掉，你就會覺得那是一種代價。但是你若不放下那個狀態，就完全不會意會到那個放下的過程就是你本身解脫之法的開始。

當遞減那個意識型態的過程時，你自己就不再是一個「我要做好人」，那個活在別人意識型態下的人。或者你會開始觀自在，看自己有什麼慣性，明白自己有這個慣性或這樣的理解，所以才會習慣性的去符合別人，互相在接近的意識型態裡面，感召成一種共同的業力——大家都講同樣的話，大家都在重複，每一個人都像機器人一樣，有共同的因果、共同的模式，每一個人都不必是自己，因為這樣最安全。

一大票所謂的好人，通通都不懂自己是什麼，大家都在衡量別人的意見，想盡辦法把自己的委屈去成就別人的高興，讓別人的意識型態高興，大家就不會有衝突，大家通通都把自己化成碎片，成為別人意識型態下的碎片，當下生命的厚度就此薄掉。

在這種情況之下，有太多的道德、太多的所謂各種不同價值。比如說：各種人類不同的活動，人類自以為的文化文明，其實都是人類各種不同意識型態之下轉變的遊戲。

人類現在的文明其實是一種知識下慣性的重大控制力，這樣，人類怎麼走上去？人類得不到任何的機會，到最後會怎麼樣？就是不斷的去掠奪地球的資源，不斷的掠奪，不斷的掠奪，所以科技發展的過程裡面，人本身並沒有等同的進展上去。

在這種情況之下，我們就要非常清楚一點，中道正法是人類最後的救星。但是，必須把救渡交給每一個人自己。**人自己要能夠自救，就是因為他一定要究竟地去放掉他自身的意識型態。**你自身的意識型態一定是相對性的，相對性慣性的節奏和狀態就是習慣性往外，用自己的觀點去看別人。因為習慣往外看別人的時候，就會產生相對性，所以重點並不是在那個表相的相對性，而是你這個習慣性輪動的習性就是會往外。

所以人類的提昇的第一個戒就是「不往外」。不往外的時候，你才能觀自在自己以多少意識型態在看別人？**當你習慣看別人，你怎麼看得了自己？所以，人類的轉化首要態度就是不要習慣往外去看別人，不要把自己的意識型態丟給他人，變成對別人的要求。**

因為，當我們丟給別人的同時，別人也會丟給我們，這就是互相要求對方要成為怎麼樣的人。不會只有好人壞人，而是有太多怎麼樣的人，都讓自己搞不清楚了。這就是人類現在的狀況，自己已經在意識型態裡的所謂文化文明中，自以為是的品質裡面是非常染著的狀態，意識型態的法執互相成為彼此的染著。

誰能教育誰？往外的教育，形式的教法，不等同人對自己的意會，人不能在成長的歲月中開始了解自己，一切的教育都與人本身的生命無法有等同的關係，這是一切教育的關鍵。

在這種情況之下，**解脫之法就是——當有人要開始真正的從自身的意識型態，把要求別人的意識型態，同時也要求自己的意識型態全面性的解除掉，那就是解脫之法的開始，也是人**

類自救的開始。

我們所要表達的就是，解脫之法不是一個形式，不是一個道德標準，不是一種教育，更不是一種人類識性的教育，它是真正的放下、解除、解脫。解脫之法也不是在談論「誰要救誰」的問題，或「誰教誰」的問題。

這個世代已經非常的成熟，什麼都有，什麼價值都有，所以人類在未來的時空要進化的，就是要把所有的識性轉識成智，把知識變成一種智慧的時代。當這個智慧的時代成熟的時候，就是讓智慧轉成「如來的世代」。

所以，我們本身一定要把真正的轉識成智交給每一個人自己，從觀自在、觀肉身、觀生活、觀自己每一天的每一個生活和當下自己的慣性，自己有什麼樣的念頭上的意識型態？講話的時候，自己分別心的講法是怎樣的狀態？自己的行為是多麼的往外？

在這種情況之下，每一個救渡一定要交還給每一個人日常生活中的自己。不是誰救誰的問題，而是把每一個人以為的好人或壞人，以為誰要成為「心目中的誰」的認知，全部都通通放下，就是自主的解脫之法。

學習的方式，不再有方式，放下方式，無所方式，自在方式，非方式之妙，非學習之法，放下即是即身成就的自我道德教育。

活出大格局的生活

ঞ 我們要恢復成一個本質的佛性、本質的主性，這是基本的格局。

我們最大的痛就是因為我們不知道痛點的意義為何？我們最大的痛就是因為我們自己本身的一種無知。很多事情都只是在自己有限的時空裡，因為我們活出的狀態就是——我們沒有任何的格局。

有很多時候，當你的生命沒有了格局之後，你對很多事情的觀照是非常有限的，因為非常有限，所以這裡面的生命是非常淺薄的。如果一個生命是淺薄的時候，這裡面所有的仁義道德有什麼意義？這才是重點所在。

今天的社會談論很多道德的重要性，它的目的是什麼？真的只要講仁義道德，生命就能整個遼闊嗎？還是只是另一種更可怕的，所謂符合某種假象標準下的自我安慰？

我們都是活在這樣的自我安慰裡面而不自知，我們很難打破，因為有時候表相上的道德框框是更重的，因為一種表象的道德框架，是很多人習慣接受的狀態。這種習慣性的接受就是我們成為所謂的好人代表，這個好人代表與生命本身的面對和打破，以及觀自在的一種自我寂滅的革命是兩回事，是沒有任何關係的。

我們知道很多的惡，我們看得到很多可怕的痛苦時，都會意會到自己是要懂得趨吉避凶，我們會提點許多的生死風險，所以這時候為了趨吉避凶，為了某一種妥協，我們都有很深刻的衡量，這個深刻的衡量本身其實就是對自己的一種道德性的保護。

我們都在做道德性的保護，很多的面對都保持一個距離，所以很多事情其實在擁有之後，我們都在一種恐怖平衡當中，假裝自己都活得很有品味。這種品味其實就是一種最深的惡，因為我們都不敢改變，這種狀態導致整個世代的人都沒有任何的格局。

這就是為什麼今天當生命是淺薄的時候，得到的知識是有限的，對很多事情的意會度是有限的，所以**內化性的革命是人類最後的機會。**

若我們只選擇自己肉身外在形式所需要的，一種對人的生活供養方便的科技性狀態而已，我們最後只剩這種貪圖、這種衡量、這種意會，我們把所有力量都用在一種科技性的建立，但是我們完全沒有內在的德。

我們的根本問題就出在這裡，而我們本身所有的一切，包括知識、養育和養成都只是為了去做一個外在科技的運用，而這樣運用重大科技是為了讓我們肉身在形式上非常的方便，到最後，我們人類完完全全死在一切科技化的狀態，一個重大物化的狀態。

所有真正自己內在的反省都已經失去了，所有的反省和所有的衡量，只是為了去建立一種更龐大的便利狀態——一個身口意便利的惡，一個外在形式存在的時空點，這就是最大的悲，我們所有的衡量都只剩下這個，這就是永劫的掠奪。

我們要了解到，當整個世代的生命都薄掉的時候，任何的教法都是沒有用的，具備任何的知識都是沒有用的，這種沒有用是因為整個薄掉了，這個文明只剩下一個假象。

這就是為什麼人與人之間是非常緊繃的，人與人之間是非常痛苦的，人與人之間都是非常說不出來的一種承受。我們都在一個永無止盡的承受當中去衡量很多的狀態，我們找了很多方法去讓彼此承受。

今天我們最大的惡是因為我們意會不到，今天如果我們認為一種知識性的識性道德是可以自我安慰的活下去，那麼就繼續下去吧。

我們要很清楚的作一個表達，那就是自性革命的重要性。你必須把識性燃燒殆盡，因為識性之路是行不通的，否則這個世代絕對無法整個恢復，全部都是不可能有任何彰顯的機會。如果我們的慧命是沒辦法去點燃出來的時候，這個世界是不自由的，而人們從來就不知道他自己的自主性是什麼。

所以我們今天要表達一個非常關鍵性的事實就是，我們為什麼必須走上革命的路？當我們還有機會，還有最後機會的時候，我們要很清楚的知道，這個革命本身就是一種終極的逆向狀態，沒有任何革命是偶發的，有時候，可能就是一次終極的大滅絕。但是如果人類還有最後的機會，那很清楚的，我們一定要在最後的關鍵點，真正的為自己站出來。

我們所謂的站出來，不是站在革命的形式上，以人站出來而已，這個背後的目的是我們要讓如來站出來，我們要讓主性站出來，我們要讓真正的清明站出來，我們要讓真正的究竟站出來，成為我們的肉身身口意，以及自己本身究竟蓮華中自性的清明清楚。

我們要懂得反省，首先要意會的就是，我們自己本身的生命，因為怎樣的流程而貧乏掉了？一個完全不知道生命已經貧乏的狀態，就是生活中有問題。如果只能看到彼此有限的狀態，只執著在自己週遭的時空點裡面時，你永遠走不出去，不敢走出去，也不想走出去，更不知道如何走出去。

這樣的人事物所存在的這種生活，就是在自己次第的時空感裡面，這種就是我們講的安全範圍，「我只要這個安全範圍，其他的我無法感同身受」，這種就是殘忍。如果你自己在一個時空執著的安全範圍裡面，已經成為你唯一的執著點的時候，那麼只要打到你這一點的，雖然是提醒你要改變，但你的反應會是什麼？「這是干擾我的安全感。」

那個你以為的干擾點就是最大的惡，那是極端的相對性，那個的臨界點就是——你對你時空感裡面的那份執著，不斷地加重。所以當改變的力量升起的時候，你的第一個反應不是一個體察，不是一個意會，不是一個深刻的沉澱，而是「我的法執中最重的安全感，我要保護它，其它容不下別的了」。

這就是整個人類現在最大的問題——我只活在自己的時空感裡面，這個安全範圍裡面。這個狀態每個人都有，每個家庭、每個系統都有，他們就建立在一個共同的共業當中，不敢走出來。更嚴重的是，他們不要改變，而且更可怕的想法是，「誰抵觸我這個安全，干擾我這個範圍裡面的安全感，就是最大的敵人」。

如此，他們能反應什麼？能反省甚麼？只是想盡辦法，把有機會讓他改變的那個火把滅掉而已，或者刻意的保持距離，或者從中得到改變的好處。所以我們今天要講的是，人類只剩下這些殘留，這樣子的狀態對地球本身去承載人類有什麼意義？人類把地球的功德搞薄掉了，把永劫以來的意義搞薄掉了，把自己的存在且好不容易永劫成為一個肉身，這一個重大解脫的機會點搞薄掉了。

所以今天我們要很清楚一個情況就是，你把自己活成一種「死」狀，那就是你的生活，沒有格局的生活，你永遠打不破，你只在意自己看得到的，其它的你都不管，哪一個人不是這樣生活著？「我喜歡的，我全部收藏的好好的，只要我資糧夠，我全部都關在我的時空裡面。」這是最大的悲，而且大部分的人都不知道這問題有多嚴重。

不要以為世界大戰是一種惡，真正的惡是什麼？**真正大智慧者所觀照的惡是——當整個世代的人不知道惡在哪裡的時候，那是比戰爭的惡更可怕，因為大家都合理化，對許多層出不窮有關弱勢被掠奪的生死點，完全保持一個距離。那些慈悲的救渡都是一個假象動作，沒有**

人願意付出整個畢竟空的狀態，去護持一個究竟質變的狀態。

很多時候，當人類已經「生」不了的時候，那必然是需要革命的。這就是今天我們表達的，要打破自己的時空感，因為這對整個人類太重要。我們一定要清楚自己的觀照點，不要讓自己的生活是處在一個把自己薄掉的生活模式，我們要觀照出來，並且要解除掉。如果這個解除掉的真實義，每個人都懂的話，每個人都能做到的話，這個世界絕對是可以完全走上一個解脫的路。但是這個狀態如果沒有辦法開演出來，人類沒有辦法有這樣知見的生活態度時，什麼機會都不會有的。

若人類只要鞏固他自己要的一個文明，那犧牲的是什麼？人類之外的所有一切萬有諸相，都被理解成要供養這些人類的太平盛世，一個永不改變的太平盛世。

而人類最後只剩下什麼心態？

「我要整個人類的太平盛世，我要長生不老。」

「地球的資糧不夠，我到別的星球去，讓他們繼續供養人類，再不夠，整個宇宙都要來供養我。」

「只有長生不老，我人類的太平盛世才能永不改變！」

這是永劫的殘忍！

這一役就是要中止這樣的心態慣性，每一個生活只要安全感，什麼都不改變。所有的萬物，所有的萬有，所有的一切資糧，都必須納入自己本身這個慣性識性的無底洞，就是人類所謂安全感的生活。

當你在生活中完全不知道你是何等沒有格局的時候，你憑什麼去接受每天那麼多生命去供養你？你一個呼吸有多少微生物、多少元素去支持你的一口呼吸和你的一口飯？打破吧！革命就是從這邊開始的，這是主性的革命。**解脫成佛是你應有的基本態度啊！沒有什麼神聖，這是基本該做的啊！**所以，今天這是最深切的感召呼喚，主性親臨表達這個無邊無量的公義。

但是，你身為人類站在這個核心點上，你卻活出這樣一個沒有格局的生活態度，並認為——

「有那麼嚴重嗎？」

「怎麼會變這樣？」

「為什麼要革命呢？」

「我現在才意會得到。」

這是何等殘忍的一個表達方式。

所以我們要很清楚的知道，**一個沒有格局的生活方式就已經是最當下的殘忍，我們沒有任何的條件允許自己不知道自己的生死點，這就是為何要表達主動打破的重要性，你活著就是**

要解除識性。所以我們今天要作一個非常深切的表達，一個真行、真主和真實義的表達，就是任何沒有格局的生活都必須結束掉，我們要畢竟空，不能再給自己任何落入時空感的一絲殘存。

革命的號角一定要在每一個人的生活中響起，那就是打破你自己的貧乏，打破你自己的自以為是，打破你自己本身太多妥協的殘念，打破你只是為自己著想的各種不同身口意的心態，這些都必須打破。

我們要恢復出一種格局的生活，大格局的生活、大自在的生活、大自主的生活，和大無我的生活。我們必須把這樣子的自己活出來，活出這樣的日常生活，任何沒有格局的狀態、掠奪性的狀態，和保護性的狀態都不能夠在自己的日常生活中存在。

這是為了成佛究竟解脫的一個重大必要的生活結界態度，這是永劫生命對我們即身肉身的法供養，我們所必要恢復的公義。所以今天**我們要恢復成一個本質的佛性，本質的主性，這是基本的格局，這是沒有掠奪性的格局，這是沒有落入的格局，是解除所有相對性的格局，這才是真正一個肉身法船的生活法船。**

這個傳承，這個法流，這個法義，這個公義，我們每一個人都要成為自己日常生活中唯一的奉行，我們才有辦法真正的將永劫以來的苦難，從我們即身主性的生活當中，全部解除掉。

第二章

法執的照見與打破

業力即是願力

☙ 所有的願力，是透過業力去成就我們的如來義。

所有的問題是在於你怎麼看待業力，業力是一種力，它是實際存在的，但是那是在一個執著的角度去講。這種角度就是指，在無量的世界裡面，它是事實存在的狀態，當裡面世界的眾生他當真的時候，你在這個地方不能夠偏向引領認知為那是「假」的狀態，因為這個假還是一個相對。

他們很難不當真，是因為在於那個力道，在業力裡面的世界，它就是一個非常堅固的識性世界，它有沒有力道？有！如果你從肉身去看，肉身就是一個業力的因果身。重點是在於，你為什麼會覺得因果業力很苦？

你要去想，整個世界形成的原因，它的重點是什麼？

為什麼你要有這個肉身？

為什麼你需要有時間的關係？

為什麼你要在這個肉身裡面，積極的對應具體顯相的人事物？

重點就是要讓你知道——承受。你所受的狀態是在於，你怎麼去面對所受狀態下你的感受？那背後的感受就是你永劫以來的次第、你永劫以來的作用，你在承受的狀態下，怎麼去對應這個受？

你是用解脫的狀態去看待這個承受？還是你用哪一個次第的教法去面對承受的教義？你如果是完全往外的狀態，往外當然也有很多的次第，往外都在看對方的因緣果報，為什麼對方要對你說這些話？為什麼對方要對你做這些動作？為什麼天地間要有這麼多狀態的來來去去，對應到這樣當下的你？另外一種就是，部分的往外，部分的往內，不管往外往內多少，都有各種不同層次的次第。

所以在對應當中，肉身的每一個輪脈、每一個經絡、每一個身口意的對待，你是用怎樣的感受去對應這個承受？這個承受的輕重是來自於你本身看待的心念價值或者識性的作用，而你自己在承受的當下，你落入了多少？你能夠觀照自己的是，你是要看別人的因果業力承受多少？或者，你不只是看到別人的因果業力承受多少，同時也看到別人讓你在因果業力上承受多少，同時你也看到為什麼自己會承受別人的因果業力，又承受多少的輕重？

如果今天你能夠完全在面對業力輕重的承受點時，能夠逐步的轉識成智，你永劫以來都願意為這個業力的力道，做一個重大轉化的時候，那麼你永劫以來所轉化的，不管來自任何緣起因果生死業力果報的當下，**凡你承受得起，凡你轉化成功，不管它是什麼樣的業力，都將成你永劫的願力。**

今天如果你不願意，你可以當它是一個身外之物，不願轉過來，不願承受，但不願承受並不代表不承受。你可以拒絕，你可以掩蓋，你可以用無明，你可以用未覺讓自己不面對，但承受還是在。

所以因緣果報本身是在於你選擇怎樣的次第去對待。但是事實上只有一條路可走，那就是願力，就是——我不願意再承受任何的業力，我不願意自己再製造任何的業力，我願意以我的願力去覺受轉化所有存在的業力。業力就是無量的存在的識性，還在輪迴當中的苦難，凡我承受的承擔，就是必須成為我轉化行深的意願，因為我不想再承受。

所以在永劫以來所承受的因緣果報，當能夠轉化的時候，哪怕是一個隨緣自在，只要能夠觀照到自己，不管是來自任何次第業力的承受，都能夠即身即刻即肉身即當下去做一個放下與善逝，那就是通往寶生的大無畏的佛成狀態。那些都是你願力的眷屬，你要有願力的力量，你就必須面對業力。

事實上，當你在面對所有身體所受的承受點，都成為引動你妙法成就的重大行深的願力時，你會發覺，所有的業力都在成就你的大無畏，所有的因緣果報都在讓你畏因，你被牽動的，就是你如來要你當下畏因的。它在生活的一切對待中，它不只是人與人之間，更在於人與萬有之間，人與萬物之間，人與所有的識性之間，人與所有的存在之間，都是在解除所有的相對性。

所以這就是一個本願。當我們能夠因為業力的承受而轉識成智、成佛、成為本願的功德時，那麼我們從功德的本願中會如此的觀照到，哪一個眾生願意輪迴在業力的苦難之中？不願意，只是他們沒有辦法轉識成智，轉得不夠，或轉成一個更錯誤的方向，或者是他們轉換的過程，永遠趕不上業力形成的過程。

所以重點是在於，**一個能夠活成本願的成就者，他會深知，所有還在業力輪迴的眾生，絕對是為了要成就而示現眾生相的業力果報。**

所以每一個眾生的本願都在突破他的業力。如果彼此之間用業力互相在表面上落入執著，我們會認為，每一個人都在感染業力的病毒，每一個人互相用情緒的因緣果報示現的業力，讓彼此互相沉淪。

但是如果今天我們從初衷本願去看的時候，就不一樣了。每一個眾生都用他的苦難在打破對方的苦難，只是你用識性去理解。當你不落入識性的時候，當你用第一義初衷本願去看的時候，你就會了義，**所有苦難的顯相，它的密行本因就是，我們在緣起對方的苦難之中，我們能夠看到自己被牽動等同的業力的沉淪是什麼**。所以重點是我們要懂得觀自在，我們要能夠在善巧中，巧妙的運作業力背後的力道，把我們當真的業力識性打破，打碎，照見，了義，而通達自己如來的本義。

重點在於，我們自己本身的狀態是不是處在一個重大的願力之中？如果我們有這個願，我們就必須打破自己的無明，就必須有一個重大的力道——我要打破我所有的業力，這就是我唯一的本願，所有的眾生業力都是成就我轉識成智的狀態。但是當我打破到一個程度的時候，我會相應我自己如來性的狀態，就是我自己本心本質的第一如來義。

這時候，你就會了義，所有的業力都是假象，所有的業力都是可以被善逝的。但是重點是在你即身肉身的轉換當中，你要真實的去了解——

當你轉不過來的痛苦是什麼？

當你能藉轉不過來而逐漸轉過來，那個境界的非相過程是什麼？

當你自己本身完全轉過來，那個如來相是什麼？

它還是一個力，還是一個作用力，但是它背後是如來義。如果說你是在見諸相的狀態中，你所看到的，它還是個力，還是無明，還是識性的作用義；但如果你是在轉換、非相的轉識成智過程中，那就是智慧之力和識性之力參半等同的運作；但是，重點還是在於我們要能以如來義對應所有的業力。

為什麼如是而來，為什麼如是而去，這背後都是如來。如是而來的，在眾生而言，是識性業力；解除識性的，如是而去的捨離，已是如來本願的願力。但在人之一念，落入為識性，不落入為主性。識性即業力，主性即願力，不過是在人覺不覺的議題而已。業力願力都在如來的自性海中等同等持不可思議的示現著。

所以我們必須要去相應一個重大的如來義就是——業力就是願力，業力的背後就是如來義。重點是，我們透過願力，去成就，去解除我們所有的業力，我們就會了義，**我們的願力是透過業力去成就我們的如來義。**

所以業力的背後是所有眾生成佛的本願，眾生透過業力的自我面對或共同面對，背後最初的本願是為了體會如來義。

業力等同如來義，只是你要有一個大無畏的狀態，當你能夠這樣等同等持看待「業力就是如來義」，這兩個等同都在你的本願裡面的時候，你就知道所有的業力都是如來的顯相，顯相以告訴你，你的因果還有哪些？你自己的覆蓋還有哪些？你自己轉不過去的識性還有多少輕重？所以我們自己本身要在即身的當下，放下我們自己的識性，放下我們慣性的生活模式，放下我們任何來去的軌跡。

一個大無畏者，他只要有來去的軌跡，絕對就是不究竟的，只要有來去軌跡的思維放在所謂食衣住行所需要的任何諸相，都是不禮敬於萬有的，因為所有生活中的萬相本身等同如來。一個大智慧者是透過生活的萬相，食衣住行的每一個對待裡面，當下即身去觀照自己心念中，還有哪些識性在衡量這些日常生活中所需要日用品的來去。

大智慧者是在不被牽動中去觀照生活所需的一切，一無所需，一無所是，一無所求。如果被牽動，就是自己以有所求的心念，去運作食衣住行所需要對應的一切狀態。所以這個被牽動的就是有所求的，當這個有所求加重的時候，就是業力，重到你有感覺了，就是承受的開始。這不是有錢沒錢，不是你有如何的身分地位的問題。

所以重點是在於，是業力或是願力？只在我們的一念之間，在日常生活萬象裡面的對待中。但是眾生只有這樣的想法——我只管我的生老病死的需求，其他沒有了，有錢這樣過，沒錢那樣過，只要是被牽動，就用錢去打發。都是以被牽動的狀態去對應日常生活中的一切物品，或一切的萬有諸相，這都是不禮敬的。

一個大智慧者、大禮敬者、世間尊重者，不只是對人與人之間的尊重，更是對於自己本身生活當下對應於照顧自己肉身生老病死於一生的每一個支撐點、一切的萬有諸相，等同等持視之，都等同於如來的存在。所有東西的來來去去，我們的心是怎麼樣的來來去去？所有的東西來來去去照顧我們一生的所需，我們自己要無來無去的不被牽動的一無所求，這才是終極的重大禮敬，這才是存在存有的終極無上的世尊。

我們對萬有是無分別心的，但是，在我們的生活之中，不是用錢買了自己的識性需求就算了，因為買不掉自己被牽動的心。所以一個大智慧者他用最少的成本，去買斷自己永劫輪迴被牽動的重大落入的識性訴求。如果欲望訴求過重，就會遺忘了我們本應該透過萬有諸相而解除落入諸相的識性，所以我們要感念在緣起當下任何日常生活的必需品，那些都是如來的文字圖騰，它們隨時隨地都在引動我們被牽動的當下永劫未能解除的識性。所以，在對應的當下，我們的不被牽動是對萬有存在感恩感念的重大誠意，就是要放下所有一切被牽動的評估和被引動的識性情緒。

當我們以被牽動的情緒去判別「這個我要，那個我不要」的時候，都是因為我們已經在某一種生活來去的軌跡中習慣性的產生識性上的不知足，所以我們就把萬物當作是識性來去的一個被使用的對象而已。這個狀態久了，自己成了自己識性下的奴役而不自知。這個地方與有錢沒錢沒有等同的關係，但是有錢反而反應不了這樣的問題。

這就是為什麼一個大修行者是在一個最基本的狀態下，去照見自己被引動的點點滴滴，而感恩感念於廣大無常的生活，把自己無量劫來殘存未圓滿的識性，在廣大的無常中等同在主性殿堂獻給上主——我願意解除，我願意洗滌，我願意寂滅我所有的識性。

所有日常生活中的萬有、日常生活的必需品，都是等同上主的親臨，都在反應我們被牽動的不自主。我們要如是什麼？我們要如是共修於日常生活中的點點滴滴，以永不被牽動的自己來對應所有善護我們生老病死的這些日常生活中的資糧。不管它的形式是什麼，它就是等身的如來，等同的基督主性，這就是業力願力主性之力，自己不被牽動的不用力。

萬有於眾生而言是生滅的業力，萬有對修行的轉識成智而言，是修行質變的資糧，業力也是願力，若不落入因果識性，即為願力。願力之本，性空之義，在緣起之中，萬有生滅之當下，所被牽動的身口意是觀自在轉化行深的第一義，日常萬有已是如此，但看人自己本身性空之金剛性。本願本德應許肉身來到這個世界做解脫出離的功德，人生在世在於當下自主，願力即身，從改變識性的業力開始。生活已是如此的對應，業力願力都在一念之中，都在如何的轉識成智，如何的行深肉身觀自在。

不落入眾生諸苦的究竟解脫

③ 真正解脫的力道，是來自於你觀照到自己的眾生識性之苦是什麼。

我們要有一個很深的叩問與了解，就是如何引動自己解脫究竟的決心和力道？因為很多生命在修行的過程中，並沒有了義究竟什麼是「無上的解脫之道」。

那不是知識或情緒上的狀態，而是不在識性的狀態中引動出來的，那是一種即身的引動，這個引動的當下，就算你有初衷本心，有時候在某一個次第上，難免必須有外緣的引動。然而外緣的引動是一個過程，比如說從這外緣中你看到眾生的苦難，你不忍眾生苦，而有感同身受的狀態。

但是你要問的一個究竟點是——

為什麼你要見到眾生的苦難，你才能夠興起要去解脫的一個力道？

但是，你究竟為什麼要這樣做？

這背後有一個很玄妙的關鍵就是——

為什麼你看著別人的苦難，你卻引動要解脫的力道？

那是不是要反問一個問題：如果沒有這些苦難，你就沒有這個力道？

這表示，這個透過眾生的苦引動出來的力道，你只能當作是一個引動的初機而已，重點是在這裡。

但是問題就是，你引動出來所成就的狀態，往往只停留在「我看著眾生的苦」，以此來不斷地持續引動自己要解脫的力道。而你解脫力道的出來，是用在當初你起心要協助眾生解除這樣的苦難，所以，很多的悲哀也就是在這個地方。為什麼？因為很多修行者救渡的功德到此就上不去了，那是他看著眾生的苦被引動出來的解脫力道，做了一些往解脫的努力，但始終還是停留在協助眾生苦難的這些表相諸事上面，這樣還是相對性的救渡。

這裡面更深的問題就是，當所有眾生都不見的時候、苦難不見的時候，我們也可以確定這個力道就失去了自發性的狀態。

所以我們要表達的是，如果沒有眾生的諸相諸苦時，你自身是不是也有等同究竟解脫的一個自主性的力道？

但這裡面必須要先釐清的是，到底是眾生苦？還是誰在苦？當你看著眾生苦而被引動出來的一種不忍心，其實是因為你自己也有等同的眾生識性被感召出來。這個地方就必須要切入臨在的觀自在來看自身了。眾生本身未覺就是眾生有諸病，眾生生病了所以有諸苦，當你感同身受的時候，你要看著自己在協助眾生解苦的過程中，也要同時看到自己本身也有這樣的識性之苦，那個苦才是你真正自發性的引動。

所以重點是，你要進入觀自在的自我觀照——

什麼是你自己的悲苦？

什麼是你自己肉身即身的眾生？

要觀察的很清楚，為何去做這樣的救渡？

所以**真正解脫的力道，是來自於你觀照到自己的眾生識性之苦是什麼，這才是真正的究竟。**究竟的目的就是追究到徹底，畢竟其空，稱為究竟。如果不從即身下手放下識性，解苦解難，這個悲永遠是會在的。如來透過眾生苦的緣起讓你畏因，但是往往你卻只看到眾生苦的因緣，卻不知道那個畏因的狀態是因為你有等同眾生的識性，所以才感召同步，感同身受。

結果，你只停留在表象上救渡別人，卻完全都沒救渡自己的眾生識性，你自己本因裡的眾生，並沒有得到等同的處理，因為你自己恢復的某種精進的一些功德力的能量場，都往外丟出去了。在你改變了某一些人的時候，你自己卻累積了更大的負面能量場，很多的救渡都是這樣的下場。

這就是為什麼中道是無比的重要，重點就是你自己要等同畏因，這就是關鍵所在。因緣成熟，一定有因——你的本因、你肉身中的本位因、你的定位因、你的蓮華因、你的未究竟之處的因，你如來透過這眾生之病的緣起，要你自畏因。而且應該是以「因」為主要，你要在畏因當中，讓你的眾生相解除，解除夠了，你就能產生一個妙用，協助緣起的那些眾生苦。

但是所有的救渡都顛倒了，一味的救別人，忘了自己，沒有畏因的能力。救了別人的眾生，自己的眾生問題根本就搞不清楚，或甚至連觀照自己問題的觀自在的能力也沒有。所以當這種狀態變成一種習慣，看著別人的痛苦時才能夠生起一個「我想要精進的力道」，這還是非常落入眾生的表相救渡。

所以我們必須進化到——沒有眾生時，自己的精進、自己的究竟解脫之力，隨時隨地都要反應出來，這才是重點。如果要靠眾生相才有辦法引動你想究竟解脫的力道，那麼永遠受制在這些眾生相，也表示必須有眾生的苦難，你才能引動出解脫之力，如果沒有眾生的苦難，你就再也上不去了。若你自己意會眾生的苦難，但意會的不夠深刻，也會很容易受四周生活慣性的軌跡所牽引，生命的慧命上上下下，到最後還是承受不住而落入眾生的悲苦。

不管你的初衷本願是什麼，你要進化到即使沒有眾生的苦難，自己都能夠做重大究竟解脫的行深觀自在，要把究竟解脫成為一個基本的存在。但是，這與苦不苦難是不等同的，如果一個生命他本身不需要外緣諸相，隨時隨地都能夠自發性的湧動究竟的解脫之道，那就是即身的報身成就。

這個報身成就沒有任何的外力，沒有任何相對的對應，因為已經沒有眾生相，唯一的答案就是**即身肉身就是道場**。這個肉身自己的觀自在就是不往外，徹底可以與如來共修，拿自己肉身裡面的眾生相完全不往外，完全對應著如來。

這整個與如來共雙修的所有解密解碼解苦解難過程，受益的就是自身的解識性、解一切的識性苦，甚至你可以在解苦當中緣起性空，一切法報化功德力的內涵密藏整個全然的恢復。這個報身成就非常的重大而根本究竟，因為這是無相的報身成就，這是即身湧動如來，同時讓如來的能量場，解除我們即身肉身中每一個經絡存在的眾生識性苦的每一個承受點與累積點。所以一定要進入無眾生相的狀態也能夠勇猛精進自己的解脫之力。

當你不需要靠外力引動時，**你的究竟解脫之力是自發性的湧動時，那個狀態就已經是一個自性能量的自發性的生生不息狀態**。表示你在即身存在的肉身中，有一個自性功德力能自己生生不息，這個引動之力是自發性也是本然俱足的狀態，這是佛基本存在肉身生活中的狀態。

能量本身就是生生不息，就是無病無相的狀態。你有眾生相，你就一定有病。你無眾生相，當因緣成熟時，沒有佛果可成，沒有眾生在即身之中，你所俱足的一切本來就是無壽者相，無承受相的狀態，本來一切就是實相的存在而已。

知苦畏因的結界

ω 不知苦才是真正苦的本身。

我們一般認為的苦就是──我發生了車禍斷了手腳，我得了癌症、不治之症，我得了一些慢性病，我沒有錢，我怎麼賺都沒錢，或是我在意的人離我遠去，或在意的人的死亡。人類大部分所謂的苦難就是看得到的苦，他所在意的是被毀滅的苦，這是人類面對失去時所承受不住的苦，這就是我們一般所認為的苦難，但是重點真的是這樣嗎？有另外一種更關鍵性的苦是什麼？

就是當所有外在人事物的因果都順著你的慣性、你的要求、你各種不同層次標準的時候，當你覺得最幸福的時候。諸位，我告訴你們一個實相，那就是真正的苦。

因為當你週遭外在的條件都符合你的時候，也就是你完全不知道苦在哪裡的時候，因為一切都順著你的意識形態，順著你本身的要求。當你已經無法在生活中的經驗裡面去覺知，因為都滿足你，順著你，你覺得幸福而不知苦為何物的時候，你週遭的經驗值裡面沒有任何苦的存在，你以人類的理解覺得那是一種幸福，代表你已經不知苦，這種時候才是真正的苦。

因為無法有任何機會解脫，也沒有任何機會改變自己。你只有一個心念——我要永遠抓住幸福的這一刻，最好這個時空永遠都不會改變。只剩下這樣的心念，不斷累積這種心念，然後用盡一切去鞏固這樣的一個幸福的時空，鞏固自己不知苦的時空，把自己埋葬在裡面，將追隨者也埋葬在裡面，也把這樣的時空釋放給所有的生命，認為幸福就是如此。

不知苦才是真正的苦。為什麼？當你不知苦的時候，你永遠不知道週遭與你對應的每個人事物，他本身苦難的生滅是什麼？因為你只專注在人生唯一的教義，就是幸福的時空感。你會用盡一切去掠奪，用盡一切的狀態，用盡一切的矇蔽，用盡一切的不去面對，因為你不願意失去這個幸福的時空，一個不知苦為何物的時空。

一個大智慧的人能完全不落入任何時空，因為他要全面性的覺照任何生滅，大智慧的人在生滅裡面就會知道那本身就是苦。因為在生滅的轉化裡面，被輪動到某一個因果，觸動到某個苦的點的時候，當下，因果輪動到自己在意的人事物的時候，那就是苦。所以大智慧的人知道，任何時空的當下性都是短暫的，有限的，不會用力去鞏固任何的時空。

更可怕的是，當所有時空的因果都是順著你的時候，而你不知苦，你會用盡一切的掠奪，用盡一切的狀態去鞏固那種幸福感，這裡面製造了多少苦？累積了多少苦？你也不會知道。這就是所謂天人福報的苦、天人福報的假象。所以，真正的關鍵就是不知苦的自己，不知苦的時空，不知苦的狀態，完全活在不知苦的假象幸福感中而不自知。

不知苦才是真正苦的本身，那些狀況是悠遊感，落入無為的時空，被結界著。有很多的大菩薩救渡眾生過重，承載過重的時候，他的如來幫他結界。結界就是戒，結界在一個範圍裡面，但在被結界的時空裡面卻沒有內化的時候，過往渡眾生或者自身因果的累積，並不會因為這個結界就能轉化。

當你結界時，這個界別非常清楚的時候，有些菩薩還有些基礎，會覺受到這個結界不能在形式上再往外，但是他能覺受到結界的如來用意，並不等同他能了義結界背後的關鍵重點是什麼，從他即身下手要轉識成智的部分是什麼？他不清楚也做不來。

所以有些大菩薩知道要結界，但不知道結界的背後自己生命的功課是什麼，於是就卡死在那邊，悠遊在那邊。但是有些菩薩會非常痛苦，因為有些大菩薩過度往外，他已經習慣渡眾生的各種不同操盤的模式，當他被結界的時候，自己沒有在內在的基礎讓身口意或生活流程中完完全全做出重大等同的結界。外在生活被結界，就是不要再渡眾生、承受眾生，對於他的如來善護他即身肉身，他雖然有某些覺受但不夠了義的時候，這個大菩薩本身還是會對被結界前那種渡眾生的軌跡充滿依戀，放不下的狀態。這樣活在他的結界中卻無法安住，也沒辦法無所住。

所以放不下的一個菩薩領眾的軌跡，本身就會變成一種痛苦。結界是要你停止往前，但是這時候大菩薩應該要做怎樣的工程？因為你渡眾生而有所承受，你承受不起了，在你這一世還有再生再造的機會時，你如來對你的結界是對你即身肉身重大的寶生，而不是等到肉身滅了，渡眾生粉碎後，重新再來活一次。有些菩薩真的是必須肉身收掉，重新再來一次。

有些人比較有功德，在關鍵的時候會覺受到如來的結界，會順應這個結界。甚至他如來的功德力夠，不管菩薩即身肉身承載過重的狀態如何，他的如來顯相結界的當下會法供養他，不管肉身有沒有確定結界。

在這個結界裡面，目的就是讓你完全轉化內化，解除你往外渡眾生過重狀態，所進行的重大閉關，讓你有時間把承受渡眾生的部分，轉化成你皈依境上不動如來的重大本尊的定位。讓你渡眾生的狀態能回歸到你的皈依境上，也讓負面能量真正獲得轉換的機會，同時讓你知道自己被眾生牽動的菩薩道裡面，渡眾生的法執到底有哪些？

在結界當中，也照見你本身和眾生彼此法供養中的不如法在哪裡，讓你知道你在渡眾生的初衷和志業上，你承受了不同類別，但卻是原本不應承受的眾生慣性的磁場，同時也必須讓你去面對你在菩薩道上與成佛之間的落差，讓你知道在引領眾生的時候，你無法即身觀自己的畏因，只是一直在觀照眾生因果的問題，被牽動而不自知。

這個地方就是讓你在結界的過程裡面，你所有累積的結果都能在界別裡面，得到等同等持的恢復契機，讓你再恢復更無我、大我的菩薩道，再度引領眾生，走上讓一切生命自主的狀態。

但是，真的能夠在結界當下進行這麼大的志業，這麼大的轉換嗎？有很多的大菩薩被結界之後就卡死在那邊。大菩薩的結界有幾種類型：

一種是，處在忘不了當初渡眾生的那種輝煌成就。

另一種是，知道他在這裡面承受了眾生的苦，但是他在結界當中無法轉化。

第三種則是，他知道在結界當中承受眾生的苦，但轉化的力量還是偏向往外的方式，那麼還是轉得很辛苦。也就是說，並不是以自性能量的正法去做本質性的轉化，其轉化的能量還有殘存識性的軌跡。

還有一種菩薩比較幸福，沒有折傷的，但是當他回歸到結界時，就卡死在那個不思議裡面，也沒能力再做任何內化提升的動作，變成一種結界性的悠遊。在這個無為的時空結界裡面，不用渡眾生，完全執著在結界的悠遊時空裡面。一方面，渡眾生的能量場沒辦法內化，自己也無法在渡眾生的經驗值中提升出轉識成智的內容，他唯一的重點就是悠遊在那樣的結界時空裡面而不自知。這是一個更可怕、更遺憾的狀態，因為被結界之前，他畢竟跟眾生一樣走過苦難引領渡化的過程，然而，卻無法在現在的結界中反芻成自己的智慧與功德力，使這個結界的本意失去了，完完全全浪費了這個結界的重大功德力。

人類或很多修行者並不知道結界本身的重要性，舉個例子，地球，地球就是結界的圓體，養育了多少生命，在這個地球結界的時空裡面，轉化了多少轉識成智的工程，孕育了多少生命進化的開演過程。同樣的，一個肉身就等同一個地球，肉身也是一個完整的結界，也是見諸相、非相、即見如來相的轉識成智的質變，等同等持地球的本體之功德。

一個大菩薩今天有被結界的重大機會的時候，就是讓他免除掉因為渡眾生而變成無邊無量碎片的可能性，所以這是一個結界的重大功德力。對於一些大菩薩本身來講，結界可能是他的最後機會。例如有些大菩薩被結界的模式就是外在的江山事業體被收掉，他能不能了義呢？了義後能轉換嗎？轉換後能生成再生的功德力嗎？再造更大的菩薩道嗎？還是結界了以後，外在江山收掉了，他累積的慣性卻沒有辦法轉識成智？

如果沒有辦法，那麼，肉身就會透過生老病死的狀態，可能就是進入醫院開刀，把累積的狀態拿掉。拿掉之後，這個肉身會變成怎樣並不知道，還會有基本完整的功能嗎？或者是開刀的過程裡面，所有醫療的人事物不順利，如此，開刀完後這個肉身真的能持續嗎？還是開完之後他也走了，在結界當中肉身被收掉？

如果今天在結界當中，完全處在悠遊不思議的時空之中，到最後卻不清楚為什麼要結界，也無法轉化結界之前渡眾生所累積的能量場，他的眾生無法回歸皈依境，無法解除負面能量，他卻還不思議的悠遊在那邊的時候，那就等同肉身不存在啊！因為沒有任何的法義法流能夠生生不息。

當結界的時空一撤的時候呢？他也不知道所有的苦難仍是累積在那邊，因為之前都是在反省別人，而且他的不思議也不是真正「不可思議」的功德力，而是結界之後卡在界別的時空點裡面動不了的狀態。之前的累積也無法解除轉化，結界當下的了義也沒有能力叩問，所有累積的負面能量也沒有覺察能力，因為他可能都在自己生活的悠遊裡面，要是他有一些外在資糧，活得可高興的呢！在結界的時空中，已沒有任何的覺察力和觀照力，也沒有可以知苦的下手處，結界之前渡眾生的累積還沒完全解決，也沒提升轉化到不再承受眾生或減少承受的大菩薩妙法的佛首智。等到結界引動開始撤了，或是其他大的菩薩道切入的時候，來不及了，掛了，引領不起了。

有些大菩薩結界了很多年，曾經擁有很大的江山，當整個江山被掠奪了之後，自己也不曉得為什麼被掠奪。菩薩在被收圓江山的時候，會透過各種不同的形式，這裡面對自己即身的重大提點是什麼也不清楚，有些人只是害怕，畏不了因的就只是害怕，無法確定當初是為了什麼，然後又轉移很多外在的形式。

有些大菩薩雖然在結界裡面，習性還是很重，有機會的時候，他都在反應什麼？他還是照常把如來親自引領、結緣、協助他的重大法緣，在結界當中拿去運作，或者就認為是「啊！我就是悠遊呀，這就是我現在的存在。」悠遊的時空無法納進任何法緣的提升，一個引動而來的重大法緣，到最後對應出來的都只是悠遊的時空而已。所以這裡面的重點，當你悠遊在結界或非結界的狀態裡面時，沒辦法對過去現在未來的領眾狀態有任何重大的解除，最深的可悲就是無法照見一切的苦難。

你要留住的是「我沒有苦」的那個幸福感，你要營造的是「都順著你」的感覺，當有不順著你的感覺時，就是你的如來提點你，要在結界中徹底的轉識成智。但你也不知道，在假幸福之中，是沒有危機感的意會，也是在順著自己喜歡的感覺中，不斷的累積因果的識性，難以去改變什麼，順著感覺走，是最難以去覺察的，這是必須要特別小心的。

肉身結界的當下，對於諸苦逆向的畏因是可以出離寂滅的，但更慎重的是，對於順向引動的幸福感，我們要有更深的覺醒和更深遠的行深，我們才能是一個圓的結界，順逆二相，皆能了然不生，而令結界的肉身是如如不動的中道之圓的結界。

當有大功德力的人引動你的時候，你能做怎樣的反應？還是用往外渡眾生的狀態去看待對方和那個功德本身的照見而不自知？這種能夠頓超菩薩道渡眾重大不如法的照見，全都失落了，這是無量劫的遺憾。因為你做大菩薩的功德力，換來重大收圓轉換的時機失去了，關鍵就在於悠遊的時空裡面，你已經不知道來去當下是何等重大的一種觀照。

所以，知苦是何等的重要。如果說今天這個悠遊時空裡，在一個表象的幸福感中都順著你，讓你不知苦，倒不如變成一般的苦難，隨時提點你，還會知道痛啊！寧可在表象的層次裡面知道痛，也不願意在某種表象因果解除都不知其苦的狀態裡。

有一些菩薩在自己的時空裡面，不管是任何時空，因為他還有一點功德力和福報支撐著他，該渡的不渡，不該渡的卻做一大堆不相應的事情，完全不當一回事，活在自己各種不同情境、情緒當中自得其樂，「喔！好快樂，這就是修行。」修一個情境而不自知，如此，眾生怎麼會有機會？

他自己即身裡面的眾生就一大堆了，自己製造太多眾生了，他製造一大堆眾生在自己的國度裡面，他不用渡眾生，所有的苦難眾生都不用渡，真正的苦難眾生也不用進來了，因為他在自己的時空裡面就可以生成太多眾生了，「這些都是我渡的」，那是他製造出來的假象的眾生，他卻當真了。

真正的大菩薩，關鍵點就是畏因。畏一切生死因，畏一切因果因，畏他自己的大我有沒有辦法再無畏於一切的眾生。

所以一個大菩薩已經不在於他的追隨者多少，不在於他的江山大小，不論信眾多少，但求自身是否能承受。當你承受不住，比如說當你心輪不舒服的時候，代表已經承受。有承受相就是自己的本質本願裡的功德力就已經在提醒自己，在對應眾生的承載上已經被照見。

只要你有絲毫的承受，恆河沙數的絲毫承受，就是你無法對得起你的如來和眾生對你的期許。只要你心靈裡面有絲毫無量劫的被牽動，在即身這個大菩薩肉身的開演裡面，就會誤導無邊無量的眾生偏離他的本性和他成佛的契機。大菩薩在自己的不動如來的本位裡面，有絲毫的被牽動，都是違背他無量劫對眾生成佛的承諾。所以，當一個大菩薩本身有絲毫被牽動的時候，都是他如來透過無量眾生的因果提點於他的菩薩道絲毫細作的有漏。若已入究竟無漏的無生法忍，實無一眾生可滅渡之。

恆河沙數之眾生，等同於恆河沙數之領眾之妙法，這裡面沒有任何的時空可言，虛空盡碎，無量如來藏盡在眼前，當下乍現。但唯一的如來法供養就是你自己本身當下的如來正法——我不被無邊無量眾生的任何慣性、任何形式牽動，為你自己如來正法之皈依，善逝所有即身被牽動的狀態，寶生無量眾生的佛種。

主性親臨的當下，一切大菩薩渡眾生的所有因果、渡眾生的菩薩道全部被結界，全部重新再造、整頓，全面性在結界當中，把菩薩道裡面多餘累積的磁場全部解除掉。如果大菩薩自己無法再運作菩薩道，直接收圓掉，這是主性正法親臨當下必然的唯一事實。

一切如來，無量正法，在一切結界的菩薩道領眾當下，所有累積承擔的一切生滅之往外菩薩道，全部解除掉。其即身肉身菩薩身的一切因果，領眾的承受，領眾的不如法，其肉身因果，以及領眾的菩薩道功德力的輕重，如來全面性的操盤運作，全面性在結界當中做全面性的收圓，以令整體正法運作。

覺察在生活中的累積

∽ 不以自身累積干擾其他系統生命基本的生存資糧。

想了解生活中的密因，我們就不能夠輕忽生活上的每一個可能性，任何的可能性都反應在我們的每一個動作裡面，任何的動作本身都在反應被牽動的部份。比如說人與人之間就是動作與動作的連結，比如說念頭，你的念頭是無法預設的。

自己為什麼會動這個念頭？念頭的本身是不是有一定的作用義？我們是不是了義？我們是不是在這個行為當中觀照到被牽動的狀態是什麼？這裡的狀態就是慣性、個性，這裡的「性」背後其實也是如來的心性，自身之所以被牽動，就是明白的告訴我們有不圓滿的地方，告訴我們這個被牽動的狀態。

在人與人之間，在本然覺受的狀態中，其實覺受本身不只是一個內在的心念，更在你肉身的每一個行為當中，都是覺受本身的對應與對待，每一個人都是以這樣公平的狀態生活在日常生活當中。

人間天地，人間時空，人與人之間，人觀天地一切，人觀自身之所在。

人本身覺當下時空，公義本心，人人本我，如來如本。

一個念頭可以是相對性的心念，也可以是不落入相對性的心念，也可以是一種覺受通往會通如來的心念。所以在心念的當下，我們也照見到了自己在心念當中所要觀照的意識型態，我們念頭的本身，就要照見所有的牽動一定有著某一種累劫以來的意識型態，以及累劫以來的某一些經驗值，形成了今世我們某一些價值，這個價值就是所謂先天的命運，這是無量劫來生生世世形成在每一個當下的狀態。

為什麼我們的心念是人類目前最難以偵測的，最無法預設的？

我們人類永遠不知道自己下一個念頭會是什麼，那些可控制的念頭，是今生今世最容易掌握的經驗值所產生的念頭，而**不能控制的念頭背後，就充滿了不可說的密因與解碼的可能，心念的不預設性的跳脱，突然瞬間進來的心念，它的輕重都是無量劫來我們本身因緣果報的輕重。**

最難的已經是所有心念的最後，所有的劫難都在進行當下的解碼。

之所以為知的密因，之所以為不知的佛説，之所以在因果中自有輕重的解碼。

每一個念頭都是無量劫的某一種經驗值的反應，我們的智慧一定在佛首無上智的狀態裡面照見心念本身的密碼，在這個密碼當中所要了義的部份，就是未曾了義的重大的因緣果報。

每一個念頭都等同於我們本身習性的輕重，所以，有些念頭去對應某些人事物的時候，我們沒有辦法那麼的輕鬆，是非常辛苦的；有一些念頭比較清明無為，它會在人世間的對待中，往一個比較平和淡泊的方向，去做一個處置或對待的和合。

第一念的當下都是如來背後無上密碼的解因解碼的心海圖騰，這就是為什麼心念就是心的本身所要照見的一切輕重。但是，當我們能照見的時候，不等同於我們有能力解除，我們要先了解念的本身就是一種知見的心念，我們所要見的是自己心念當下，念頭裡面的各種不同輕重的因緣果報。

所以大菩薩在他日常生活中的領眾，不是只著重在面對一大堆人事物的對應，更是在這每一個面對與對待的背後，他自己要有完整寂靜的時間、空間，來面對自己本身更深心念上所反應出來的照見。一方面，每一天對應那麼多的人事物，自身被牽動的一切覺受上的罣礙，都必須在自己的寂靜裡，滅掉這一些被牽動的覺受。

大菩薩對眾生最大的慈悲是在於，他要了解到他所要引領眾生的，是要改變他們日常生活中的慣性，如果他的追隨者沒有辦法以改變慣性做為一個基本的基調，就必然會落入在所謂表面表相的很多運作，到最後，彼此變成各種不同可怕的攀緣關係。

很多的清淨念頭，原本要通往解脫的初衷和本意，都會變成表面世間法的運作，變成人與人之間慣性無盡攀緣的更大沉淪，而人的心念到最後，也完全受制在這樣表面的一個結緣的關係裡面。這些與佛法沒有任何關係，更與解脫沒有任何關係，只是人與人之間社交或互助的某一個場合。如果，這是一種所謂宗教的人際關係上的彰顯，那麼，那也只不過是社會團體的一種服務系統而已，與自己真正面對生命的解脫和慣性的遞減，更是沒有任何的關係，這是何等重大的悲傷與重大的無知。

因為，無知於自己在這樣的對應活動中，與解脫和面對是沒有任何關係，反而以自己本身慣性的知見，再重重疊疊在各種不同運作的所謂救贖當中，以為自己改變了什麼，或者救了些什麼，而所有的心念都在評估，如何運作出這一些表面系統所攀緣的人際關係，這樣的心念是重大的悖離，這樣的心念就是沒有任何對自己存在慣性的觀照。

以心念本身的覺受來覺一切自身無量劫來的承受，心念之覺，在覺本身的一切人際關係。在一天當中，對應在食衣住行中每一個關係的當下，當你的覺受是有所承受的，當你覺受的心念和行為動作，反而已經干擾並影響到別人的時候，我們要當下即身觀自在，當下轉識成智，成生活慧命的世間尊重。解除自己的識性，與所有人世間的生命生活進行等同等持的運作軌跡，你自己就能在等同之中，意會到自己一定落入了生活中的某一些喜好或某一些牽動，而當下即刻進行等持的拉回不落入的動作。

所以，我們不只是在自己的心念上不被自身的不圓滿所牽動，更不能夠悖離所有正法所要照見的各種不同對應對待下共振的重大法緣。法緣如果不能彰顯，就只是一個人與人之間攀緣的一種重大沉淪的交集，所交集出來的集合，只不過是彼此之間累世以來因果重大的集結場。

因此，結緣的本身如果沒有辦法轉識成智，在心念上的覺受，覺一切彼此之間共振的轉識成智，那麼，它只是一個累積的方向，這樣子的福報不等同於任何功德的自性之德，這樣子的心念只是在加重這一世當下自身放不下的更大累積。

所以，一個大菩薩在他日常生活中所覺受到的一切，一定要在寂靜當中，覺察他自己在每一天的當下的每一個對待中每一個人事物裡面的覺受，他是否在心念上、在經驗上、在整個心海上有所承受？而且一定要在當時的時空，當下解除掉他自己承受的時間空間所累積的辛苦能量場，而且要能了義為何自己在領眾的狀態下尚會累積。

在這個寂靜當下，清淨的照見就是佛念的重大呈現與示現，然後以此了解自己在每天食衣住行的日常生活中所覺受到的密碼，與照見到的諸苦。覺知自己本身在引領的當下，納入一切眾生之苦，等同等持的同時，也引領出自身通往諸佛世界的密行，與其重大心念上的解除，滅掉自己在菩薩道上引領眾生時自身的承受，把這樣承受的覺受納入自己本身，等同如來重大覺察的觀自在。

大菩薩觀自在自己在每一天當下自身的存在裡面，所被牽動的每一個心念，或被延宕的每一個行為，彼此之間時空未能等同等持的一切，菩薩與眾生共舞的日常生活食衣住行，都是我佛如來共同中道世間尊重的重大共自主的存在。所有的干擾與彼此之間慣性的累積，都是共同不能自主的地方，在日常生活中反應出來的一切苦難，都是無量劫來的不圓滿以當下的時空反應出來的對待。

生活的觀自在，生活的如是我聞，生活的生活，以如來的時空，做一切生活的虛空，以本我的生命，做無我的慧命，以無求的感應，做無住的回應，以無為的相應，做無生法忍的天命。

一個大菩薩在日常生活中對自己本身回歸到自身完整觀照的當下，每一個重大的納入，對自身成佛的供養或佈施，在其時空下的寂滅，通往終極圓成自身存在，與如來共振共舞共主共圓滿的重大沉澱。

所以，大菩薩本身之大我，在於其回歸到自己寂靜當下，寂滅其本然存有之苦難，當下即時即刻畏因善逝，結本因之佛果。因自己在覺受觀自在的每一天當下的承受當中，就是自己無量劫來對一切重大苦難眾生、苦難眷屬在回歸收圓當下的最大本份、責任、與初衷。

菩薩本身的能量場，他如果尚有絲毫的承受，就是在引領無量眾生回歸其如來自性的自主於日常生活中每一個行為的落差。所有大菩薩對自己最大的檢視，是在他日常生活中入世的每一個平凡的生活行為，在日常生活的食衣住行中，所納入肉身的一切萬有萬物的對應當中，都不能夠有任何貪嗔癡的心念，這些都必須在當下自身的覺受當中，以他即身之戒定慧做為重大密行、重大成就的修行上之不可思議的本戒。

本身的無量身，無量劫本身的當下身，眾生無量生生世世的存有之身，如一無上如來不可思議的法身，肉身的即身，密身的密藏身。

戒之於無上，**生活上的不貪，不貪一切萬物萬有之於肉身的相應度，連相應本身的覺受都不能夠落入其中。**相應是一種自然自主通往如來的一種本覺的基本功夫，這個功夫是對應自身和廣大眾生共同存在，通往相應等同等覺的一種覺受的本份與責任。

所以大菩薩在日常生活的當下，如果其功夫、功德、功力能於當下就能夠接受，「受」就是承受一切日常生活中對應於萬有萬物的每一個食衣住行的行為，而能夠當下就調整其觀照到的部分，覺受其所承受當下的牽動。更能夠在第一時間的第一了義的時空裡面，善逝其覺受到的承受，對自己、對別人、對引領的一切當下時空所要形成的重大修法上的法義，都能夠即時即刻即在本因中，進入眾諸佛能量的加持，直接入世間當下時空的一切人事物，獲得重大功德力的調整與轉識成智的功德。

密世界開演空性無上救渡正法，眾生苦難到哪裡，知苦解苦救渡救苦到哪裡，不再有眾生輪迴的密世界，密行密用密不思議，主正法密世界。

這樣子的狀態，應該由大菩薩在日常生活中，以其自身之功德力與大威德力，寂滅其納入相應之萬有萬物於食衣住行中，自身所累積的重大承受與識性。日常生活上的自主，就是在於大菩薩與廣大眾生對應，在日常生活中的每一個行為，都能夠直接善逝的情況下，示現引領眾生，令所有的追隨者在各行各業的自主性都能夠得到彰顯。這樣子的示現，打破一切宗教上以為自己已經能夠引領眾生走上解脫的一種所謂假象宗教的壟斷。

人類本身最大與最後的機緣法緣，是在於每一個世代下的傳承，人世間諸佛的傳承本來就已經遍灑在日常生活中，在廣大萬民的存在中。在每一個道場中，在每一個宇宙深處，每一個星球的存在裡，所示現的任何生命形式的道場中，那個「道」本身在萬民所在的宇宙星球的場合裡面，存在於他們日常生活的真理中。

生命的形式，不在於以如何形式的存在，而在於大菩薩本身願意在廣大宇宙存在的各種道場當下的示現中，不以任何的生命形式的分別，存有任何分別示現的重大障礙，而應相應於所有眾生的苦難。

輪迴在各種不同宇宙道場形式裡面的任何生命型態，大菩薩應以自身無邊無量無分別的心念，示現其密行入一切諸國土的苦難生命形式，這其中重大的妙用，就是入世示現的畏因。

大菩薩本身的第一個動作就是不拘泥於任何宇宙道場，任何慣性類型的生命形式，都可以是示現入世入諸國土重大奧義的生命形式。

所以，任何的生命形式，都等同於一切解苦解難之諸佛，對廣大無邊無量生命悲苦重大納入的佈施，無分別之無上正等正覺，為諸佛菩薩對眾生廣大無邊無量終極大愛的第一義的第一個動作和行為。

存在的顯相，不以顯相的諸相相應所有的不可思議之壽者相，顯相的密用，密一切道場，覺密諸國土之淨土。

我們以大菩薩畏因的本緣，做為入世在一切日常生活中的示現，我們對自身的本份與責任，就是在日常生活中的每一個行為，自己的覺受是當下第一時間的了義，了義自身在廣納天下一切萬有的本因而畏因的本覺，覺一切天下眾生之苦難於日常生活中。

一切眾生的苦難，是在他日常生活中食衣住行的一切關係的對待裡面，因為各種不同身口意、各種不同輪脈上的狀態與反應，對應在人與人之間、人與萬物之間、人與無形之間的一切食衣住行存在的價值觀念，得到全面性的反應和照見。

所有的生靈在地球最深的誠意，反應在一切日常生活中，照見其所有的狀態，唯獨在其諸苦的反應照見裡面，所有的眾生都不能夠即時即刻等同了然了義，眾生之貪，一切萬有之苦，萬有之附加，所有附加的價值就有一切延伸必然的苦。

當有一些人在日常生活中擁有了某些金錢流的福報，他就開始以貪嗔癡的狀態，往外去買入、去納入更多所謂金錢延伸的附加產品，而消耗了更多人、更多眾生所需要生存的資糧。這種行為與心念就是一種直接或間接，看得到或看不到的互相掠奪，這就是一種殘酷，這就是一種最深的無知與無情。因為人類本身自私、自以為是的狀態與相對性的知見，造成一切資糧集中在少數人的擁有下，重大的貪嗔癡，造成廣大眾生未能擁有一種生活上的基本條件。

世間自主的大菩薩，在引領與集結中，以整體力量在各行各業的示現裡面，要以廣大自主的能量場示現在任何場合裡面，令一切遍佈地球的所有眾生，其日常生活道場裡面的資糧，要讓所有眾生與萬有對應的基本面能夠相應。

相應指的就是讓所有在地球上的肉身，在地球共同行走的每一個生命，在他有生之年的因緣果報下的人間壽命期間，都能夠得到應有基本存活的資糧，讓他在一個基本穩定的時空下，進行他本身這一世歲月當中每一個面對生命共振的道場中，進行解除解難解其自身苦厄的世間尊重的自我面對。

所以，大菩薩不能夠在他自己集結了許多追隨者的一個福報上，成為一種獨裁的狀態。所有的大菩薩必須告誡自己，在整個以引領眾生成為江山系統的當下，當自身的累積已經干擾到其他系統生命基本的生存資糧時，就已經完全悖離了基本佛法上慈悲為懷的畏因之本戒。

而如今，世間當下有肉身的大菩薩，已經在他自身所謂的佛法志業的運作上，因為扭曲在自己本身的運作裡面，只有福報性結緣的形成與累積，集結了所有眷屬和眾生的苦，但是，苦難裡面的轉識成智，改變其慣性的基本面，卻是少之又少。所以，今天人世所有的苦，並沒有因為各種不同宗教系統，在世間每一個道場上的林立，而因此得以令追隨者或眾生解苦解難。

解脫的事情，不是一個表面救苦救難的事情，所有的救渡，不是形成一個救渡系統的表相動作，這只是一個過程而已。

當大菩薩不能夠即時畏因於自身領眾的密碼，無法在每一個層次上提昇與恢復的同時，就只能夠重複的引領眾生在所謂的救苦救難的行為當下，變成一個表相的慈善團體。

救苦救難重大的初衷，是在於把所有解脫的權利還原在每一個生命的日常生活中，這是每一個生命本身應有的權利。大菩薩更應在畏因的當下，以他戒定慧無上等同等持的重大確定，所有的眾生就是能夠成佛，這樣子的無畏性，是所有大菩薩在領眾當下應做的重大肯定。

但是，當其慣性因停留在某一個表相救苦救難層次的工作流程中，導致整體力量已經無法提昇通往解脫的狀態時，大菩薩與所有追隨者的系統，就停留在這個表相救渡的功夫上，不斷的成為一種渡眾生的重大法執。

而大菩薩本身因為畏因的內涵與覺受不夠，到最後，自己的慣性也與追隨者的慣性共同形成一個彼此之間重大牽引的累積，共振共成宇宙無盡虛空中的碎片而不自知。

如今，地球上很多大菩薩的肉身已經是百病纏身，所有追隨的眾生也都不知修行為何物，更不知自己本身的存在為何？不知自己慣性的狀態為何？只一味的做表相上的結緣，不斷的累積各種他人應有的資糧，集中在少數的系統中，以宗教、以佛法為名稱的表相名義，在做一種非等同解脫，非等同佛法的行為。

這是所有大菩薩必須即時即刻在世間法上的妙法，回歸到一個終極收圓的解苦解難的方向，令所有眾生在其與萬有對待的日常生活當中，能夠回歸到所有的初衷，以自身最自主的狀態、最不消耗的狀態，在他日常生活中，有即時即刻可以生存的基本穩定的資糧，從事他自己照見、解脫、解苦、解難的基本功夫，把所有解脫的權利還原給每一個生命，在日常生活中。

這是這一次正法來到世界，供養無上正法共主的重大立基點所在，所有的大菩薩都必須以此做為其重大教法上的基準點，把過於往外的領眾部份，全部在畏因的當下，收圓成自身的重大結界。

生命之愛在生命以他相應於地球萬物萬有的資糧，讓所有無量的生靈能夠在此一世代空性空前重大的集結當下，以肉身不可思議的功德在基本穩定的地球資糧裡面，食衣住行當中，讓其一生活在地球歲月當下，完整且穩定的去面對自己解苦解難的經驗值。這是所有大菩薩應該有的知見，應該要覺受、納入、佈施、運作、操盤等同等持，令自身等同眾生無上正等正覺的共同自主的覺受。

生命之愛，日常生活，生活之情，生活日常，情之平常，愛之平凡。

世間法就是在日常生活中，當下就是本義了然的覺受，所有觀照的覺受都在他心念上的同時，就是佛本身以心念上不可思議的跳躍，進入每一個眾生的心海。**所以，每一個心念本身都是密碼的存在，每一個心念本身都是無量因果反應的重大照見，每一個心念本身都是在通往解脫路上必然的念頭。**

佛首是無上智，佛首之智就是心念本身在當下的每一個對應裡面，都能夠了知無量劫本身能等同等持無上正等正覺於心海中的無生一念，一人如此，萬人如此，所有的人都是如此。而所有的眾生本身也是如此，以肉身非肉身的狀態，在他自己能認知的世界裡面，變現了他自己本身的因緣果報。

所以，念頭的本身不一定是以人類的心念做為他的基準，任何生命形式都有他自己覺受的狀態，任何的生命形式在其生命要消失的當下，都會知道其承受瞬間短暫生死的痛苦，那就是心念反應的重大密碼。

一切眾生、一切生命皆能夠知生死之苦，就有重大提昇、轉識成智的機會。所以，一切生死的資糧、萬有的資糧都必須在等同無上公義的公平當下，分享布施給所有的覺受者，在日常生活中，成為他自己修行修正修養，恢復自己如來重大的第一義的公義之所在。

眾生等同如來，眾生即如來，世間尊重，中道當下，眾生之應有面對生命解脫的一切本份，是所有重大諸佛菩薩所應守護的重大責任。

人本之初，諸佛所善護，人之本懷，共諸佛之初衷。天下的一切都是眾生的當下，自主的共主，公天下的萬民，共眾生一如來的完整，共一切等同等持的無上正等正覺，都在我們日常生活當中食衣住行裡與萬有的共振當下。我們以最深遠無上的禮敬與無分別心彼此對應對待，此世間尊重永生永世無上的禮敬，成為我們生活中應有的生活態度。

人本人性，人為無為，人我不二，人人如來，人在人間，人入人世，人求無求，人之一切，人之當下，人之了義，人間公義，人之無上，人之善逝，人人寶生，人人正法，人之生活，人之世尊，人人自主，人人如來。

做善逝，而非做善事

ω 外在形式上捨，更要在即身肉身的每一個狀態裡面捨掉自己的慣性。

我們要講正法天下的意思，正法就是這個方法要正確。什麼是正確的方法？以佈施為例，任何人在佈施的時候，他的取捨之間都是他自己的因果，當你要眾生的錢佈施出去，你要引領眾生的錢出去做什麼？你這個納入之人本身的角度清楚嗎？

所有生命最大的意願就是成自己的主，要成自己的主人就是因為他有太多不能自主的部份。他不能自主的原因是因為他有太多的攀緣，所有的關係都是在於人與人之間各種不同的互動，互動的時候就會有各種不同的條件、金錢、物資、心態、情緒，來來去去在日常生活當中，形成了整個世代人在生活中的不安恐懼。很多人在宗教或是某一個系統裡面尋求一種穩定與寄託的時候，重點是不能只是一個表相的層次去運作。

我們今天納入了某些眷屬，有某種想要試圖改變自己或轉化某些狀態的時候，而形成了一個系統，但是，不能夠停留在某一個階段性的運作。為什麼？因為如果沒有辦法轉化那些不安恐懼，其實還是在人的平台裡面互動。解脫不是去建立一個把一些人的條件全部聚集在一起的空間，人如果改變有限，他最後還是重複他未曾改變之前的狀況，這與解脫有什麼關係？這是一種殘酷的現實，到一個時間點的時候，當他的承載已經超越那個智慧的容納度的時候，人的那一種累積的慣性就會整個引爆出來。

比如說，你今天沒有辦法要所有的人都只是停留在所謂金錢的救渡、物資的佈施，為什麼？那還是一個做法，還是一個表相的東西，你只能在某一個階段得到某一種所謂合理的安頓而已，到最後還是一種藉口。

今天如果很多的狀況只剩下做法的時候，那會是怎麼樣？比如說，我們今天有一個活動，有一個地方有苦難，我們就是捐錢、捐地，或是怎麼樣。有一些人在一開始的時候，有一些感動，有一些法喜，因為他苦嘛，苦的時候，他自身看起來就好像可以無條件的捐地、捐錢、捐時間、捐力氣。

但是當某一些現實條件改變的時候，某一些人他人生中的苦更深的時候，他的意願、意志改變的時候，那麼，你今天要他捐出去的時間、空間、金錢，在緣起上已經不符合當初當事人的意願的時候，就會產生一種是非。因為在這個事件本身，這個事所要引動出來的，有時候會有彼此現實利益考量上的不同，宗教的立場、師父的立場、出家眾本身運作的立場和人間道還是不一樣的。

出家人今天捨掉了某些表相的東西進入修行狀態，他在領眾的時候，眾生以他為表率的時候，他們所要企求的目的，是仰望著出家人的，而不是看著自己。所以這個地方的關係還是攀緣的，這個緣是攀上去的，這是一個因緣上的交集。但是，佛法是什麼？佛法是一種因緣的教法，這個方法本身所要教導的是——你如何承擔所有的人捐給你的金錢流裡面的因果啊！而你如果一直讓他停留在做表相上的事情，當走到一個經年累月的時候，怎麼能夠靠當初的那份感動呢？

重點是在做這些事情的時候，攀緣這些出家眾或這個系統的菩薩道的人，在這個道理裡面如何成為一個大我？要不然當他的承載承受不了的時候，他本身就會在他當初捐出去的人事物那個緣起的條件裡面，譬如一些物資、金錢、地點，在使用和運作上不同時，他就會有意見。或者是他自己本身無法提升、往上時，或是在生活上及因果上，讓他無法承擔那個金錢流時，或者是他某一些的觀念價值改變的時候，他就會產生一種與當初的初衷不同，已經變質之後的另外一種江山性的更大的因果、一種因緣果報。因為他只是一個表相的佈施，他跟人間的來來去去的取捨到最後並沒有什麼兩樣。

時空在前進，因果在累積，當你自己現出家相的時候，或者說你現菩薩道，你本身不管是出家或在家，你納入一個系統的金錢流，你要了解那些納入的金錢流背後，都是他們背後無量劫的不安恐懼與因緣果報。這個眾生的果，他的報應是相應在他的金錢、他生活裡面辛苦的錢。

你的運作是拿他的因果去運作、去救渡，你要將錢佈施出去的時候，這裡面能夠真正轉化的是他的識性本身的整個解除與善逝，所以，到最後一定要走上一個重大善逝的過程。但是，往往在這個地方有更多的事件引動出來的時候，並沒有辦法去曝露，在一定的時間點、在這個運作裡面、在一個臨界點，沒有辦法曝露每一個來佈施的人，他該放下根本在即身肉身裡面的慣性。反而今天他日常生活中，雖然他有一些資糧，資糧累積到一定的程度的時候，有很多棟房子、很多金錢、認識很多人，就很風光做了一些所謂的表面佈施。很多人的心態就是這樣，這是「好人」的心態、表相的心態，但是，佛法不是做好人或不能做壞人的問題，佛法是一種大捨的智慧。

你讓很多人在外在形式上捨，你就要讓他在整個事件上逐步在即身肉身的每一個狀態裡面，捨掉他自己的慣性。要不然他本身慣性並沒有捨，就很容易把他在一般世界的所有金錢、運作的買賣，放在對所謂的解脫系統、所謂的佛法系統、所謂的宗教的一種攀緣上面去對應啊！如果這系統的主導者或是這系統的老師、出家人，他所運作的捐款與當事者的意願不符合，經過多年的不一致時，就會產生衝突。

這個地方到最後就已經不是修行，人們沒有辦法在這種來來去去的關鍵裡面去修行，去談關鍵的部份，可能連這個出家師父他也沒有智慧去照見這裡面重大教法的真正內容是什麼，他可能只有不斷運作出去的手，講一些好人好事代表的話，這樣他的追隨者深化不進去的，成不了自主的主。他們所捐獻出來的東西，與他們面對世界一般苦難的做法，到最後是沒有什麼兩樣，他們唯一能做的並得到的資訊是什麼？「我們要做好人做好事」，都是做一些所謂的表相救渡的事。

佛法不是在這裡而已，那是佛法的一個初步表面的做法，它主要重大的目的是要讓人變成他自己的主。如果今天很多的佈施、財佈施、方法的佈施到最後來來去去之間成為了另外一種很多是非的累積，所有要出離苦難的所謂宗教的教法，到最後完全被世間無常的慣性給覆蓋了，這是所有的菩薩道裡面，領眾的大菩薩最重大的一個自己本身要隨時隨地畏因的地方。

為什麼有菩薩畏因？大乘佛法，佛要成這個法，就是追隨者的大我隨時能夠承載得了，那你有沒有辦法讓你的系統裡面重要的人，或追隨的人隨時在運作的當下，不管是對廣大的眾生、對自己的同修、對自己的核心領導，都能夠進入深化的狀態，都產生共振的狀態？這個基本面你抓不住，終究最後還是在做一些世間表相的東西啊！那所有的佛法只是一個表相的知見，只是宣傳的一種口號。

人走了一輩子的追隨，跟不到自己的如來，能觀照什麼？彼此之間最後都是用慣性去檢視，當初佈施出去的不符合自己現在的想法的狀態，人們自己當初佈施的時候，也忘記了那個初衷。坦白講，你捐出去，你自己還能決定什麼？所以，很多事情不應是這樣的做法，領眾者不能一直叫人家捐、一直做、一直擴大，你是在做房地產嗎？做到最後一直在蓋道場，你自己的人的質變在哪裡？當你的核心一直在做某一個系統裡面的模式的時候，就變成一種慣性的模式。

一個大菩薩要觀照自己的佛法的能量場，多餘的動作都會造成追隨者的誤解，以為那個就是佛法。多餘的東西都會造成眾人來供養你的時候，因為多餘的動作，信眾會納入，以為那個是佛法，所以就會變成這樣追隨的模式，成為他另外一種不及於自身成就的無法善逝的累積，而變成他自己在世間的苦了。

今天眾人來追隨師父，師父卻去搞一些世間法的東西，到最後是怎樣？眾人就以為那個是佛法，然後變成他自己在世間加重的苦難，變成共同的輪迴、共同的攀緣、共同的一種無法解脫的狀態。

沒有改變就是沉淪，更何況是現出家相，或者標榜在宗教裡。如果今天的質變轉識不成智的時候，任何的系統、宗教，領了一堆人做了一大堆的禮儀與規矩，無濟於事。追隨者他看到的是那個形式，但卻看不到自己，把每一個框在那個形式裡面的規範變成一種教條與執著，又以此來看待世間的狀態。生活上很多狀態都已經難以改變了，然後又加上宗教裡面更重、更深的框框，那個更可怕，因為是無形的。

當領眾者自己體會有限的時候，或者他有一部份體會，但是他撐不了一個比較大的生命回歸所匯集而來的眾生之苦難，這樣能做什麼？

今天一個領眾者現出家相、現宗教相，其教導的宗旨要非常的清楚。如果這個抓不到，到最後彼此都是在人世間的鬥爭與掠奪而已。一個大菩薩他本身的畏因是在於，他自己絕對要很清楚的了解他核心的整體人事物的承受，那種承載苦難的輕重到什麼程度？這個關鍵，自己要有一定的智慧與能量場去對應自身核心的人事物。他自己的力道至少要出去，然後再擴展到追隨者。

所以當很多的佈施、金錢流，和很多的因緣進來的時候，自己本身的整個核心的觀照是否有過多不能承載的部份，一定要提點到，一定要畏因到。當擴大已經成為某種警訊的時候，就必須採取某種結界的狀態，某種程度的結界，而不是一味的一直擴大，並且在做法裡面要能成其妙。如果這也變成追隨者本身的識性作用，追隨者也產生很多的慣性，如此，很多外在無常世界的理解、做法，和態度，也會一起納進來。

「我今天佈施了錢，我就在這個系統裡面占了某個位置，我就把我的慣性拉進來變成一種做法，變成一個識性的集合場」。

這跟解脫有什麼關係？

跟改變自己有什麼關係？

剛開始的時候有一些感動，大家一起互相感動，他們是活在那個感動裡面，而不是活在改變裡，那有什麼用呢？

在無常世界裡面，每一個人都被打得很慘，都知道問題在哪裡，不知道問題至少也知道苦吧！但是這些沉浸在教法中的人，全部關在那邊感動，那是一種更大的假象的時空啊，以為解脫的一種氣氛，但是，這跟解除自己識性與慣性有什麼關係呢？這是更大的殘酷。為什麼？因為對這一些人來講，他們已經追隨了某一種教法、某個系統、某種以為所謂安頓的偶像的形式。

當成為一個重大目光集中的領眾者的時候，自己本身要示現的是真正的平凡，是真正的一種自然，要不然怎麼辦？任何的辦法都不要變成另外一種「法辦」自己的狀態，你任何的法都是多餘的動作。你動作出去和世間對應，你一定要提昇那個救渡，一層一層的理路、一層一層的示現、一層一層的如來性，全部都要翻動在你的道場裡面。

不是人的集合，是道的顯相，不能一直停留在感動與表相的救渡，也不能只是停留在那種感應與覺受，要很紮實的知道你今天的納入，以及擴大的速度和狀況，隨時都要在一個觀照上非常的清楚，你每一個引動出去和納入的狀態都要等同等持，不落入相對的狀態。

這樣子的知見，這樣子的力道，這樣子的宣告，這樣子的管制要非常的清楚，要不然你就不要成為一個系統，你自己本身就要成為一個基本的範圍就好了。寧可讓少數人清明，也不要做一個完全到最後是無濟於事的一個大的集合體，有什麼用呢？到最後是非紛飛，一大堆表相的事件，每一個人當初的點線面都在改變了，每一個人的意願都不符合了。

每一天，整個系統都在引動這一些當初人們攀緣的識性，這樣的作法已經不符合當初的本心初衷。當人的信念都是這些抱怨的時候，這裡面還有什麼佛法？還有什麼可以改變的？就算剛開始的時候有一點點改變，也都會退轉啊，這有什麼意義呢？到最後也都是利害關係的衡量。

在世間的一定是改變的，在世間的非了義不可，在世間的是等同的納入，在世間的是等持的總持，在世間的是自主的行法。

這都與佛法無關，與成為自己的自主無關，反而讓自己有更多的攀緣、更多的不自主。很多系統的結合，到最後都是在評估這裡面有現實利害關係的通路，有人際關係的連結，可以做更大的生意，然後身份地位也會有更好的名相與形象，這與解脫有什麼關係？

把菩薩道走成這個樣子，與菩薩本身沒有什麼關係，那都是一個眾生的遊戲啊！然後，表面的顯相可以裝得很漂亮，因為那是金錢累積起來的形式，變成偶像崇拜的模式，是出家的藝人嗎？還是被當做可以解脫的玩偶？所有的初衷都被眾生給玩死掉了。

無關之道，無關密一切有關之義，無關之行，解一切關係之善逝，一切關係無所住，無

緣心性本無關，無緣慈悲本如來。

而真正的大菩薩在哪裡?不在系統，不在宗教，是你的開萬世太平的狀態，你要非常的究竟而清楚。那個究竟不是某一個系統的究竟，是整個大世代本身的本源的究竟要清楚，你才有辦法承載。

這就是正法，你法的本身就是要正其心，正法的天下，第一個知見就是每一個人，每一種生命的當下是唯一的放下，在他的任何的生命形式裡面。這個立基點一開始就粉碎了所有的系統，打破了所有的障礙，把所有的一切的原點放在每一個生命的日常生活中。這是一個重大的基礎的根本，這是真正唯一的事實，也是從那個地方有真正大悲苦的佛法，從那邊引動出來，那個才是真正的當下。

悲苦不在其悲，不在其苦，悲中生無我，知苦本照見，因果還原之，生死自在之，妙用生萬法，陰陽自有情，男女天地間，一念無極密。

龍華三會的意思是什麼?那個三不是三次而已，是全面性交會。全面性的交會就是所有的人在有形無形與無量萬物匯集對應的一切狀態，它本身都是一種法會，都是正法契機切入的所在。

因為在日常生活所有的有形無形的對應裡面，任何的生命，在無量的系統、無量的對待、無量苦難的對應裡的日常生活中，每一個對待的有形無形，你能不能自主都非常清楚，只是你要不要面對？你的擁有與失去，你每一個取捨都是你在面對的過程，沒有比這個更大的系統了，它已經不是任何系統的系統，而是任何系統都在裡面。

所以，主在一切處，不在一切處，在無量有形，在一切有形。慧命的會通就在日常生活的當中，人之為本在於當下當道的重大自己的面對，請對自己做一切重要的面對與解除。

你能對自己做的是對自己的財佈施，你每一天金錢來來去去，買來買去，那個就是對自己的財佈施，也是對別人的財佈施，那個已經在進行。

錢財來去的衡量彼此會找出很多方法的對待，那就是法佈施，在那個法佈施的背後，你自己本身有各種不同的起承轉合的心態、各種不安恐懼的心態。所以，人與人之間、人與萬物之間，當場就是在日常生活中進行財佈施、法佈施、無畏佈施、一切的佈施、正法佈施，都在當下進行，成為自己自主的人生。

能回答的本在其中，能回應的本在當下，能相應的迴向一切，能示現的佛説一切，能覺知的良知良能，能輪動的即身即是。

放下金錢救渡的慣性

꩜ 沒有觀照的佈施，所有的負面能量將沒有任何機會做轉化與解除。

人類的一切存在價值，認為有價值的部份都是在哪個界面？有沒有價值都反應在金錢上，所以，金錢檢視著一切，人在萬物裡面所存在的一切價值就是——等價非價。人類會用他的各種等同的或不等同的價值判斷，成為金錢流本身的各種判別，但是真正的價值所牽涉到的範圍，包括有形無形的各種條件，是超過人類意識型態的價值標準，萬有萬物其存在的價值，有其人類理解之外的價值存在。

金錢存在的奧義就是——金錢是生命，金錢是法義，它的意義就在於金錢本身就是所有人類現在所有不安恐懼的總合，在金錢的一切流動裡面，反應了人類當下在每一個交易、交換中的存在價值。金錢的轉換就是所有人類無量劫來的不安恐懼與慣性，在金錢的行為裡面，透過金錢交易所尋求的重大轉換過程。

金錢非金錢，金錢的存在是人類落入金錢背後，被金錢流動所引動出來的無量劫的不安恐懼，所有金錢流的交流交換，所真正獲得的，其實是彼此之間不安恐懼的交流交換，金錢的進出就是無量慣性的交換。

大智慧者在金錢的交流當中，同時檢視並轉化自己落入金錢的牽動，在金錢的對待當中，所有金錢在進出的當下引動出來的重大不安，所有的不安就是為了照見自身的問題所在。在金錢當下所臨在的對應裡面，我們被牽動的不安與得失心，就是我們可以如何恢復自己生命的重大密碼所在。任何金錢的流動，都是要引動出我們如何面對自己在每一個存在裡面的不動性，不動的無染才是真正究竟的不傷神的金錢流。

所以，所有金錢流的轉換，就是人類所有慾望的需求與納入，在金錢佈施的當下，所要佈達出去的、所要施展的策略，就是決策自身不安恐懼的遞減或遞增。所有的遞增都是人類現在累積當下走向毀滅的狀態，所有的人類全面性的在金錢遊戲的流動當中，不斷的擴大慣性的版圖，掠奪了萬物的生存空間，而人類不自知，甚至現在人類主流的所有運作模式，以及存在的奧義與價值，都已經沒有辦法控制。

人類在這個世代所面對的毀滅，毀滅非毀滅，毀滅並不在於肉身存不存在，表相的毀滅是肉身的毀滅，但**高層次的毀滅就是——在造成果的當下，毀滅掉所有的因。**

在金錢流動當中的重大畏因與每一份自我檢視裡面，回歸到本身不動的狀態，那就是人類必須在日常生活中金錢流動的每一個點滴裡，無量的任何金錢流進出當下的對應和對待，檢視自己落入的貪婪，與一切往外而受制於金錢流，所引動出來的不安恐懼和慣性。

金錢就是如來的妙法，就是諸佛菩薩的志業，當在示現重大千手千眼觀世音菩薩救渡的時候，第一個介面就是，在一個國度裡面的無量眾生在金錢上的需求，他們的苦難菩薩以金錢的佈施去救渡他們時，但是，當千手在運作而千眼觀照的智慧，不足以觀照並解除其千手伸出去承載的所有磁場之時，就有走上傾倒粉碎的可能性。

所以，凡千手千眼觀音系統的核心本位，其佛首要不斷的提昇，要隨時觀照所有跟隨者，在共同佈施於每一個國度的苦難當下，必須要在他不動終極的本位上畏因，每一筆金錢流佈施出去的當下，也要評估每一個追隨者他們的家庭和子女在生活上的基本能量。

佛首的轉化，是千手輪動的唯一救渡，佛首的全覺，是宇宙無量輪迴的如來。

所以，當佈施到無量國度救渡苦難的同時，也要讓所有追隨者自己本家的家庭本位的能量保持一個完整性，這些是要等同等持觀照的。如果，在所有的救渡當中，只有將手伸出去，伸到無盡遠處做金錢佈施，整合了所有認同這個佈施的追隨者，去救渡無量國度苦難的同時，卻沒有等同的將千眼打開觀照，佛首沒有提昇，就會落入往外延伸的金錢表相的救渡。

在落入當中，所有的追隨者就會以為所謂的菩薩道或所謂的佛法就是金錢無量的佈施與救渡，而不斷的出錢出力，不斷的做、做、做，不斷的消耗他自身與本家的能量與資糧。一旦，追隨者能量的消耗超過他們的承受力的時候，將會造成許多本位本家的問題，這是運作與觀照無法等同等持所產生的遺憾。

不以宗教的偶像崇拜追隨不自主的因緣，任何的救渡，是不落入相對的解除，令眾生解自己的苦，還原生命的自主，是正法唯一的救渡。

中道正法的佈施，在基本的觀照當中，當使用金錢流延伸出去救渡無量國度苦難的同時，也要觀照所有追隨者在金錢流的佈施裡面，他們本位家庭的整體戰鬥力、他們的能量、資糧、與承受力。

一個追隨者，追隨領眾的大菩薩，願意將金錢或能量佈施到無量世界去，在他的家庭裡面有各個不同的份子，有他們各自不同的系統、各自不同的信仰，在某一個範圍的出錢出力是可以接受的，但在超越基本家庭收支或能量的狀態下，一定會產生重大分歧的價值觀，而產生家庭震盪。

無量國度，無量救渡，渡於無所，渡於普渡，普渡虛空，渡化轉化，化於無形，有情有形，渡之非渡，渡之無窮，渡於當下，善逝渡之，渡於寶生，入諸國土。

一個領眾者純粹以金錢救渡的時候，也必須對於認同他的人和他家庭的資糧與功德力，做重大的評估和善護，這是一個領眾者基本的觀照與善護。

對每一個追隨者來講，都有他個人或在原生家庭或無量劫以來累積的慣性，當他願意展開某一種開放，當他選擇了某一種價值認同的佈施，當他願意捨得放下金錢，在某種範圍與層次上來講，這對一個人的慣性轉換是有一定作用力的。

救渡是為了寶生，是為了善逝一切慣性，救渡的佈施是為了了義自身存在的內涵，但是，如果沒有這樣的內涵與深度，當做到某種程度而無法再深化的時候，當金錢佈施已經變成一種固定的模式和習慣的時候，所有的救渡就變成了只是在做表相救渡而已，與一般的金錢交流、物資買賣無異。一遇見苦難就用金錢去佈施，若停留在這種理解的時候，金錢佈施反倒變成另外一種表相救渡的宗教法執上的慣性輪迴。

現在整個世代的救渡系統，已經變成一個固定的模式了，在救渡無量苦難的同時，救渡者卻無法看到苦難和災難背後更深的法義與內涵，只是不斷的被苦難和災難所牽動，一方面做救渡的事，一方面祈求災難不要降到自己頭上，一方面又以為這就是佛法，完完全全停留在苦難的表相，無法深化。

任何伸手出去的救渡，在金錢流動的背後，也同時要納入所有無量世界苦難的負面能量，因為，每一個國度裡面的苦難都有其一定的形式，為什麼他們會有這種苦難形式？自有他們國度眾生的類別下，所要面對的由結界界別所形成的苦難形式。

苦難的類別，形成渡化國度的形式，千手普渡，千眼觀照，佛首佛智，心輪定印，世代普渡，一切共願，無量意願，一念傳承，結界永生。

所以，當一個願意救渡的力量整合了追隨者的共識，將金錢佈施到那個苦難國度的同時，也是一種匯通與共振盪，那不只是一個金錢的共振，那是一個重大菩薩道的國度與國度之間互相救渡的狀態。所以，救渡者就是我有意願在共願裡，透過金錢救渡的同時，把對方的負面能量轉化掉，但是當錢出去，而對方將負面能量供上來的時候，所要能夠涵養出來的，必須是一個重大的轉識成智。

一念一千大世界，一千大世界無量大千世界，一念一當下，當下一肉身一行為之放下，無量的放下是當下自身所有金錢流的佈施，廣佈天下的時候，重點在於行深化之事。廣度的千手不斷伸出去，每一個結界裡延伸出去的當下，是千眼觀照下的千手佈施，但所有的佈施沒有辦法深化的時候，就會變成是已經失去了智慧的觀照而手伸出去的佈施。沒有觀照的佈施，所有的負面能量將沒有任何機會做任何的轉化與解除，到最後，只有一個結果，就是無量劫的粉碎。

無量大千世界，即身佈施無上金錢流，諸佛布局，行深化無上智，廣渡諸有情，密粉碎收圓無量劫，一念當下一肉身，世間大千觀自在。

所以，一個重大的領眾者，對於一切的佈施與救渡，關鍵就在於菩薩畏因，所觀之處，不是著重在今天佈施了多少金錢資糧，不是今天渡了多少眾生，不是今天救了哪些國家。當落入了一個表相的救渡，就是落入渡眾生的法執，就是落入所有眾生的苦難假象。

無量眾生都是生生滅滅，大菩薩如果落入了這個救渡的表相，就是只有一個結果，就是讓所有追隨者在救渡眾生的生滅之時，永遠落入苦難的假象，永遠落入救渡眾生的假象，永遠落入救渡眾生的相對性。原來，是大菩薩他自己本身渡化眾生的心態都是相對性的層次，無法提昇而不自知。

一切因，一切愛，一切果，無量的諸佛菩薩在無量的畏因之處，善逝自身的慣性狀態。領眾的深化首要之務，就是解除所有無量金錢佈施出去的金錢遊戲和金錢法流的數字統計，以及解除所有渡眾生的相，像是今天渡了多少眾生、有多少追隨者跟著一起渡眾生等，所有的這些狀態全部要解除掉，如此，才能夠不落入不斷擴大渡眾生的表相，而使自己的慣性被輪動出去。

領眾大菩薩的畏因是什麼？自己本身被輪動出去的慣性是什麼？真正在正法中的重大菩薩，不存在任何絲毫往外渡眾生的時空。真正不動主位的大菩薩，是廣大無量眾生生命的靈魂體在菩薩功德力的放光當下的一切對應裡面，無論無邊無量層次的遠近時空，無邊無量類別輕重的眾生苦難，也會一步一步的自動回歸你不動性的功德力。

重大的菩薩沒有任何被輪動出去的可能性，任何一動就是落入無量苦難的檢視，無量苦難的眾生在無量世界無量時空裡面輪動的當下，都在檢視著領眾者本身被牽動與落入的狀態。

正法主位的大領眾者、終極領眾者，其本身的不被牽動，是當下無邊無量時空中的任何不可思議的無盡苦難形式中的自我畏因。不被牽動的存在，才是真正的終極不被牽動的畏因。

一個大菩薩在不動主位上渡眾生的當下，任何外在的動作都不是問題，重點是，每一個動作都是他自己本身安住不動的終極本位，就是他被無量苦難所牽動的部份都能夠如實觀照。一被牽動就是承受的開始，所以，他在領眾的核心本位裡面的真正本份，就是善逝無量被牽動的狀態，一點點被牽動的絲毫，就是恆河沙數負面能量的對應與對待。

終極本位的重大菩薩，他本身的不動主位就是，當其不斷的放下被牽動的狀態時，就會無邊無量的放光，並因此感召無邊無量的眾生，主動回歸到主的本位裡面，共定位，共佛果，共面對，共轉換。

所以，終極不動的菩薩沒有渡眾生的任何動作，只有畏因自身被牽動的當下能夠當下放下。因為，當一個終極不動的領眾者，在被無量苦難牽動的時候，觀照而當下放下，才有辦法觀照到那些認同他的追隨者所被牽動的苦難，才有辦法隨時觀照共同面對天下的夥伴。因為這些人雖然有同樣的認同，也有這個願力，但是每一個夥伴的慣性是不一樣的，資糧與能量是不一樣的，功德是不一樣的，因果是不一樣的。

終極本位，終極定位，終極無量的慈悲，就是不動的定位，生命終極的原點，生命終極的輪動。當終極的共願共同面對天下的時候，重大的根本就是所有的對應都是要究竟的，重大的關鍵在於，自己有沒有被牽動？

所以，不動的確定就是重大的畏因，在每一個畏因裡面，無量時空的苦難都在檢視著你，透過金錢流，透過一切的可能性。當你被無量時空的苦難所牽動的當下，而能不斷的放下的同時，就是無量世界無窮磁場無量眾生不斷回歸的當下，只有不被牽動的放下，只有不動性是支撐著一切眾生回歸自主的重大基本的功德力。

而一個領眾者更應該以自身的不動性，令一切眾生自主回歸，那些願意共同面對天下的夥伴，也要觀照、善護他們被牽動而消耗的狀態，跟隨領眾者共同面對天下的夥伴，他們的重點是為了深化而轉化掉自己累劫以來的慣性。

所以，當他在佈施金錢流、佈施能量、佈施一切妙法出去的時候，領眾者在不動的畏因裡面，也同時要善護夥伴，在救渡天下苦難的同時，慣性也要等同的放下，才能夠真正的深化。當放不下而不斷承載負面能量的時候，所有救渡的行為終究會變成一種僵化的形式，而承受一切的磁場和負面能量，這是等同無法再放下的一種慣性輪迴，渡眾生變成一種輪迴的模式。

所以，渡眾生到哪裡，自己的慣性就要放下到哪裡，放下的當下，大捨，善逝，才能夠行不可思議的運作，才能夠轉化所有渡眾生時納進來的苦難能量，才有辦法讓一個家庭，不管他家庭的份子認不認同這個渡眾生的系統、價值或動作，都能夠安住於其中。否則，負面能量一直無法解除，不斷的渡眾生，不斷的放不下，就不斷的累積。

一領眾無量領眾，當下自領眾。存在的一切，共振的當下，所震盪出來的慣性，無量**渡者與被渡者、佈施者與被佈施者之間，等同等持。**

重點是在於，佈施者本身與渡化的妙法共振，與重大的苦難共振，與苦難的國度共振，與苦難的眾生共振，震盪出自己無量劫來存在的苦難慣性，在做佈施的救渡之時，其重大的密因就是——**以救渡相救渡自己本身無量劫來的苦難**，等同等持。

這裡面沒有誰渡誰，沒有哪一個國家渡哪一個國家，當下無一切相，**實無一眾生可滅渡之**，而完全沒有任何渡眾生的過程，就沒有任何渡眾生進出的過程，所有的渡化就沒有任何傷神的狀態。

中道無上正等正覺的渡化是不動性的，解除自己的苦難，感恩無量苦難時空的眾生，完全不落入任何救渡的表相，不落入的條件就是觀照自己被牽動的慣性，感恩再感恩。救渡他人的同時，引動自己無量劫不圓滿的照見，觀自身往外無量的救渡佈施，等同對自己的救渡，共願共苦難於當下一生，等同等持，這就是真正無上中道正法的不動無動自主的無上自救渡。

救渡的事不在於誰救誰，救渡的重點，不是金錢物資救渡的問題，不是宗教救渡的問題，不是有形無形救渡的問題，不是眾生菩薩救渡的問題，我們人存在的生活本身就是一種救渡，我們的每一個傷神的衡量、每一個人的不能自主，就是苦難本身，就是慣性本身。

所有的慣性彰顯出來的當下，顯露出無量劫的貪婪，我們所攀緣出去的重大慣性，往往透過表相的金錢流動，或者一種互動當下的各種不同商業行為、政治行為、人與人之間生活上的一切行為，在普世價值中顯露出來，其在世間傳承的價值是什麼？被牽動的情境。在情境裡面的任何境界都是一切執著的情，這個執著的情，透過金錢流，彼此之間都在反應彼此的不圓滿。

到底誰能救渡誰？這裡面是沒有答案的，沒有答案才是真正的答案，有答案的就一定是沒有機會的，因為，這裡的任何答案都是一種相對性的結界，它界別出了分別。

任何因緣的當下，智者在緣裡面知道那個本因，就能夠遞減他本身的苦難，所以，重點是在解除所有的相對性，才是人類最後的機會，**解除所有的相對性是人類恢復他本然不落入相對性的基礎**。

所以，重大的示範是在——**唯生命的如來能救渡一切的存在**。我們要不落入相對性，以此，把牽動的相對性放下，將慣性的狀態供養無上如來的存在。因為，只有放下的功夫到達一定的厚度，才能確定如來本身存在於你肉身的等同等持裡面，照見了你一切存在的慣性。

救渡渡化，所有的渡化都要真正的轉化相對性的存在，人與人之間是生命與生命之間的共振，在生活存在的普世價值裡面，我們彼此傳遞著所有無量劫來共同的承受，一人的承受是無量的承受，無量人的承受是當下一肉身能不能放下的一如來的解碼。

每一個取捨，每一個行為，透過金錢，透過人與人之間的每一個行為裡的判別，每一個人皆審判了自己的末日。末日，不是一個毀滅不毀滅的問題，而是每一天每一個當下，我們都面臨自己的最後。

因為有無量的機會，選擇遞增，或選擇遞減；選擇毀滅，或選擇解除；選擇自主，或選擇不自主，所以，人類的每一個當下都有無邊無量的機會。人類每一個當下、每一個輪動的狀態就是無量的輪迴，這就是肉身即如來的密碼，但是在生活上的應用就是金錢。在金錢中，對應著人與人之間，對應著人與萬物萬有之間所反映出來的一切狀態。地球一切的寶藏就是萬有的存在，人類透過金錢擁有或佈施的過程中，照見並解除自身無量劫慣性的苦難，才是我們對自身真正的救渡。

真實之唯一，真如之實相，救渡自性渡，空性如來渡，真義第一義，自性無上法，肉身世尊身，中道正法德，一切覺有情，真實法身界，實相莊嚴土。

救渡過度的惡

ω 過度救渡的為惡，就是斷送很多苦難可以被究竟的機會。

我們一直有一個人類很深的課題，就是過度的救渡，因為過度救渡時，永遠在救渡別人的當下，我們就形成救渡別人的習慣，我們就只看到別人的問題。此時，我們自身所有的能量就是放在如何找各種不同的方式、無量的方式去救渡別人，救渡別人的問題，到最後你就形成另外一種完全專門在救渡別人而形成的一個救渡系統。

這個救渡系統就會形成一個單位、一個組織，它與解脫是沒有任何關係的，這就是反應出高傲自大的救渡系統中的問題狀態。高傲自大的救渡系統本身沒有辦法有任何緣起性空的機會，它不是修行，不是一個解脫之道，它是一個表相救渡的狀態，也就是它是一種所謂組織性的救渡狀態理解下的系統組織。在這種情況之下，我們要了解，這就是最大的悲哀。

因為這裡面會形成很深的救渡關係，這個狀態就是——除了救渡之外，我已經沒有任何意義了，我唯一的意義就是救渡別人的苦難。但這裡面最大的問題就是——所有的苦難者就等待你救渡吧！

所有苦難者為什麼會發生這樣的問題需要人去救渡？這就是問題所在。你救助了他，他還是有著同樣種子的因，久了還是會再發生，春風吹又生，一下子又生出同樣的苦難，然後你又要去救渡。

所以這就變成一個救渡的輪迴，**救渡的輪迴變成一種專業的救渡，它在這個專業救渡中，專業系統裡面就形成了職業病，這就是業障上的問題。**而這個業障就又形成另外一個專業結界救渡的高傲問題，那就是救渡者認為自己是沒有問題的。因為不容易看到自己的問題，所以就認為自己沒有問題。

如果今天你看到別人的問題，你救渡，雖然是有一種良善，但是這個良善本身不是一種解脫相的良知良能，它是一種形式上慣性救渡的職業病。這個職業病會形成一種專門救渡別人而自以為是的職業病，也就是**你救渡別人的問題，你卻看不到自己任何問題。**

人類最大的問題就是看不到自己的問題。若你看不到自己的問題，而你是被救渡者，你雖然看不到自己的問題，但還是在業障的消融過程之中，畢竟，在形式上你是苦難的、是承受的、是必要有形式上的畏因、是沒有辦法有太多空間去製造業障的，就算你製造業障，你還是有苦難在身上，讓你不斷地在面對這個苦難的關鍵性議題。

但是如果今天所有的問題都被掩蓋，只因為習慣救渡，救渡之後卻不面對任何自己的問題，你不面對自己的問題，是因為你不斷地救渡別人的問題，問題就出在這裡。你沒有辦法在救渡別人苦難的當下去畏因你自己的時候，就會產生一種最大的苦難，那就是你沒有任何自覺的機會，這就是問題所在。

今天很多時候，你救渡了別人，你自己自覺性的機制就要有更大的畏因，否則在這狀態下，沒有任何解脫性的教法時，你將別人苦難的業障放到你自己的系統中累積，不斷伸手去救渡，不斷地把苦難放到自己系統裡面時，這就是出了最大的問題。因為任何的系統，那怕是一己的系統、兩個人的系統、三個人的系統、無量人在系統裡面都必須要有基本的轉識成智。

你救渡的，其實是救苦難的識性，把苦難的業障感召進來。你救進來了，你手伸回來了，這個因果還是因果，業障還是業障，苦難的氣場還是在，你轉識不成智，甚至所有救渡者看不到自身的問題，怎麼去轉這之中引召回來而累積的業障？你將因果業障放到你自己系統裡面的倉庫，不斷地存放，到最後引爆出來的時候是全軍覆沒的，問題就出在這裡。

所以為什麼世尊講的很清楚，實無一眾生可滅渡之，不能只是救一個表相的形式生命，而是要有一個更大的解脫智慧，你要意會的是，生命本身是教導不來的，教得來的就是有來去軌跡的教法，教不來的就是自性本質湧動的引領，這是完全不一樣的切入點。

一個有轉識成智機制的系統，它整個系統有轉識成智的觀照，當手伸出去的救渡到無法承受的狀態時，那個最深沉的警鐘一定會被反應出來。但是當一個系統已經沒有能力去了解自身系統能否承受的時候，常常是因為已經非常習慣伸手救渡了，所以系統的衣缽深度整體性是不夠的，就是因為根本沒有轉識成智的能力。

更重要是，就算是當初的初衷在，等到救渡過度時，你承受不住了，你的初衷也沒有了，而轉識能力的基本機制的功德力也沒有的時候，絕對不會意會到自己的問題，因為只剩下伸手救渡。到最後，最大的業障就是所有的眾生都習慣你去救渡，每天在讚頌著你的救渡功德，每天形成這個表相上的道德，好美好的救渡、好美好的道德、好美好的人生，但問題是，這些都還在識性中。

所以很多人信靠一個救渡系統的當下，形成相對性的慣性，彼此之間都是偶像崇拜，這是一個非常關鍵性的相對性輪迴的偶像崇拜的法執。領眾者對於追隨者自以為是的態度就是——你們永遠都要在悲苦當中被我救治，我永遠不會讓你意會到你自己的因出在哪裡？你只要有問題，我就救治你。這就是非常殘忍的事情。

當苦難的眾生還沒來得及意會到他自己的問題是出在他自己的習性時，全部都被救治了，這樣的救渡就是告訴眾生：「你不必反省，我不會給你機會反省，你只要滿足我的救渡，你要滿足我救治的慣性。」這就是職業病，重點就是在這裡。一批的苦難者當中，總要有一些人會反省自己本身即身當下的畏因，但他們全部的慧命都被這過度救渡的系統給毀滅了，斷了慧命的苟活著，卻完全不知道自己無法畏因，這就是過度救治造成的一種障礙。

苦難有苦難的因，這就是為什麼我們要有世尊非救渡的佛法，不落入救渡的佛法，因為大部分的人世間尊重形成不了，這就是關鍵。**表相救渡是另外一種對於苦難布局形成的重大畏因，是對透過苦難重大消業障的一種干擾，那是自以為是的救渡。**

一批眾生來到這個世界，苦難來了是在消他們業障，很多救治的人不知道這是在消業障，他只看到表面的苦難，就把它處理掉。或許當初的本心是良善的，但是過度之後就變成一種傲慢，「我不管你的狀況，我只要救渡你」，這態度是沒有任何觀照的。

苦難是需要時間的，有很多眾生需要苦難去消磨業障，他才可以成長，他才有辦法清明某一些過去的狀態，若他還沒有消融完整時，就被你救治了，就變成一種殘留的慣性，那個殘留的種子還是在。因為他被救治了，所以還不夠成熟，他本身的痛還沒有到一定狀態，清明度還不夠時，他殘存種子的倚靠性就已經是被救治的狀態下，如此，他沒有辦法有一個深度的畏因，這個機會就被你斷送掉，因為他被救治了。

在關鍵上，這就是假象道德的一種最深的殘忍。他們沒有那個能力去了解到世間為什麼會有苦難的布局，**苦難的布局是讓眾生有機會接受一種共業上的洗滌，這是共諸佛的布**

局，而不是某一系統的救渡就可以解決的，但是救渡到過度時，已經沒有這個智慧和觀照了。

在共同的業障、個別的業障，和每一個大小業障之間的結界，人們的苦難都是為了消他自己的業障，讓他自己畏因去面對。

往往有一些大菩薩、大成就者是被設計在某一批的苦難者中，要去引領這一些人，卻往往被掩蓋了。菩薩道的某一些成就的示現輪動還不夠完整時，也被這救治所掩蓋，粉碎掉了，削薄掉了，那是最大的問題。所以，苦難本身是有世間尊重布局的重大密行密義。

這些表相的自以為是的顯相救渡，已經失去了觀照和尊重的能力，「反正你有苦難我就救渡你，你就習慣被我救渡，你的慧命不用成長，你的因果由我來救渡就好，你不用在苦難中懂得自己的成長。」總之，**眾生自己造業障的本因是什麼？這些都被救渡者給毀滅了，這就是最恐怖的自以為是的道德性的惡。**

然而這種惡，眾生是看不到的，只是成為習慣被救治的追隨者。而習慣伸手救渡的人，他們根本就沒有這個能力去看待，**他們以為他們自己在做一種良善的事業，其實往往更深的惡他們是看不到的，這是一種救渡專制的獨霸獨裁的狀態。**

這就是為什麼要有世間尊重，世尊一再表達核心價值就是實無一眾生可滅渡之，也就是說，今天再怎麼救渡，也只是一個過程，到一個臨界點的時候，就是要轉識成智的當下。我們今天的**救渡是為了救治自己本身的慣性**，你救不了自己的慣性，只會救別人的肉身，你救了別人的一個假象，他的慣性總還是在的，你救不完的。不究竟的救渡是永遠救不完的，救成一種輪迴的狀態，很多關鍵性的密布局也全部被斷送了。

當這一批眾生苦難的狀態，反省、轉化的不夠究竟時，你就救了他們，他們的業障不會因為這樣而消失。**真正業障的消除是苦到一個究竟時，人自己終於通了，悟了自己的苦是非苦的狀態，那才是真正無上救治的開始。**你不管怎麼救治，這分寸上的世間尊重，任何戒定慧的結界都是必要被奉行的。

結果，現在所有的救渡系統完全失去原始佛教的如是我聞重大密義的結界，完全是亂救，不屬於自己系統的也救，救了同樣是沒救的，將別人系統的業障再移到自己這個系統的業障，而自以為是，自以為做了一些慈善事業，但什麼都沒有解脫，同樣的業障。

當你救渡過度時，把對方的業障搬到你的系統裡，讓你系統中的人去扛而承受不了，結果整個狀態就可能會產生更大的一種佛法上的質疑，「我做了這麼多的良善，怎麼下場還是承受這麼重？我救渡到最後，怎麼會產生這麼大的一種身口意承受的生死相狀態呢？」那種生命深沉無力的痛苦，是因為他只有救渡，沒有其他深度的觀照智慧，反而在救渡過程裡面，產生一種「我這麼大的良善，怎麼到最後還是在生死相中沒有辦法解脫？」的想法，這是一種更大佛種慧命的疑慮與困惑，造成很深的一種空前絕後的業障，這是惡啊！

所以我們要了解，中道是何等的重大，主性的重要性就是實無一眾生可滅渡之，眾生是假象，我們救渡是緣起，是為了回歸我們累劫來往外落入別人因果的救渡相，整個都要性空的狀態，整個大系統都要性空，整個救渡過度的狀態全部都要被解脫。拿苦難來解脫你自己往外的救渡相，這樣才有辦法「實無一眾生可滅渡之」。

如果救到最後都當真了，只救了這些假象的識性，整個系統裡面的基本面根本沒這個能力成就報身成就，也沒這個智慧和功德，都轉不掉，結果到最後整個的系統都是高傲的救渡相，這裡面的眾生負面能量不斷地累積到最後，整個就引爆出來，關鍵就是在這裡。

因果的苦難相，絕對不是假象的救渡就可以整個解除掉，不可能的事，那是自欺欺人的。所以我們要瞭解到今天過度救渡的為惡，就是斷送很多苦難可以被究竟的機會，本來就是「實無一眾生可滅渡之」，每一個苦難都有眾生自己應有面對的時間點，但卻都不被尊重，都被掠奪，都被自以為是的救渡相掠奪時，這就是這個世代最大的悲。

因為眾生沒有足夠的時間去面對苦難時，他就沒有辦法成長，他自己的慣性之因都還沒有看得很清楚，就被救渡了，到最後他就習慣被救渡，這就是重大關鍵的問題。這是目前沒有任何教法能夠通達的關鍵性佛眼觀照的狀態。這關係整個世代救與被救之間的最後機制。

所以為什麼我們必須把所有主性自主的解脫之道還原給每一個眾生，在他苦難的日常生活之中，他對自己本身的因果要能畏因，要緣起性空，要觀自在，要成就自己千手千眼觀自在的如來性。我們要對眾生有信心，我們要對所有的如來有信心，這個信心是來自於我們對所有苦難的救渡要有一個非常清楚的觀自在的尊重立場。**手伸出去救渡，同時要有眼睛去觀照**，這就是關鍵所在。

很多救渡都是眾生性的伸手救渡，而**千手千眼觀音如來的救渡，手是從背後伸出來的，那是一種慣性解除的回歸，而不是手伸出去製造更多識性的救渡。**許多救渡者沒有這樣的知見和能力，沒有轉識成智的能力，一天到晚在做救渡，業障救渡業障，有什麼意義呢？

連這些狀態都看不清楚，就是最大的悲哀，也就是對諸佛和主性最大的不確定。所以到最後變成只是一個假象救渡的一種執著的法緣和法執而已，沒有其他意義，反而造成眾生更大的不成熟的認知——我信靠救渡就好了，不用面對自己。這就是最大的障礙、最大的惡。

不被攀緣的無漏

ஐ 如果你自己本身都製造被攀的因緣和法緣，那就是你自己有漏。

主性親臨這個世界是要所有的生命親臨他自己的存在，所以所有生命的機會就是深化他自己。今天的重點是人類之間的互動是造成人類毀滅最大的覆蓋，所有的人類都拿彼此的因果彼此攀緣而不自知，這裡面的衡量都是來來去去的問題。

你不能拿著你已經面對的某種程度的生命恢復，隨便被某一類眷屬的某一種因果攀緣上來。你今天和眷屬在對應的時候，這個通路本身一定是「會通」，會通的意思是什麼？它是一個通路，通往彼此之間因果的解除，也就是為了解除因果而形成的通路。

如果你今天恢復了某一種生命的能量，而因為你跟某一些眷屬有各種不同的法緣，有時候有些眷屬會掠奪你，因為你過去生在某一種法緣上，你就是會放空間給他；而這一次你放空間給他，是為了彼此走上解脫的路，要把過去的空間引動出來，為了要納入彼此不圓滿的地方。

但是如果對方比較粗糙的時候，他就是有所求，他會透過各種不同的外在狀態，拿他的因果，拿他的無量劫，在當世的現世報對你有所求，要你幫他承載他的因果，如果你今天對應眷屬還是用承載的方式，那麼，你所恢復的生命能量都將被掠奪殆盡。

生命本身有一個基本條件，就是在觀照當中要有「戒」。當所有的眷屬彼此互通有無的時候，你要能夠觀照對方的因果慣性，觀照自己有沒有可能被攀緣上來。當你本身的戒定慧不夠的時候，你與眷屬有某種非常生活化的重逢，有某一種湧動、某一種覺受，但自己在當下定性不夠，戒不夠，智慧不夠的時候，你就把你的能量引動出去，但是引動出去的能量，對方並沒有用智慧去納進來成為供養他恢復生命的機會，此時，他就會把他和你之間的法緣當成是他另一種想要攀緣上來的連結。當他所有的方式都是攀緣的時候，那麼，誰要承擔？

一個放光的生命，當他的放光只是一種被攀緣的加持，那當事者就是不斷的習慣去納入你的放光。而他自己的改變是什麼？他能量不夠就找你放光，請問：你這個放光有什麼意義？每天放光給那些人嗎？給不願意改變的眾生嗎？你有多少光可以放呢？如果你的放光是無法讓生命放下攀緣轉而面對他自己，請問你：放光有什麼意義？

重點在於，你放光的目的是要讓所有的眾生在你面前放下他的問題，放下彼此的因果，在你面前解決他自己的因果。當對方來找你的時候，你要引動他的只有一條路，不管這中間的外在形式是什麼，你所要引動的就是他必須在你面前放掉他的因果。

他不放掉他的因果，他怎麼跟你沉澱事情？如果他不放掉因果，只是增加很多的因果而已。他知道你是放光的，來找你的時候，得到你的能量加持，卻不談他自己的問題，那麼，這個意義在哪裡？他想要跟你連結的是他外在的福報，他自己的生命是不想改變的。如果今天一個放光的人智慧不夠，這個連結有什麼意義？沒有正法可談的。

有很多的眷屬他拿自己的因果來攀緣你，找你的同時繼續製造因果，拿你放光的能量去補貼他的因果漏洞，等於是你讓他帶著因果到處去攀緣更大的因果，等到能量用完，因果增加了，再找你來增加他的能量場。你身為一個稍微有能量的、能放光的菩薩，難道沒有責任嗎？

所以，任何的連結，對自己的眷屬就是一個答案——那裡面自己的狀態，不是改變方法，或是從方法裡面要得到什麼或失去什麼，這些都是有所求的。在這種模式之下，有哪一個菩薩的能量場不會被用光？到時候連菩薩都粉碎下去，你一直增加這種眷屬，你要怪誰？如果一個菩薩光芒萬丈，卻完全不知道今天要引領眾生的重點是什麼，有什麼意義？

菩薩要觀自在，也就是今天所有眷屬來到大成就的菩薩面前，他只有把自己的問題交代出來，把自己的因果整個攤開來。在這之中，你所要協助他的改變是，他哪裡還沒有恢復？忽略掉了什麼？無量劫來到現在，人類真正的因是出在不懂得畏因，不懂得自己落入了些什麼。當我們面對因果的時候，就可以看到這裏面的因果寫得清清楚楚，就是提點我們必須要從因果中畏因。

如果今天眷屬來找你談的狀態都是無濟於事的，那麼，你本身就要如如不動，讓他退回去他的因果世界裡，讓他繼續面對下去，等到因緣成熟，等到他被自己的慣性打趴的時候，等到他承載不了自己眷屬慣性的時候，等到他開始叩問他自己的時候，再來引動。世間尊重就是——我尊重你無量劫的沉淪，也尊重你無量劫解脫的誠意，但前提是，願不願意拿自己的生命來叩問？當他全部都避開，要你一個一個去追問他，要你去幫他，要你不斷的放光加持他，這樣的菩薩道當然會整個粉碎掉。

所以，**菩薩畏因的重點之一是不被所有回歸的眷屬攀緣，不被攀緣的目的是在引領他們走深化的路。**今天若不能深刻，怎麼轉因果？如果眷屬都不懂得如何轉因果，你要靠這些眷屬去協助你的菩薩道嗎？到最後，都是形式上的來來去去。即使變成一個系統，變成一個形式上的救渡，無濟於生命本身意會他自己存在的價值。

因為深化不了，所以無法深刻；無法深刻，就沒有辦法轉化；沒有辦法轉化，你的質變性就不夠；質變性不夠，很多事情到了臨界點，就完全形式化了。這不是深化，這不是行深，你不能只有行法的形式，而是在行深。

第一個重點是面對因果，如果在大菩薩的面前都沒有辦法面對了，其他還要談什麼？

如果一個大菩薩太有慈悲心，「我放不下你，這個空間給你，也許以後再說。」那麼，請問大菩薩還有多少有形無形的事情要運作？

所以重點就是態度，今天不是針對哪一個眷屬、哪一個生命，不是針對哪一個形式，只有一個態度，那就是面對自己的觀自在。「你自己因果在哪裡？你來到我面前，你就得面對你自己的如來性所要照見的諸苦，如果你不談你的知苦，為何要消耗彼此的時空？」所以這是一個根本的菩薩面對眷屬的原則。

「今天不管你要用什麼陳述，你要怎麼講沒有關係，你要用什麼語言講都沒有關係，你有多少的苦難都沒有關係，你有多少習性都沒有關係，但是一個基本原則就是——你開始談你自己的問題。」

「如果你不能夠談你自己的問題，其他還有什麼好談的？如果不能談你自己的問題，都是在談別人的問題，如果不只是在談別人的問題，彼此又透過傷害行為，透過各種不同關係去連結共同的問題，又是在串聯一大堆問題，又要製造一大堆更覆蓋的事情。那麼請問：世界能改變什麼？人類能改變什麼？地球能改變什麼？所有靈魂體能改變什麼？」

所有的人類要有一個重大的知見——怎麼活都是在面對自己。如果不從自己下手，沒有辦法誠實看待自己存在的時候，哪一個人類能夠深化？當今天人類的慧命都已經薄掉了，已經不懂得意會自己存在的時候，人類的存在等同毀滅，有肉身沒肉身又有什麼意義?更重要的是，今天如果有改變的機會，那就是只有一個態度——來到一個真正有智慧的善知識面前，要講自己的問題，要懂得講自己才有機會。不是講自己就一定會有機會，而是要懂得把握這個與善知識共同面對「問題出在哪裡」的機會，同時學會懂得談自己，不要再談別人。

今天多少人不懂得談自己!所有表面的連結、任何的救渡都是不及生命面對的重要。我們在形式上救任何人，救很多肉身，但肉身要意會到改變自己的習性，才是重點。

所以今天很多的救都是在一種形式上的救，這種形式上的救，深化不了，再走下去，裡面所有存在的德都沒有了。眷屬來到你面前，與你就金錢和現實面來談，這當然可以談，因為確實需要資糧協助，但是金錢的背後等同如來法，人類卻沒有這個知見。

所以今天有很多眷屬他好不容易因著過去生的功德，在某一個機會點裡面來到大菩薩的面前，有機會去面對，但如果他今天又講了一大堆都是言不及義的事情，我請問：這樣有什麼意義?要是多幾個這樣子的眷屬來消耗菩薩的時間精力，菩薩的一生就過了。

所以當有眷屬好不容易來到你這個大菩薩的面前，你就要引領他講他自己，讓他有機會講他自己。有些層次比較高的人，他懂得講自己；有些人雖然知道，但他不要，他就是講別的一些言不及義的東西。所以重點是，要讓眾生和眷屬懂得講他自己的問題，在講問題的當中知道問題和因果出在哪裡，這是你要協助他們的方向。

當他在改變的時候，他開始去叩問因果的時候，他的生命就會改變，方法就會改變，生活的很多對待就會改變，改變到某一個程度，他就會相應他的如來性。當相應他如來性的時候，他自己就能相應他的能量場，去轉化他自己外在的累積。這樣子的菩薩道就是佛法，他自己就是佛法。

實無一眾生可滅渡之，要不然你救渡不完。你救了一些人，他又回到世界裡面，整個又退轉到世界的慣性，他在自己世界製造的慣性裡面浮浮沉沉。這樣的來來去去，菩薩要耗掉多少時間？如果來懇求救渡的人有一點來歷，他背後又有一堆眷屬的話，要怎麼辦？就算他徹底的承諾所謂永恆的追隨、永遠的連結，也必須明白其中的大原則是要不斷地放下，這個部份要非常明確，非常的清楚，信受奉行。

所以我們今天最大的重點是，一切的戒定慧在一個無邊無量的大原則底下，面對所有的一切存在，一定要讓所有生命形式都能夠叩問他自己，而不是被攀緣上來。一個成就者本身不是在對待裡面被攀上去，他自己在第一時間就要有辦法意會人家來攀緣的輕重，以及自己本身到底有沒有被攀。

更重要的是，自己本身身口意所引動出去的，如果自己本身都製造被攀的因緣、被攀的一些法緣，那就是你自己有漏。當你自己有漏，就容易被眾生和眷屬所攀，眷屬會用他的慣性檢視你的菩薩道是否能走上一個靜謐圓滿的路。當你自己有漏洞，你一切入就引動了眷屬過去生的情執和法執的時候，馬上就會被攀上來。但是如果你觀自在，當下你就有一個戒，你就會只抓住一個大原則——只有叩問生命，其他的都不要，這個基礎夠了再說。

當叩問到一個深度之後，很多的連結自然會形成，因為你有功德，福報自然來尋找你，若你功德不夠，甚至還沒有功德，又被很多的因果攀緣，到時候全軍覆沒啊！那還有什麼意義？

所以今天的重點是，大菩薩自己要能夠不被眷屬攀緣，一定要觀照任何眷屬的各種不同的狀態。大菩薩的大成就是所有眷屬會檢視著的，透過對應裡面的牽動，成就自己圓滿的菩薩道。每一個來的人，都是來檢視我們的，我們如何不被牽動才是重點。

不管是有形無形的所有眷屬，在善知識面前叩問自己的生命，要誠實的攤開自己的因果，好好的深化自己的一切因緣果報，在這樣的情況之下，這個連結才是一個「會通」，這個通，就是解自己存在的問題，這樣就會完全沒有攀不攀的問題，雙方才能各謀其利。菩薩道能夠示現自主之路，眷屬也能夠在不攀緣的情況之下，真正的叩問到他自己的生命，能夠納入傾聽大菩薩的正法自主的內容。

覺諸有情，不被牽動，只有究竟

ω要能恢復生命覺性的大我，才能夠不承受某一個大範圍眾生的苦難。

生命最大的廣度就是覺諸有情。覺諸有情就是，你本身的生命是要有不預設的狀態，在覺諸有情的廣大裡面，要有一種結界性的不往外。眾生就是身口意全部往外，永遠在識性的小我之中，這樣的牽動是永劫的輪迴。所以覺諸有情就必須開始有戒定慧的結界，所以為什麼我們要用肉身的身口意去畏因無常，為什麼要叩問無常？當你在對應廣大的狀態時，當你在對應所有眾生的喜怒哀樂的時候，你心中持有一種悲心的時候，那個悲心是什麼？就是大悲陀羅尼。

這個悲不是單純的不忍眾生苦，這個悲是當你觀照了所有普天下眾生都活在他們各種不同的情境裡面，不論他們的喜怒哀樂是什麼，這裡面一個關鍵點的畏因就是，明明這個眾生是快樂的，為什麼你觀照他的快樂時，你卻升起了悲的感受？看到眾生苦的狀態，本來就會有悲的感覺，但看到眾生樂的狀態時，為何有悲傷感呢？這之中就是覺諸有情。

眾生以為的快樂，在智者當中，是一種深層的悲，因為快樂裡面是更不知苦的，眾生他們的痛苦是被提醒的。智者不落入識性，即為本初之心，行深觀自在，行大我解除一切的悲心，這是佛成的終極目標。觀自己內在的密咒音，這是本初畏因的本心之本然。

本心之音，本初之音，一切眾生苦難音，成就一切觀自在密行深密咒音之大悲陀羅尼。一切的識性因果來去無不是眾生苦難的聲音，也是觀世間苦難音緣起性空的空行密咒音，眾生苦難之音無不是想恢復生命佛成之本初本音的密咒音，所以，大悲陀羅尼的目的是什麼？你自己的本心，你的本初，你的本因，你的密咒，那個咒音的狀態就是什麼？那就要看無量生命在當下顯相的狀態，就是大悲陀羅尼本初密音密咒音之觀自在觀世音。

人行世間法，不知世間苦。眾生不知苦為何物，以為這些就是真的，重點是，為什麼有眾生把這些當真？在世尊解脫的眼中，這是無法當真的，差別就是在這裡。人生一切，人性當下，人的識性所以為的各種不同的情識情境情義，只是眾生自己執著的喜怒哀樂，無明而不知其苦，在解脫的眼中，這只是執著的假象，但這些識性因果在非相的角度中，是可以轉識成其智的，就是所謂的妙覺諸有情之無上作用義。

而覺諸有情的目的為何？每一個識性的面向，都是緣起性空無邊無量的生命恢復的契機，以廣無量之法緣，解除廣無量眾生之因果，令廣大諸有情眾生能夠皈依本體如來，這就是行深大我，以緣起覺諸有情，為共修精進之性空法緣。

你自己本身如果能行深時，也有等同的廣，那個廣大在覺諸有情裡面，就是你完全不管他怎麼活、他擁有什麼、在面對什麼，或在任何的狀態，你完全就是生起悲的覺受，那個悲就是真正的大悲。

因為你有一種大我，是有覺性的大我，是有足夠不承受某一個大範圍眾生苦難的我。你能夠覺諸有情，其重點是，**諸有情為什麼要被覺？因為在這個情裡面有一種多餘的東西，就是識性之苦——未覺。**因為眾生未覺，你覺到他們的未覺而產生了悲，他們未能覺，悲在這裡。

今天眾生的喜怒哀樂，他們過著各種不同的生活界面，裡面有的只是取捨或被牽動而產生的各種不同情緒情境而已。他們未覺，未覺就是苦的，而你對他們本身的存在狀態生起了一種悲，這個悲裡面，有一種是他們存在的實相狀態的悲，就是他們未覺而悲。另外一種就是他們不知苦而悲，有時候，眾生在形式上已經承受了苦，但他也不懂得那叫做苦。很多眾生他苦了，但又不曉得原因出在哪裡，這就是苦。想不透自己怎麼發生這樣的事情呢？所以這個苦就是「我承受了苦，我卻不知道原因」，那是一種更深的苦。這就是為何「覺」是很重要的。

我們今天救渡，如果沒有辦法讓眾生知道他自己的問題出在哪裡，這個救渡有何意義？這樣是有限的，這是菩薩的悲，因為菩薩有某一種承受的時候，無法究竟，連他自己都究竟不了，所以菩薩畏因，入廣大無常，破救渡相，破法執法教相，破所有眾生的綑綁，菩薩有引領眾生的法執識性，廣大眾生的苦難不是用來被救渡的表相，著眾生相的菩薩以為有眾生相，而被牽動渡眾生，這是菩薩自己本身未能究竟的照見，所以大菩薩之最後佛成之路，也是在於畏因。

所以當你自己了義了，廣大的眾生來向你懇求，眾生的背後有識性、有無常，當無常來叩問於你，最大的了義就是——覺諸有情的悲，廣大而悲，行深而智。有情令眾生識性苦，以智為解，以無常畏因，逆破之。無常本為廣大眾生之集合體，為終極之廣大緣起，肉身叩問之，以慧命行深覺所覺空，這就是臨在世界生命生活存在存有的核心重點。

所以這個悲是來自於，你了解眾生在無常的苦，也了解你自己生起了一種救渡的悲心。這個悲心有幾個狀態，你是被牽動的？還是相應的？還是有可能是了義的？真正的大悲是了義的，你了義諸有情的苦，也了義無常的叩求，叩求背後的訴求就是無常悲苦的解除，因為他們在你如來面前湧動其眾生諸有情的悲，這是求救。

所以，這是你對普世苦難音聲的觀照，這就是觀世音。但是，你自己若能反觀自照，以眾生無常的悲苦叩問自己：是不是有任何念頭被廣大所牽動？這才是面對所有廣大無常眾生以無量的悲在叩請如來當下第一義的觀世音，那就是觀自在——我自己在面對廣大眾生無常的時候，我要能承受得起，我是無壽者相的，對於所有諸有情的有壽者相，我沒有承受的問題，才能對得起這些眾生，才能承受得起眾生的諸苦。

悲中無悲，大我之悲，你們的悲，我以大我大知，我們共同形成一個觀世音的密咒，我與你們等同等持。所以我們對眾生廣大悲的叩求，於無常之中，我們要有不被牽動的第一義觀世音，就是觀自在。

所以，觀世音就是等同觀自在，在自覺當中觀自在，不被任何廣大的眾生苦難牽動，就是觀自在——我在心念裡面，不會有任何的眾生相，眾生的悲苦來求救於我的時候，就是在檢視我，我自己有沒有眾生相？

如果沒有眾生相的時候，這個大悲是可以形成的，陀羅尼是可以形成的，這一個圓的陀羅尼是可以形成的，這個咒音本身會把眾生的思議全部解除，眾生的悲會消退的，眾生的苦會被解除。

你觀自在的當下，自己本身的心念在面對這個廣大悲苦的時候，你因放下而生生不息的迴向給這些悲苦的眾生。而當這些悲苦無悲相的時候，你要了解到，緣起就是這廣大的悲，就是究竟你千手千眼觀音的志業。

所以，任何觀音的系統的第一義就是納入廣大的大悲，成就無上彌陀的佛首智，無壽者相的彌陀智。彌陀就是代表無壽者相，無量光，無量壽，無量佛。

當廣大的眾生用他本身碎片的各種不同形式，叩求於你這一位日常生活中的覺者，你本身心念觀自在的第一義就是——無盡意，面對廣大眾生的悲苦，不被牽動，只有究竟。

當任何一念都沒有任何的破碎，沒有任何的牽動時，你就是無量壽、無量佛的狀態，自己念頭裡面的狀態都是不承受的，都是無識性的、無時空的、無我、大我、陀羅尼的狀態，以此面對廣大眾生有壽者相的悲苦，就能成就阿彌陀佛的彌陀智。

所以，彌陀智重大的佛緣，就是當廣大眾生的碎片在最後終極整合的當下，讓廣大有壽者相的眾生相，全部一次成就所有的阿彌陀佛無量光無量壽，所有有壽者相的眾生，全部瞬間成為千手千眼觀世音的重大彌陀智，沒有任何的有壽者相，沒有任何的識性，沒有任何的碎片，這是千手千眼觀音的志業圖騰。

眾生在此刻都不是眾生，都是彌陀智慧和彌陀輪動正法重大的示現，來加持自己還有尚會被廣大無常牽動的最後一念，這是最深的整合——我身如來成我永劫志業，一念本初之觀音正法，成我今天末世最後法成之千手千眼觀音志業圖騰，以此供養所有回歸的眷屬眾生，成就無量阿彌陀佛本志。

放下外在的引領教法

∞ 必須讓肉身懂得全面性從所有的形式教法中整個還原回來。

我們到底在修什麼？我們在修的狀態是什麼？如果今天我們修行的狀態是從肉身的本體上來看，那麼到底在修什麼？今天我們到底是在修教法？還是在修肉身？如果今天是肉身去修各種不同形式的教法，那麼到底是教法重要，還是肉身重要？

我們有太多的教法，各種不同形式教法的框架，框住了我們的肉身，我們用整個肉身理解各種不同形式下的教法，但是我們看不到自己的肉身，我們忘了自己的肉身，忘了自己肉身的當下性，忘了肉身本身存在的意義和價值，忘了肉身才是最重要主導一切修行的本體。當我們只是把整個肉身丟在一切教法形式的儀軌時，我們什麼都修不成的，只有修法上形式的教條，而忘了肉身本身才是我們自己行法上真正的佛經。

肉身是唯一解脫之道，是你肉身要成佛，是你肉身要解脫，所有的資糧就是你肉身裡面的法報化三身的流動，就在你自己本身的貪嗔癡之中，肉身中的貪嗔癡你不拿來面對，你到底要面對什麼？如果你今天把肉身所有的資糧都放在所有教條形式的時候，你只有看到教條，拿肉身身口意功德力的能量場去辯證、理解、延伸、解釋、思議教條下各種不同識性知見的時候，請問你到底在修什麼？你修了有用嗎？這是沒有用的事。

你一天到晚看著別人——看著別人的是非，看著別人的對錯，看著別人各種不同生老病死的時候，每天都在意著自身之外的狀態，你當然看不到自己，你的能量都用在往外的狀態。所以為什麼稱為外道的修法？只要是往外，都是外道的修法。那是誰的外道？你自己的外道。因此，往外才是所有問題的所在，一個往外的狀態是修不進去的，然而，為什麼這麼多修行人都意會不到這麼清楚的道理？

在整個引動往外的形成當中，這是戒定慧裡面最大的畏因，一個引導者、一個領眾者，當他往外形成一個往外波動的引動，不斷的在累積的時候，他的承載力能夠剩下多少？都是往外的道法、往外的術法、往外的系統，往外的一大堆的作法，什麼教法都可以講，什麼知見都可以講，什麼解脫的答案都可以解釋。但是你的肉身在哪裡呢？

相對性的偶像崇拜，整個地球到處都是這樣，多生累劫下來，人類都是在追隨外在之物，但自己本身的存在是什麼，自己卻納不進來，看不到自己。所以任何偉大的靈修上師真的有那麼偉大嗎？找一大堆的教法，搞一大堆修行的項目，那到底自己本身肉身的無常見到了沒有？解除了沒有？改變了沒有？

最終極的靈性，是只有自己即身肉身的如來性。如果今天沒有辦法在動態的無常之中見真章的話，所有形式上的教法，真的是見不到自己肉身所引動出來的照見狀態。

所以我們今天要表達一個關鍵，**必須讓肉身懂得全面性從所有的形式教法中整個還原回來，整個迴向回來。**讓所有的眾生進入一個狀態就是——在自己無常之中的基本生活當下，用自己的肉身永不往外的面對自己內在如來性的雙修狀態。只有這個機會，否則不會有任何的機會。

你不與自己的如來共修，你要與什麼共修？你與你如來共修的機會都打不進去的時候，你如何與廣大的無量諸相共修？所以大部分的問題就出在這裡，當很多追隨者在追尋一些修行的教法的時候，接觸到一些有名相的教法，但追隨的一生還是空過，雖然追隨了一些所謂偉大的師父上師，但是到最後還是看不到自己。

每一天都在搞道場裡面各種不同的是非對錯，搞一大堆的所謂宗教的活動項目，人來人往的宗教系統，到底修出什麼樣的結果？

這是包裝不了的事情。很多的領導大師到最後，只不過是在山林之間情境下的自以為是的時空之中，去引領了那些追隨者，這與無常中殘酷而實際的真實義的面對是兩回事。

動態的無常性，是每一個人、每一個動態中、每一個永劫以來的因果，都反應其中的見真章，反應在我們永劫的面對，而且是濃縮在最細作的這個地球的道場，把永劫的苦難濃縮在地球日常生活中的每一個輪動裡面的日常生活中見真章。

我們要讓眾生從這個地方下手，要在這個地方去確定眾生都是諸佛的狀態，這個定了之後，所有的引領才不會失了方寸。但是我們見不到偉大的各種不同引領者去切入這個方向。讓所有的教法止息吧，讓落入形式的修法止息吧，**讓所有的生命回歸他自己的迴向之德吧，讓所有的眾生懂得對自己的生命永劫來的最後機會負責吧。**

在最後地球的這一役上面，請所有全人類宗教系統的各種靈性大師，和永劫來宇宙各種不同的高靈，放手，放下吧，這是最後的機會，這是主性的敬告。

我們臨在的當下，要非常清楚徹底的讓引領相全部放手，讓救渡相徹底的放手，這是關鍵。讓所有不必要的狀態徹底在所有的肉身身上全部解除這樣的枷鎖，讓所有的眾生面對他自己的無常，讓所有的生命在無常中修他自身的本然面目、本然的俱足吧。

這個經驗值必須徹底的建立起來。過度修法上的形式，只是會讓眾生的成長導致更大的壓抑，更大的誤導，更大的累積。一個日常生活中的識性已經夠重了，再加上各種不同外道的修法、各種不同思議的教法，到最後的結果，一個肉身的思議性是何等的沉重。

這些全部解除吧！還原給每一個生命日常生活中自己解密解碼的基本面，懂得自己的問題出在哪裡，懂得如何找到自己相應的如來妙法，去解除他自己肉身各種不同因果的障礙，這才是關鍵所在，這是一個最深遠的慈悲。我們必須對所有的眾生生命有最大的信任，他們絕對是佛，絕對是可以成就的。

只有那些高靈，只有那些永劫來的各種不可說層次狀態的高靈，必須有所放下，對自己過去在永劫宇宙之中的成就，所有的教法都必須放下。在面對地球的時候，所有高靈的教法都必須放下，不管你來自永劫宇宙哪一個狀態的高靈，都必須放下。即使在地球示現的所有教法、所有引領，都必須放下所有外在的教法，一定要讓所有的生命面對他自己的如來性，我們只能夠從旁協助。

所以當有些引領者的系統過度高漲的時候，他根本沒有剎車的能力，到最後整個系統過度拖延了整個修行和追隨者的時候，所造成的結果是自身永劫來成就過的功德力系統，在地球示現有形無形的引領者或高靈，全部被地球的主性磁場所照見。

徹底放下時機已經到了，所有眾生不要再信靠外在的形式，不管是有形無形，不管是宗教的非宗教的狀態，自己本身的引領一定要建立起來，這個信靠一定要建立在自己生命的計畫之中。你自己的因果、你自己的當下、你自己的肉身、你自己的歲月，都是你最重要的狀態，這是獨一無二的狀態，眾生必須自己信靠自己的如來性和所有永劫以來的力量與功德力，任何教法和宗教系統只能夠從旁協助而已。就算是從旁協助，都不能夠有過度的狀態，這是必須觀自在的畏因。

生命的獨特性、生命的完整性，必須在地球的道場全面性的建立，成就主性的國度，所以，所有過度的引領都必須徹底的放手放下。再講更明確更深一點，所有過度的引領本身就是被主性國度所照見的狀態，因為永劫來各種不同國度的各種不同功德力，都已經走不上去了，只不過是在地球上曝露這些有形無形各種不同高靈或有肉身的引領者的這些教法被照見的殘存狀態罷了。

這些被照見的殘存狀態，就是救渡相和引領相過重，導致追隨者無法成長，追隨者看不到自己即身當下的一種自性之修的狀態，進不去自身的自性如來密藏，到最後都是外在一大堆演繹性的解釋的修法。

所以我們今天一定要徹底解決這個問題，讓這個全面性且非常深遠的真實義佛說出來，讓所有的生命都有機會自己引領自己，讓生命自己引領自己，才有辦法成為每一個人都是生命的世尊。這是一個非常中道本質的核心價值，一定要全面性的建立起來，這是人類最後的機會，是永劫來所有生命的最後機會。

粉碎所有系統教法建立的「回家」之假象

∞ 沒有家可回去的，從來就沒有家這件事情，只有你能不能自主而已。

我們在很多教法上一直有一個很深的問題，一直沒有辦法解決，那就是我們想要「回家」。

那麼請問，到底要回到哪裡的家？

回到因果的家嗎？回到非因非果的家嗎？

回到轉識成智的家嗎？回到如何的家？

回到那樣的家？回到這樣的家？回到如是這般的家？

回到誰的家？父母的家嗎？請問是哪一世父母的家？

子女的家嗎？哪一世子女的家？

哪一個祖先的家？哪一個共業的家？哪一個生死的家？哪一個殺戮的家？

哪一個無明的家？哪一個次第的家？哪一個教法的家？

重點是在哪裡的家？天堂的家嗎？地獄的家嗎？還是各種不同輪迴的家嗎？

我們要先搞清楚自身的存在，我們活著的當下，為什麼要流浪在宇宙之中？流浪本身是一個過程，但是這個過程的作用義就是要了解到我們自身有輪迴的狀態。你輪迴了，你能回得了哪裡的家？若你還有「想回到哪裡的家」的想法，這本身就是一種輪迴，這就是最大的密碼，最直接殘忍的密碼，這是我們直接的宣告。

你回得了家嗎？你有能力回家嗎？

真的給你一個家，如果你帶著輪迴，你想回家就能回家嗎？能回到哪裡呢？執著讓你能回到哪個地方的家呢？

我們去看很多殘忍的事實，回不了家的時候，當有人告訴你可以回家，真的是這樣子嗎？

是別人在騙你？還是你不懂得自己回不了家的事實？

自己本身的因果，自己的轉識成智，如果基礎建立不起來，你對自己的判別都搞不清楚的時候，當下你自己是一個流浪的肉身狀態，你都搞不清楚的時候，還能回到哪裡呢？

你唯一的家就是不斷的流浪、不斷的輪迴啊，這就是唯一的事實。

過去的家在哪裡？未來的家在哪裡？

你當下都搞不清楚了，如果有任何身外之人事物告訴你：「你要回家了，」能回哪裡的家？這些都是沒有用的，沒有意義的，這都是最深的欺騙。

對於所謂回家我們只有一個態度——無家可歸，無家可得。相對性的家，你哪裡都可以去，你去哪裡都是同樣的結果，永遠都是在末日審判之中的一種輪迴。我們只有一個態度，不是回不回家的問題，而是你要先解決相對性的問題，你即身相對性狀態的身口意，不管是任何生命的形式都是如此。

你看懂了嗎？地球的道場你看懂了嗎？

各種生命都要找一個家，找一個家能避開生死嗎？

是的，一時可以躲過生死，可以找一個平安的假象的家。但是，一個家中的各種不同生命在一世的過程中，不管時間長短，不管他是什麼樣的生命形式，他們找的家——

真的是一個安全的家嗎？

真的是一個永恆的家嗎？

真的是一個永生永世的家嗎？

真的是一個空性的家嗎？

這是你要深思的重點啊。

你**不能解脫，不管是什麼家，你的生命形式永遠是帶著因果的**，為什麼不懂呢？為什麼所有的領眾者沒有辦法把這一點標示出來呢？

這不是一個學問，這不是一個知識，這是一個因果輪迴的問題，就是因果輪迴當中的狀態，才顯化了你這個生命形式。我們今天身為所有永劫來生命形式中，唯一能夠解脫的這樣子狀態的肉身，我們自身的責任是什麼？我們有家可得嗎？我們是眾生嗎？我們是其他一切生命嗎？

我們既然有覺的能力，世尊提醒我們用肉身直接成佛，那麼，家在哪裡？沒有家這個事情啊，沒有次第這個事情啊，沒有教法這個事情啊，也沒有肉身這個事情啊，重點是你要覺啊。

如果，一個領眾者還有「回到哪一個家」的這個觀念，這樣的領眾者到處建立一個所謂的家，這不是在騙自己、騙眾生嗎？騙所有無邊無量的生命嗎？你當下唯一的重點就是什麼？解決你的相對性，解決你的輪迴。

你看不到的時候，哪裡都是家，哪裡都是帶著因果；看得到的時候，還要回家嗎？回哪裡的家？無家可得啊，無諸相可得啊，無相可得，無壽者相可得，無家可歸啊。要回去哪裡？識性的家哪裡都可以回去啊。

何等無知的知見，何等無知的教法，何等無能為力的自我欺騙的一種狀態。今天不是回不回家的問題，而是你今天有沒有辦法當下就你這個流浪的顯相的肉身進行一個重大質變的革命？懂了嗎？

如果還有輪迴，什麼都回不去的，去哪裡都是一樣的後果、一樣的掠奪、一樣的被掠奪。如果今天這一點都搞不清楚，到底在修什麼？到底在面對什麼？帶著滿身的因果，在因果的表面變化過程裡形成各種不同的教法，自以為自身改變了些什麼，這是最大的痛苦、最大的無知、最大的墮落、最大的輪迴，不必等到地獄去，天堂本身也沒什麼作用義。

沒有家可得，把生滅搞清楚，在一己生滅的肉身裡面，就可以看到永劫以來宇宙萬有當中無邊無量的生滅。一生滅等於無邊無量的生滅，這是肉身的尊貴、肉身不可思議的狀態。哪來的生？哪來的死？若你還有生滅，生滅就是你的家，當下的生滅就是你要面對的家。

你面對得了，你就是回歸到空性之門，那個門檻就為你打開，回家的門就在當下你自己的存在，不管你是什麼，人類本身要有辦法打破所有的相對性。人類本身接受一切的法供養，當他的肉身衣缽納進無邊無量的眾生皈依境的時候，不管是有形無形的狀態，當一個覺的肉身形成的時候，他自身全部打破相對性的時候，才有機會回歸到空性。

空性是不講家的，空性不是一個家的理解，它是一個本質狀態，它是一個本體狀態，我們要回到本體。在本體裡面，其實沒有「回」的問題，但是因為你還有相對性，你還有一個相對性的最後的思維的時候，你會認為有一個本體性、有一個空性的相對性要回到一個空性，這些都是錯誤的理解方式。

所以我們要非常清楚，**沒有家可回去的，從來就沒有家這件事情，只有你能不能自主而已啊。**你能不能懂自己的存在？那也要先學會叩問自己的盲點，你要先學會叩問，叩問不來的時候，你什麼都想不進去啊。若你根本不懂自己的存在是什麼意義，那麼你存有的一切，只不過是你自己在識性裡面的存有，「哦！我的識性就是我的家」，這就是非常清楚的狀態。不管任何境界，只要還有想回家的都沒有辦法徹底解脫的，這是最大的悲哀啊。

我們今天表達非常清楚，從來就沒有什麼家可以回去，沒有什麼次第可以回去，佛的淨土都會滅的，佛的淨土在多少劫之後還是會滅掉的。

家在哪裡？相對世界的問題先解決，我們再來談吧。

空性之門，從你即身當下的立場做起。地球本身最大的尊貴就是在於，它反應永劫以來所有的問題，所以現在的地球就是我們本身當下面對的重大轉識成智的道場。但重點不在於是否把地球當成家，這不重要，不是這樣理解的，今天你如果把地球當家，那麼，這是你自己識性的問題，地球本身也會滅掉的。地球的緣起，承載我們目前所有地球萬有的生命，我們就是共同要負起這個責任。

因為我們是身為人類的本尊狀態，我們接受了無邊無量生命和地球的法供養，我們今天就是要覺，在地球直接覺，這就是我們對地球的責任本份，我們對自己肉身的本份，對所有供養我們的日日星辰的責任。這是本份，這是立場，這是非常清楚的主性立場。

所以我們必須成主，成為自主性，成為自性海，這就是關鍵。這個做好，就會有機會回歸主性的空性存在，這不是回不回家可以理解的狀態。

所以，我們不要有回家的觀念，所謂的回家觀念本身就是一個尋找生命軌跡所投射出去的往外狀態。更可悲的是，很多在永劫宇宙流浪過比較美好幸福吉祥國度的生命，在自己肉身面對的過程裡面，有一些法緣初機引動了某一些前世時空的時候，他就想回到那種曾經自己功德力比較圓滿的那個家，這種想法真是非常悲哀，為過去的識性江山所綑綁在宇宙深處的記憶，自我解讀成想回家，這樣是越走越回去啊。

很多修行人到了一個臨界點，真的都想要回到自以為比較好過的時空歲月，這是重大的法執，殊不知**今天你在地球成重大的覺醒，就是為了要超越所有過去的一切，曾經自以為是的建立的各種不同流浪過的宇宙的家。**多少眷屬等你這個肉身的覺醒啊！在宇宙各處啊，就等你這個肉身在地球裡，成為共同回歸的一個覺的本位的主位。這已經等多久了！

然而，很多修行人連這個都不懂，自己的肉身主位皈依境從來就沒有辦法建立起來，卻建立一個識性的假道場，還要帶著一些所謂的追隨者，回到宇宙某一深處的功德力較好的家，悲哀到極致啊，永不得解脫。**這樣的修行與解脫有什麼關係？不過是從這個宇宙流浪到那個宇宙，從這個銀河系流浪到那個銀河系，就這樣而已。**可悲啊，可憐啊，這與覺有什麼關係？如此的話，註定永遠要成為一個宇宙的流浪者。

因此，這種修行的層次，永遠離不開宇宙萬有那一套相對性的遊戲，這是我們要表達非常清楚的真實義的立場。直接從宇宙的萬有跳出來，沒有什麼地方是家，宇宙也不是家，宇宙也會滅掉的，宇宙的任何道場都會滅掉的。看清楚吧，不要永遠在一個小宇宙裡面的小道場在那邊講半天，自己還想著要回去哪裡。

你想要回家，那你現在在哪裡？你在宇宙的某一個點裡面，在那邊面對，卻還想著別的地方，最不負責任的就是這種引領者。當下的道場，你就必須懂得去敬重它，必須懂得在那個當下就讓自己覺醒，不管你是什麼生命形式。

你想要回家，現在你活著的這個地點，你做何感想？追隨你的人做何感想？供養你的人做何感想？

所以，最不負責任的人就是一天到晚倡導回家的這些教法、這些訊息、這些靈通，永遠是往外追求的，連自己都不懂。一個懂自己的人會講：「我要帶你們回家」嗎？你這個肉身在當下的存在都搞不清楚了，都無法面對了，要回去哪裡？多大的自我欺騙。只有一件事情──當下立地蓮華座上你自己的主位，其他沒有了。如果這個做不好，去哪裡都沒有用的；做得好，哪裡都不用去，永劫宇宙自己來，這是基本的格局。

生命就是要這樣子去面對，我們才有辦法去面對當下自身的轉識成智，我們才會很清楚的了義到自己存在的尊貴，還有所有相應之道的一切生命有形無形的重大覺醒的本份和責任。更重要的是，在面對一切即身肉身的各種不同生老病死的狀態，都不是個問題，那只不過是宇宙輪動之中的生滅，將一生當中的許多生滅都在我們的悠遊自在之中，等同虛空本志的空相衣缽，我們要在即身肉身有這個基本的狀態。

這個道理非常清楚，如果你有虛空的體會，虛空的無窮盡，請問：你可以去問虛空要回到哪一個家嗎？虛空看到無窮盡之後的回應將是：「我不知道我的家在哪裡，我自己的存在就是我的家啊！」

所以我們要了解到這個答案，有多少修行者的無明到什麼程度啊！永遠到不了虛空本志的基本面，滄海一粟的幼稚與無知，誤盡了天下所有的追隨者，永劫以來宇宙的流浪，很多都是這種下場和結果。

所以我們要了解，虛空本志的重要性，即身肉身虛空本志的重要性，我們只有在當下解決所有的相對性，永劫走過流浪處的各種不同識性之家全部解除掉，我們只有一條路——恢復當下就是空性的狀態，肉身就是空性。

無我相的厚度是解決過度法執法教累積的基準點

ω 在無我的狀態中，才能轉動所有追隨者背後龐大累劫來的因果狀態

無我相的功德力，在廣大的志業當中，最重要的是領眾者在領眾上的無我相，不是修行上的無我相。也就是你**自身無我相的轉識成智經驗值，在這無我相的廣大領眾上來講，才有辦法讓所有的信靠者、追隨者，都能夠沒有任何的相對性，或減少相對性的狀態。**

如果今天領眾者沒有無我相的基礎和厚度的時候，整個世代累積下來的一個宗教的國度、一個修行的國度，絕對是相互之間的承擔與掠奪，以及更大法執上的卑仰，這就是關鍵所在。

這也就是領眾者的無我相，它關係著整個投射出去的宗教系統的領眾，對那整個世代廣大追隨者的時間空間和整個國度的影響。領眾者若沒有辦法徹底的以無我相來領眾的時候，這些追隨的眾生，拿著苦難去供養這個領眾者的重點，會變成什麼？他們就沒有辦法是一個究竟的無分別相。

當領眾者接受了眾生的供養，但**領眾者的無我相的基礎不夠，就是承擔眾生本身因果的**

供養。這個狀況下，透過那些供養的諸相，一個接受供養的領眾者，自身無我相的究竟都不夠的當下，它無法承載整個世代眾生，和整個在這個宗教系統裡面試圖尋求解脫的眾生，他們本身共振平台下的因果輕重，所累積下來的整個歷史傳承，就會變成所有宗教領眾者與宗教追隨者之間，供需之間不如法的累積狀態。

最大的問題就是，領眾者本身經過整個歷代的傳承之後，如果他沒有辦法都是以無我相的基本面作為一個領眾基礎的時候，只有一個最後的答案——那就是宗教系統領眾者的高高在上的宗教法執，就會造成重大的宗教法執的沉淪。而所有世代累積下來的追隨者，過度對宗教及領眾者的卑仰和供養，到最後，他們等同在不如法的分別相裡面。

因為領眾者沒有辦法有完整功德力的無我相，只是成為一個法供養運作的領眾，他無法承受眾生因果的承載，對於引領的狀態是在完全不如法、不了義的狀態下，而整個投射出去的，形成整個世代追隨者的時間空間因果的法供養的失衡，造成整個宗教上重大的沉淪與共同的落差。

所以，所有追隨者在這個宗教領域當中的法執，就變成以他自己一切最深刻的觀念價值形成整個修行上最大的綑綁而不自知。

這種重大的偶像崇拜的卑仰，也造成所有世代對宗教本身在法教上最大的不了義，以及形式上的卑微，這是所有宗教，不管是各種不同系統宗教的最大問題所在，長年累月多生累劫以來，都沒有辦法去解決這個系統性宗教的問題，或宗教系統性的問題。

所以我們要瞭解到，一個領眾者最大的關鍵是在於，其大我本身的無我性，要能夠隨時隨地自我觀照，對於廣大回歸系統的有形無形眾生眷屬的因果輕重的狀態，都要能夠承載得非常的不可思議，沒有承受相，無壽者相的狀態。

這不是個人本身修行上承不承受的問題，而是今天我們必須要有一個廣大無常性報身成就的無量性。我們在領眾之前，對自己本身衣缽的厚度就是所有自己的歷代傳承都要能夠無我相，無我相只是對追隨者慧命的重大基本面的應許和承諾。

你承載不了的時候，就必須放下；你承載不住的時候，就要清楚你這樣會誤盡天下蒼生。這個誤盡天下蒼生，不是一般的誤盡天下蒼生，今天這些追隨者有很多是清楚的要走上生命解脫的道途，身為一個領眾者，我們扮演這個角色的時候，我們隨時隨地都必須放下這種領眾的執著，這種角色沒有任何的領眾者是可以執著的，沒有任何的引領是可以執著的，沒有任何的教義是可以執著的。

今天我們如果在領眾當中，自己沒有辦法如實的無壽者相，我們對於世尊的教義、世尊的教法、世尊的行法，一定會有誤差的。**無壽者相的基本面是我們在整個肉身的經驗值上，我們對世尊的狀態是如實奉行狀態，核心就是無壽者相的轉識成智的經驗，也就是無我相的無時空無識性的基本面。**

你如來已經應許的時候，你自己才有辦法在整個肉身與佛經密藏的等同等持中，整個建立起來，你才有辦法被應許對追隨者有一個基本面的無承受相，你要先能夠對回歸眷屬無承受相的經驗值確定的時候，你才有辦法非常如實的將法義法教，讓他們的肉身能夠如是奉行，而走上無我的狀態。

無我的狀態就是觀自在，讓所有的追隨者都懂得自己的問題出在哪裡，懂得在日常生活之中，他能夠對自己任何狀態進行當來下生，善逝自身被承受的狀態。今天如果所有的追隨者連這個方向都沒有辦法意會得到的時候，怎麼做都沒有用，怎麼去解讀佛經都是沒有用的。因為解讀者若是用自己肉身的次第狀態去理解，而本身覆蓋那麼多，絕對讀不進去的，再多的聞經說法也是沒有辦法了義的。

重點就是在於一個領眾者在當下初機的本願，無壽者相的肉身的厚度，要徹底的建立起來，包括自身如是我聞的無壽者相，如是奉行的無壽者相，如是領眾的無壽者相的狀態。為什麼要如此？當你觀照到所有追隨者的時候，他們有壽者相的輕重如何，那是他們的事情，**你自己看出去的厚度是無壽者相，所有追隨者是無壽者相的，你才有辦法與他們之間的因果流動中的轉識成智是無來無去的狀態。**

無來無去的領眾，才是真正能夠相應佛法的基本功德力，其他的都會是累積的狀態、承受的狀態、整個沉淪的狀態、整個失衡的狀態、整個重大偶像崇拜的卑仰狀態、整個極端自以為是的尊貴法教假象的法執狀態。這樣轉動下去的狀態怎麼會是如法的？不可能的事情，這是最痛苦的事情。這就是很多國度裏宗教過度發展下整個的沉淪狀態。很多追隨的眾生在那個國度裏面，那些領眾者已經往生了，他們自己還沉淪在這樣的法教時空之中不自知而走不出來，留下來的許多眾生，追憶著過去宗教法執的狀態，都走不上來。

我們今天要了解到，面對這樣的領眾狀態，**我們自己的本分初衷，對所有追隨者最大的基本核心態度就是——自己大我的無我狀態，全部都是無壽者相的基本面，一定要徹底的建立起來。**在無我的狀態之中，才有辦法轉動所有追隨者背後龐大累劫來的因果狀態，這是一個基本功，這是一個核心的基本狀態。

唯有不可思議的無我相的住世，所有的追隨者與領眾者才不會有任何的法執法教的問題，如實如法的基本面才能夠建立，才不會有任何重大偶像崇拜的卑仰問題，或者過度極端自以為是的宗教帝王術的問題，法執上極端的沉淪，就會整個的解除掉。這才有辦法建立互為世尊互為主的完整等同等持的領眾狀態。

所有的追隨者解除所有的追隨相，所有的狀態、所有的一切都能夠相應如來「無的法教」，就是領眾者本身一定要有一個廣志無我的重大無壽者相的領眾狀態，所有的追隨者，放下所有的追隨相，等同等持共主在世尊法教之下，無我相的相應之真實義才能夠建立起來。

第三章
覺的行路

以如來決定解脫的究竟

∞ 打破一切次第，融入一體共慧命共主性本體的究竟臨在。

為什麼有些人進入修行卻修不成？因為沒有辦法有一個很深的知見就是「緣起性空」，大部份的修行者在緣起裡面，就是沒有辦法出離那個緣起。當出離不了緣起的時候，被照見的當下，是被排毒的，如果沒有這樣的知見，就是會落入那個緣起。那樣的落入，事實上，是如來透過緣起要我們性空的狀態，湧動排毒去照見我們所有的識性。

但是大部份的人是修不進去的，因為很多時候都是在自己的認知中去修行，任何的引領到最後，無法產生基本的相應狀態，因為在緣起的對應中性空不了。緣起不只是對應外在所有人事物或任何修行上的知見和文字圖騰，關鍵是在於大部份的人都活在自己所在意的那個點上，在意的點就已經是人生的文字圖騰，也就是當下對應的緣起，亦是任何修行上次第的行法。

所以在修行的重點上，就是從緣起中照見所在意的點，那就是落入的生死點，也就是要解脫出離的關鍵點，等同是我們當下要觀自在行深轉化的重點。

在這種情況下，我們所要做的就是先去觀照它，覺它，覺這個承受點，然而，最困難的是從這個承受點中解脫出來。觀自在之後的重點是在於自己是否能夠寂滅慣性，外在因果本是人生的鞭策之力，人生之中，更在於修行解脫所要完成的一己完整，自己主動以金剛之力打破任何人生的法執與慣性，才是面對究竟的基本態度。

然而，現在所有的形式教法，沒有針對人性慣性和識性打破的必要，也沒那個能力——就是沒有善逝力，所以不痛不癢。大部份的修行、大部份的教法都是不痛不癢的，反正照著規矩和形式走，所以對於解除自己的識性慣性沒有任何的力道。

但是今天同樣的道理，當見真章的金剛之力整個對應上來的時候，進入那個深層因果的時候，最後只有一個結果——當事人被打到的那個部份，在那個痛點上產生了更大的落入，然後在這個落入當中變成一種習慣性的承受。到最後，因當事人的性空度不夠，落入震盪的狀態而形成累積，變成一種對抗的元素，就用來抵抗那個最能夠協助你解脫的人事物。所以很多的面對狀態，如果當事人沒有面對生命的基本態度和質變自己的力道，終究是沒有意義的，這個解脫之道是難以被形成的。

如果今天想要解脫，但自己本身在某一種寂滅的行法上，都還是停留在這樣子的識性及表面狀態，那真的是無法解脫。所以，當很多的法義如果自己沒有很深刻的去意會它的時候，所能夠走的修行就只是一種非常表象的連結，但這種表象的連結，到底能夠使你意會到什麼？什麼都意會不到的，還是重覆一般眾生的識性輪迴。

生死本來就不是問題，尋求也是多餘。當你今天不究竟的時候，你自己有多少的綑綁在其中？恐怕連你自己都看不到。人類有很多的綑綁，在許多的面向都有綑綁，比如說，有些人很愛動物，但是你到底用什麼心去愛動物？你跟牠之間的因果是什麼？你怎麼去轉換？如果你能看到牠背後的法身，你怎麼去連結？

當你與任何生命互動連結的時候，裡面的因果怎麼去轉換？彼此在互動進行的時候，怎麼成為互為世尊互為自主，讓生命之間能夠共成轉識成智的不可思議的法性因緣？要用這樣的心念去對待其他生命才是重點。但大部份的人卻是拿慣性去喜愛他自己一時情緒性的欲望需求的擁有，當喜歡的感覺過了之後，就是麻木不仁的捨棄，這樣只是在生命的連結上，製造更大的因緣果報，共同輪迴沉淪而已。

如果我們都要按照自己的次第去決定以為的深度，這樣如何究竟？其實，很多人的修行都是自己說了算，本來，對於週遭關係的許多事情，如果我們有辦法究竟，那麼，根本就不會去輪迴了。

究竟是一個基本功，人類對生死永遠都是不安恐懼的，如果等到身體殘破不堪了，才要去面對生死，那永遠是被生死所操縱的。

我們唯一有的機會就是，當我們肉身還完整的時候，就要懂得面對生死，死亡本來就是究竟的一個重大的畏因及提點。所以今天你自己認為你可以，但是你到底究不究竟？當你自己都無法確定的時候，然後，一個真正你如來認同的一位面對生命體悟的究竟者，去協助你通往究竟的時候，那一定是會比你究竟的。

當你的究竟度不及這位協助你解脫的人的時候，這個究竟的時間點怎麼判斷？那就是放下比較的心態，放下何時究竟的思維思議，放下與協助你的究竟者比較的心態。這個時候，協助你的，是等同你存在的當下同步的時空，也同時在不預設的臨在之中，共同切入無時空的究竟狀態，**彼此的共修不是外在的目標理解，而是打破一切次第，融入一體共慧命共主性本體的究竟臨在。**

若你都要按照你自己決定的時間點、你自己次第的時間點來修行或變革自己，但是對已究竟的人來講，他在這方面協助你，就會看到你在這個狀態的綑綁是重的，而且還不夠究竟，所以這樣是沒有效應的，沒有用的。因為你這一次的面對過程還處在輪迴的次第當中，下一次一定還會再輪迴另一個次第。如果你每一次都覺得那個時間點這樣就可以了，但那是永遠不夠究竟的，永遠有綑綁，而你明明知道自己有綑綁，卻又在別人協助你更行深的時候，有所震盪就產生思議：「有需要到那麼究竟嗎？」而這個究竟的時間空間，在判斷上當然是不等同的。

如果你在生命面對的每一個界面都有那麼多的意見，那當然就是按照你自己的方式去走就可以了，想當然爾，你自以為的主性連結也都是隨時被識性覆蓋住的。因為這種狀態不是誰的標準的問題，也不是活著或沒有活著的問題，而是如果都是以你自己本身的認知和生活模式來決定一切的時空，那麼根本是無法解脫的。

存在本身本來就無住、無相，一個智者不會執著在一定要怎樣子的一個生活模式，沒有生活模式這樣子的狀態，只有不究竟的人把它當真了。不在真的真，不在假的假，若有所謂的認定模式，那是識性軌跡而已，是對諸相的概念形式框住了諸相諸有情的能量。一切的存在本不在設定之中存有，令生命渾然天成，令生活水到渠成，這就是無識性無時空的諸相狀態，這就是智者不落入諸相的識性因果，隨緣自在的生活。

所以當執著在某一個時空狀態的時候，自己明知道要改變，但對於那個改變，卻有一大堆自己的想法，態度上就是這麼的在意，到最後，那就乾脆繼續停留在相對的教法上吧。但是，相對的教法裡面本來就是已經沒有任何可以究竟的機制。

大環境已經在表達一個重大的質變，若自己看不到大環境的變動給我們的提點，那麼，在生活上的改變也一定是非常有限的，然後，只要打破的狀態與自己的臨界點不等同時，你就會產生震盪，思議而落入。如果把自主性的空間給你，但你自己的質變狀態又是非常的無力軟弱而且受制，只在意自己的標準，在這種情況之下，當然就是尊重你，就按照你自己的路去走吧，因為任何形式的主性引領都不被你所接受，回歸也是沒有用的，這是每一個人自己的選擇。

如果你覺得自己這樣就可以了，事實上這就是最深的殘忍，這是對自己的殘忍，也是對協助你善逝的人最大的態度上的不尊重。你自己要意會到自己的不夠究竟是何等的困難，當意會到了，聽懂了，但仍然想要回復到自己喜歡的日常生活，這樣到底要如何解脫呢？所以，這樣的行法，終究還是一般的相對性教法，怎麼會有救呢？

甚至，當主性對你的識性慣性下一個直接性的力道時，你就覺得：「這不是我承受的範圍，在我生活的軌跡裡面，我週遭的人都沒有這麼直接。」那你到底要面對什麼？若你都只想要溫情，就表示你的面對都只是非常表象的一個狀態。

如果要解脫，很多事情本來就是要究竟的面對。我們每天看電視看到那麼多同胞在因果中莫名奇妙的意外死亡，一大堆奇怪的死法，還沒有辦法讓你畏因嗎？還是你認為：「反正都不會輪到我，那個人跟我有什麼關係？」如此的想法，生命共同體怎麼會建立起來呢？自我打破的力道若進不去自己的生活之中，等同已經完全沒有可救之處了，這種狀況就等於是沒有救，納不進來就是沒有救，因為你永遠不知道那個深度，又怎麼可能修得進去？如果在修行時有一大堆自己的想法，那麼，在法執中就沒有什麼好修的了，那就按照你自己的方式去輪迴吧。

什麼是退轉？你如來不再給你機會就是退轉。你的生命要怎麼活？當有一天你的生活進入因果紅塵，承受不了，才在那邊叫痛的時候，那就是你不夠究竟的反應。如果你選擇走輪迴的路，那就是按照因果走，繼續承受，繼續痛，活在自己喜歡的時空走不出來，也是一條死路，什麼次第都不重要了。

人性之中本來就有無盡的可能，若為眾生永劫不知解脫，無力知苦，生生世世的輪迴，與解脫無關的活法，有什麼意義呢？沒有比這個更大的退轉了，這樣活著跟死了是同樣的結果。我們要懂這個嚴重性，這就是我們自己要懂得不照因果走的重要性，這樣才能對得起自己生生世世來到這裡的軌跡。

我們每一個人的深度不是自己決定的，是如來決定的。就算究竟了，不等同如來同意，究竟也不等同解脫。**真的到究竟了，覺是無我的，身口意是無識的，一是無量的，所以究竟是解脫的開始。**

若還在你我之間的來去之中，是沒有辦法究竟到底的，總是有漏的，難以進入無漏的解脫。所以在覺當中，要能夠覺所出自己的行深之轉化，才有辦法究竟。今天要解脫，你沒有覺，或你覺不夠，或還有殘存識性，只要有識性都是沒救的，若連這樣一個基本知見都沒有，才是最深的悲哀。

這是每一個修行者的基本功，在哪一個宗教或修法都一樣。當信靠一個偶像崇拜時，只看到外在的，就永遠不可能看到自己，連究竟的機會都沒有呀。在你的生活中，有多少的相對性呢?若只看到表象外在的，連自己和別人之間的綑綁都看不到，這種看不到的狀態，怎麼會有救呢?

沒有救有很多層次，你沒有救的部份、綑綁的部份，都是你與別人共同連結成當下你自己的存在，因為你把那個當真了，所以拿那個次第去檢視一個真正能協助你解脫的人，這就是沒有救。

一切都是如來的

∞每一個叩問，都視任何的緣起為自己的如來。

每一個生命的狀態都是我們的緣起，等同如來的存在。我們要瞭解到，在面對任何存在不可說的諸相緣起的狀態下，身為一個修行的覺者，我們覺的狀態就是性空的等義之不可思議的無上甚深微妙法。也就是，任何的緣起對一個空性的覺者來講，它是等同我們自己的如來，任何相對性的緣起，都是我們自己如來緣起當下，等同自己即身如來的重大禮敬和叩問。

今天我們如果用識性去面對所有相對性的緣起時，在這個緣起的當下，是叩問不進去的，它就是一個障礙，就是一種因果性輪迴性的叩問，這就是一個非常大的障礙點。所以，一個懂得覺的叩問狀態是，不管今天對方相對性的因果是如何的輕重，不管對方與我們多生累劫來的一切因果狀態裡面的各種不同角色的扮演，所存在的各種不空之處是什麼樣的一種累積，都不重要，因為那些都是相對性的軌跡。

我們要不思議於一切的過去現在未來，我們自身叩請每一個存在的緣起當下，就是一個緣起性空的中道不思議的操盤，這個操盤的輪動就是一個如來性的叩問，**任何的緣起就是等同我們本身本體的如來所引動出來緣起當下的法性的法緣。**

法性的法緣就是——我們不落入自身任何即身因果的心性，去叩問任何相對性的緣起，一切的緣起，不去判別任何因相對性而牽動的各種多餘的來去，唯一的叩問就是——永劫來只有一種如來的叩問，任何的緣起都是我們等身的如來，等身如來所叩問的存在，就是生命實相奧義基本面的切入點。

這個切入點的叩問，關鍵在你自己本身面對一切相對性緣起的一切關係的存有時，你是帶著怎麼樣的一個觀自在的心態？**我們的即身觀自在，是為了禮敬出我們自身如來性的真實義**，但是，我們在轉識的過程中，識性還是有所殘存的時候，在這樣的一個相對性上，還是必須透過緣起的法供養，來性空我們自己的識性，轉識成智，成如來本義的存在。所以，我們自己叩問的心態，非常清楚的，只有一個狀態下的皈依結界，就是禮敬所有相對性的緣起，世間尊重的緣起。

世間尊重結界的緣起就是——對方就是我們的如來。不管今天的因果輕重如何，不管對方在緣起上各種不同對待的相對性是什麼樣的對錯，什麼樣的判別，我們的重點只有在於，不管對方佛說什麼，對方肉身的各種不同緣起處在如何識性的不空之處，都不重要，我們自己即身不被對方的緣起所牽動，也不起任何的承受狀態時，我們只有一念佛念就是

——對方的緣起就是我們如來本身的佛說。

我們就是要傾聽自己本身佛的心念、佛的啟動、佛的意會、佛的切入點，成為我們自己法身的資糧，成為我們自己肉身當下轉識成智重大不可思議的佛果，才能夠有即身真實義在我們自己的緣起性空當下。

緣起非緣起，如果我們今天把對方當作自己如來的緣起，來叩問我們自身的真實義時，永劫來的因果瞬間就是不承受的、不繞路的，這就是關鍵所在，這是非常清楚的事。也就是我們要有無緣性的叩問、無關性的叩問、結界性的叩問、無承受的叩問、無識性的叩問，我們不帶著任何的識性去叩問任何相對性的緣起，因為，那還是相對性的。

整個地球的道場都是相對性的基本面，整個宇宙的道場就是無量相對性的存在狀態，這是一個設計。但是今天在緣起上的立場，我們是感同身受的狀態，我們是轉識成智當中，透過等同對如來的禮敬，去叩問所有緣起當中即身納入的提點畏因，這個態度就可以讓我們繞過永劫所有不必要的因緣果報狀態。

當我們從對方的狀態，叩請到我們自己如來真實義的重大傾聽的不可思議功德力，同時用性空的法流，當下就能迴向給彼此之間因緣果報的解除，這是不可思議的功德力。很多的本然緣起，它是一種法性供養的不可思議，能夠引動我們自己如來義的妙用，同時也能夠將這個緣起引動成一種共修共主位修行上的法性供養。

但是，當我們帶著不安恐懼的識性去觀照別人的緣起，用不安恐懼去看待彼此之間的對待時，那是一種往外觀照的狀態，這個時候就只看到對方的問題，無法共振叩問出彼此的如來真實義，這就是關鍵所在。

如果對自己的觀自在，沒有辦法進入轉識成智的狀態時，雖然能看到自己的問題，但是沒有辦法去引動自身的如來義時，自己即身肉身的緣起是沒有辦法轉動成一種輪動性的轉識成智，更別提進入性空的狀態。

所以，緣起性空中道的操盤，就在當下即身的立場——對方就是我們的如來。在彼此相對性的叩問之中，最困難，最不可思議的關鍵就是讓我們自己本身的佛念生起，所生起的一切叩問，是對一切狀態遍一切處的叩問，對所有一切相對性苦難的叩問。

苦難就是我們等同的如來，生死就是我們等同的如來，因緣果報就是我們等同的如來，一切存在生命形式的諸相都是我們等同的如來。

這時候，一切都是如來的，這種狀態就是如來相、如來義、如來身、如來一切處的變現變化的輪動。所以，自身的叩問，當下是無所不在的如來，一切都沒有任何的相對性，都是如來性的存在，任何的相對性都是如來性示現的相對性，**任何的非相對性都是如來性示現的報身佛成就的轉識成智。**

非相對性的狀態裡，我們當下緣起輪動的第一義就是進入如來相的即身狀態，但是只有一個立場，那就是在緣起上，自己的叩問有沒有辦法視對方的緣起就是自己的如來？不管對方的因果輕重如何，識性如何，對方與自己之間多生累劫的因緣果報如何，這些是否都能夠在結界的無關性中不會被牽動？

緣起的第一義的叩問就是──所有外在的緣起，都是你如來本身的等同狀態對你的無上教法的重大臨在，你自身有沒有辦法這樣去叩問？有沒有這樣的知見、這樣的覺所呢？

如來覺所的叩問，在即身當下無所不在的第一義的智慧，就是懂得用如來性的叩問，在一切的緣起上成就你自己即身當下如來真實義的確定。

輪迴是一種解脫的設計圖騰

∞ 輪迴是一個設計，它反應因果，照見因果，在生活中透過肉身輪動因果。

我們今天要瞭解到一個關鍵點，就是輪迴性的設計。其中一種就是眾生所看到的輪迴性的設計，這種輪迴性的設計本身就是最深的痛苦。在地球上，因為就整個地球的圖騰來講，我們每一天都要吃飯，這就是輪迴；我們每一天都必須醒過來，這是一種輪迴；我們必須去面對各種不同重複的人事物，我們必須為了三餐的生存去做準備，我們必須面對各種不同重複性的生老病死、各種不同生死的議題，這都是輪迴。我們重複著每一種動作的可能性，我們重複著各種不同的不安恐懼，我們重複著各種不同生老病死悲歡離合的因果，這就是一種設計的圖騰。

但是站在眾生的視野上來講，他們只能夠看到眼前的痛苦，看到眼前的承受，看到眼前的利益，看到眼前的貪圖，看到眼前肉身各種不同的轉換過程，其它的他們都沒有更大的格局，去看待輪迴到底是怎麼一回事。所謂的眾生，就是他只能看到眼前他肉身的狀態，而看不到自己本身受制於肉身的狀態。所謂眾生的輪迴，就是他自己本身就是輪迴的一種過程，但是他只能夠在這個過程之中，卻不懂輪迴本身是一種解脫性的設計，而只看到輪迴性的輪迴。

所以眾生當他承受的時候，他見不到為什麼今天自己的肉身有這樣的一個狀況，他沒有辦法反省自己──

為什麼今天這個意外會發生在我身上？

為什麼今天我會活在這樣子的一個家庭？

為什麼今天我會活在這樣的一個國度，而且這麼的痛苦，這麼的難以自主，有這麼多不空之處的承受點？

這是因為他落入輪迴的時候，他沒有辦法清楚，今天為什麼會有一個承受的狀態。

所以，當你有機會去面對輪迴中所提供給你轉識成智的一個因果的界面時，這個界面就是要提點你是不是能夠提升，你能從你肉身的承受點去提升的那一刻，你才能夠有重新再來的一個看待，也就是不落入輪迴的狀態，所以**輪迴本身就是一個解脫性的設計。**

我們要瞭解自己本身為什麼沒有辦法從輪迴之中去跳脫，重點是在於我們本身難以面對各種不同改變的過程，我們莊嚴不了自己的身口意，很多生活的軌跡是消散的，是混雜的，是矛盾的，是衝突的，每一個點點滴滴的矛盾點，都是消耗我們本身的自性能量，這是大部分的眾生不瞭解的。

所以關鍵是在於落入毀滅性的生活，為什麼這個道理是這麼的深切？因為所有的輪迴點，都在你肉身裡面的身口意和六根六塵引動出去的各種不同關係之中，比如父母的關係、子女的關係、生活的關係、生死的關係，和各種不同工作平台的關係。

如果你今天是往外的，你今天是輪迴性的、重複性的不安恐懼在對待的時候，你本身只有一個結果，那就是承受性的人生狀態、承受性的肉身狀態、輪迴性的人生狀態，沒有任何可以去意會得到自己根本的原因是出在哪裡的能力，那就是因為根本上的知見和態度建立不起來。

為什麼建立不起來？因為你自己在輪迴之中，所處理的永遠是眼前後果型的承受狀態，出了問題再來處理，這就是典型的輪迴性的心態和視野所形成的結果。所以什麼都不能改變，什麼也不敢改變，或者就是載浮載沉的改變狀態，六根六塵的對待就是這樣的結果。

所以今天要非常清楚整個大格局的狀態，就是當今天出了問題的時候，就是要採取一勞永逸的面對。一勞永逸的狀態就是跳脫輪迴，輪迴本身是一個設計，輪迴本身反應了因果，但是你要懂得非因非果，轉換所有的因果。如果今天不懂得轉換所有因果的時候，只是在形式上去做調整，在形式上做一種屬於外在的救治，終究有一天表相救治完了，但輪迴的因還是存在的時候，你怎麼能預設在某一個關係的平台之中的某一個打過來的因果，是否引動了自身某一種識性的原罪，而又造成下一個輪迴的痛苦？

所以我們要瞭解到，不能夠只看到痛苦的界面，然後才反應出基本面的對應。我們要意會得到我們有更大的格局，要在痛苦的引動中，在六根六塵裡面，解脫六根六塵所引動出來的輪迴模式。

就是我們必須要能看到自己所謂舊的軌跡，也就是我們自身出了問題的軌跡。任何六根六塵的承受，肉身每一個提點都在告訴你，你舊的軌跡已經出了問題，你的肉身出了問題，你肉身經絡裡面的累積已經覆蓋到成為一種病相了。所以病就是你的藥師佛，是在告訴你要調整些什麼。但是如果我們今天只調整某一些表相的狀態，然後以為這樣就可以了，之後還是回復到自己非常執著的、非常散漫的表相生活，於是，我們又重複那些不安恐懼，又妥協在各種不同假象的關係之中。每一天的作嫁，把自己的能量場用在各種不同的關係，做各種不同的衡量，再完整的能量，終究一生是消散的，終究一生是輪迴而空過的，如此怎麼可能知道輪迴是一個設計？你今天不轉動你的輪盤，你自己本身的命運就會重複在那樣輪迴的狀態。

所以重點是在於，我們要非常清楚宣告一個密碼——**輪迴就是一種設定，輪迴本身就是一種輪動下你自己面對的態度。**所以基本面就是轉識成智，你自己要轉動得起來，從你的生活中轉動起來，面對所有的改變，不要用已知去設定所有改變的機制。當你的改變是有限的時候，終究還是退轉回去。

所以改變的狀態，不是用我們已知的經驗值去認知我們這樣的改變到一個程度就可以了，這樣，直到有一天還是容易被打回原形的。當你有這個意會的時候，你就必須清楚——你自己所為何來？這一生所為何來？為什麼今天你有這樣的父母、這樣的家庭、這樣的婚姻關係、這樣子一個狀態？

你自己如果懂了一個關鍵性的出離，你的肉身的排毒，你整個身口意的出離，各種不同關係的解脫過程，才是你真正的救治之道。

你自己本身根本救治的狀態，就是跳脫整個輪迴狀態，讓你有更高的視野，不落入輪迴的狀態。任何相對性的輪動都是輪迴，**不落入相對性就是真正的轉識成智的狀態。**識性就是相對性，「我是你的什麼，你是我的什麼。」若我們永遠在衡量這種狀態，沒有解脫的可能性，沒有一個眾生不會生病的。

如果今天還是在相對的識性裡面，從事任何的教法，從事任何的修行，其實都是自欺欺人的，沒有一個眾生可以解脫的。所以我們要瞭解到，你即身當下的肉身，所產生出來的各種不同的狀態讓你承受，就是在提點你的一種重大的無上教法。也就是在提點，你一定有分別，這個分別有承受了，我們落入了某一種相對的狀態。

當我們的識性已經產生了重大承受不住的介面的時候，這裡面只有一個答案，就是你的態度將如何面對這個病相？你自己的金剛性能不能夠不退轉的去面對，一直到究竟，一直到你如來覺得可以，而整個出離了呢？

所以我們要瞭解，**輪迴是一個設計，它反應了因果，照見了因果，在生活中又透過肉身輪動了因果。**當你承受不住的時候，它提點了狀態，但是你如何找到一個救治，找到你的正法，找到你的如來義，找到你自己本身的藥師佛？這就是你自己本身最重要的一個質變的功課。

當你能夠用你內在的密藏，去救治並解脫你自己本身所有無常性生老病死考驗的那一刻，就是跳脫輪迴的重大經驗值，這永遠是你自己本身的如來主性密藏。

3 輪迴的目的是為了究竟所有輪迴的議題，究竟了，我們就可以解脫。

我們表達一個切入點就是——真的再也不重要。當我們自己本身是一個解脫者的時候，會意會到一種清涼義，就是很多的相對性輪動出來各種不同的狀態，對我們來說，不重要了，還有什麼可以重要的？那樣不重要，這樣也不重要，一切都不重要了。

所有認為「重要」的狀態，都交給每一個在意的人吧，交給天地之中永劫來每一個在意的點，交給每一個在意的人事物自己本身去在意吧！

對一個覺者來講，對一個解脫者來講，真的都不重要。這個不重要不是全部的不重要，而是已經通達了，已經金剛性的通達了，一切都了義了，一切都是空行狀態。

任何心性所在意的，交給每一個人自己去面對；任何因果狀態的時空，交給每一個人生生世世自身的輪迴去面對吧。要在意你就去輪迴，要在意你就去顯相你生生世世的狀態，去叩問你自身的輪迴性吧。

雖然對你來說，你覺得什麼都重要，但既然輪迴的不見得有辦法解脫成一種輪動的狀態，那麼，也是什麼都不重要，所以你又何必落入其中，那麼的在意？

很多事情真的都不重要，這個不重要不是相對性的重不重要，而是相對性的所有重要或不重要都已經完全解除了。原來，什麼都不必那麼的重要，這才是真正的重要。

為什麼？身為一個眾生，我們什麼都在意，因為什麼都沒有解脫，我們都必須有承受感，必須有痛苦感，必須有在意感，必須有落入感，才有辦法意會到自身在重大輪迴處的問題，而在自己本身的痛處上，產生一種輪動的驅動力。

這個痛處就是遍滿自己每一個關係之中所引動出來重大放不下的在意點，肉身的在意點、生死的在意點、經絡的在意點，所在意的狀態就是自身關鍵切入的緣起，能不能引動成轉識成智，這就是每一個人自己本身面對的態度。你要把人生的能量場用在什麼地方？這是每一個人自己要去決定的。

所以我們要懂一個道理，當你自己本身完全解脫的那一刻，還有什麼可以去輪迴？還有什麼是重要的？**當你完全解脫的那一刻，你在輪迴之中，也不在輪迴裡面；你在因果之中，也不在因果之中。**

當你不在因果之中的時候，會清楚瞭解你對任何的事情，不是在不在意的問題，而是你沒有這個問題，你不需要這個緣起。

所以萬有的緣起就是你的緣起，但不是你自己本身在相對之中一己的緣起，不是一個小我的緣起，是一個無量我的緣起，這裡面沒有任何相對性的我的存在的時候，你自己就是虛空狀態。

萬有的一切是交給它自己本身去面對的狀態，萬有中的輪動，它自己的初衷、自己的軌跡、自己的狀態、自己的出離、自己的質變，都是交給它自己本身去處理的。對虛空來講，這些都是不重要的；對萬有來講，還在輪迴的對它就很重要。這就是要表達的重大的判別，不一樣就是不一樣。

為什麼要有真空妙有？虛空之中的真空，萬有如果今天能夠解脫，它就是一種妙法，但是不能夠解脫的時候，就必須去在意，必須去注意，必須去修行，必須去面對，必須顯相在各種宇宙的道場之中，去面對自己本身還在輪迴的顯相狀態。

顯相的質變就是修行的過程、解脫的過程，但是意會到要質變，不等同你自己本身真的能夠打破。今天你沒有辦法打破，還是一樣在輪迴之中，在不同的前生今世的顯相之中，面對你自身輪迴的問題。

所以，你必須去在意，就是因為在意，因為沒有解決，就必須在宇宙的道場之中，形成一個生命的形式去演化。你自己本身到哪一個時候，才懂這個輪迴的問題出在哪裡？才有辦法成為自己的真空妙有？

這個妙有的產生是因為反省——我不要在這個輪迴處裡面，繼續顯相在宇宙的道場之中，玩這樣輪迴的遊戲，玩這樣製造因果的遊戲。那麼就能夠不往外的涵攝回來，就不在輪迴之中，自己就是一個結界的究竟，專注在自己的解脫上。

這個時候萬有本身就成為一種妙有，具備了出離性，具備了解脫的狀態，具備了某一種轉識成智的功德力，這時候，就算是有輪迴的殘存，畢竟還是有解脫出離的重大觀自在。

所以，觀自在是何等的重要，顯不顯相的核心價值，是你自身有沒有辦法在不往外之中，給自己一個完整的能量場，在當下面對自己顯相的議題，反應出因果去做一個關鍵性的結界和寂滅。因此，轉識成智的關鍵性核心是在於寂滅的事實，這才是真修行。轉動不了緣起上因果性的時候，一切都是騙人的，終究還是繼續這樣的輪迴。

所以顯相的目的，對眾生來講它只是一個輪迴，但對一個真正意會到反省因果的人，很清楚的，他就是一個不往外的覺者的那一刻，這就是兩回事。若要懂得不再輪迴，功德力就必須在幾次的輪迴之中建立起來，這個輪迴不是眾生的輪迴，是修行上轉識成智的輪動和輪迴同時並進狀態的功德力，也就是中道性的狀態已經建立起來，雖然是輪迴，但是都能夠轉識成智。

所以具備轉識成智的修行的覺者，他在輪迴的那一刻，時間點到，就會在機制和機緣上有智慧的引動出人生中必要的出離，啟動轉識成智重大的覺所覺空的機制，這是不一樣的狀態。他有顯相的輪迴處，但也具備了出離的轉識成智的功德力，這是非常殊勝的，這就是有功德存在的生命的聖賢之路。

所以，我們在自己的覺所之中，所臨在的就是一個立場上的覺空，覺空就是關鍵性的究竟。**輪迴的目的是為了究竟所有輪迴的議題，究竟了，我們自己就可以解脫。**當解脫的公義建立的時候，在輪動之中，也許在眾生的立場好像是一個輪迴的表相，但我們本身就是一個輪動性的自性之力，就是一世成佛。

輪動性的自性之力，能夠彰顯在世代苦難之中的那一刻，就是共主的佛，就是共同的佛，也就是本願初衷的共主性的如來義，這對整個世代的眾生是重大終極性的明燈。

如此，我們就瞭解問題不在於輪不輪迴，問題是在於我們在輪迴之中，永劫輪迴的一切，能不能成為自己解脫的重大的轉識成智？如果能夠成為轉識成智的那一刻開始，就有機會成為解脫性的佛的如來義，如來主性的肉身。這就是最後的答案，基本的答案。

解決所有的相對性，就是佛的存在的主性立場，這就是佛必然彰顯在世間，佛成的重要示現和輪動。

同樣的道理，我們要瞭解世間尊重的輪迴是必要的，所有的輪迴就是讓所有的眾生輪迴到一個究竟處，讓眾生看懂自己本身再這樣輪迴下去是否還有意義，終究要回歸到一個究竟的狀態，才有辦法意會到如來背後的空性存在的重大主性密藏。

所以輪迴不是一個問題，但是如果永在輪迴之中，就是一個大的問題。所以為什麼佛必然在這個世間，在各種不同的預設之中。**成佛在因果的眾生裡面，無染著的示現，就是佛的立場。**怎麼活都是染著的狀態，就是眾生事實存在的後果性的立場，他走不出這個染著，也不斷的在輪迴之中，但是走久了，知道這是有問題，但是不見得有路可以走出來。

所以必要的轉識成智的示現，對世代是重要的，到最後終極的共主的如來展現在整個眾生存在的因果性狀態的那一刻，這個共主的佛是何等重要自主的重大傳承。所以我們懂這個道理的時候，**輪迴非輪迴，輪動本身就是在輪迴裡面，尋求一個解脫的最後契機。**

因果的密藏

☉ 即身肉身的因果處是我們成就不可思議中道世尊第一義的實相狀態。

我們要瞭解因果有其本身之功德力，以及其它重大不可思議的導向。因果本身的存在不是宗教說的那麼簡單，只是一種因緣果報業力這麼單純，以為因果都是有問題，有輪迴性的，這不是那麼簡單的事，這是從人類識性立場看的因果。

我們要表達——

因果的目的有其如來義。

因果本身就是自性逆向無上的密世尊。

因果就是世尊。

因果的目的就是要讓所有眾生成佛。

因果的逆行狀態本身就是逆密存在的自性法流。

因果的不可思議本身就是世尊變現的重大密行成就。

因果的終極性在非因非果之中的究竟，就是讓所有眾生的識性都轉識成智成不可思議的

法流自性變現的狀態。

所以因果本身的實相，就是世尊第一義重大的深遠，非因非果的過程就是所有眾生必須轉化其識性狀態，轉識成智的過程中，所有非因非果的功德力，就是報身佛存在的重大密行因果狀態，非因非果的過程裡，在因果中就是讓所有生命在終極重大臨在的初衷裡，有更大格局的示現。

因果本身就是終極世代每個歷代傳承中無上密行的狀態。

因果本身就是密世界的佛父、佛母。

因果的狀態在無因無果的過程中，讓所有的人類在慧命清明清楚的究竟之下，成就自己終極世尊不可思議的存在存有。

因果本身就是一切生命經驗終極的完成。

因果本身在輪迴中，就是圓動不可思議的時輪金剛壇城。

所以，因果的第一義實相終極密義，就是不可說的一切生命必然義之法供養。

我們禮敬於因果的狀態，在生死當中非生非滅就是一切空因空果的狀態。

所以，**因果本身就是圓滿終極。**

因果本身就是善逝本法之重大如來正行。

因果的當下就等於密世界密世尊不可思議之中道圓滿生活狀態。

所以，因果的金剛力是無上圓滿的無上正等正覺狀態。

因果的輪動，讓無邊無量的眾生確定所有因果苦難狀態，都能在一切最深的生老病死中整個顯相出來；因果的輪動，讓無邊無量宇宙的萬有能在輪動中有非常清楚的廣義，就是每個生命都得到了因果中的提點，得到因果中的納入，得到因果輪動中有壽者相的面對狀態。

我們要瞭解因果本身的總持就是一切生命終極實相狀態的密布局，因果本身也是一切諸佛的胎藏狀態，所以萬有世界的根本所在，就是因果本身的導向狀態。因此，因果本身的狀態，不是那麼單純的以人類有限立場理解下的所謂因果業障的簡單狀態。

因果本身其究竟義第一義變現，就是等同於法供養當下，大圓滿各種系統諸佛重大傳承的自性法流。所以我們即身肉身當下的一切因果，其本身的密質變、密意會、密覺醒、密一切不可思議變現，都是我們在因果當下重大自我實現意志的大格局。

所以，因果非因果，因果非輪迴，因果非一切處的當下，我們自己當世即身肉身法報化的圓滿，都是從我們本身因果反應出來的當下，得到重大法報化成就的關鍵所在。

因此，因果本身的重大密行就是所有諸佛的根本所在，
因果本身就是重大萬有緣起的回歸所在，
因果的無常性本身就是一切法報化三身總持的重大實相存在，

因果就是實相，

因果本身就是空行空義的重大密義存在。

所以終極世代的狀態，一切終極性的因果本身就是世尊終極無上正法的軍隊，因果所輪動的狀態，讓所有眾生不得不面對自己存在的各種終極議題，在因果下沒有任何眾生逃得了，一切顯相的眾生本身就是因果輪動重大顯相的狀態。

因果讓一切生命有其必然的初衷，有其必然終極大革命的質變狀態，有其必然終極革命變現存在的大圓滿狀態之機緣機制。

所以終極的法供養就在因果中輪動的當下處，我們即身肉身的因果處，就是我們一切成就不可思議的中道世尊第一義的實相狀態。

所有的眾生必須如是奉行在一切自己即身肉身的因果處，成就自己法報化三身不可思議的實相肉身。

即身肉身六根六塵的轉識成智

ဖ 六根六塵中都是你主性的如來，都可以無邊無量示現各種不同的狀態。

我們要表達一個關鍵的立場，就是當下性的立場。當下性的立場我們才有辦法在當下即身放下任何識性，即身放下任何識性就是我們的肉身從無量的粗糙到比較粗糙，到細部粗糙，細中細，無量細，細無所細，到最後所有的細都寂滅的過程。因為我們肉身有識性次第之分，所以有過去現在未來的分別，事實上，是無量當下所形成的一體性，每一個當下都是唯一的無時空狀態，這才是真正的無窮盡當下虛空性的真實覺受。

我們的六根六塵也都必須進入即身當下的轉識成智。所以我們肉身的關鍵所在，就是我們的眼耳鼻舌身意都要有一種重大的覺的狀態，這個覺的狀態就是我們整個肉身都進入一個基本無承受相的無相的清淨。我們要在日常生活中的靜態或動態或動靜之間的任何移動，都能進行眼耳鼻舌身意的轉識成智，就是六根六塵的識性經絡直接進行一種自性能量場的洗滌過程。

我們的肉身都會清楚的覺受到，我們肉身的密藏是重要的，我們肉身的主性狀態是不可思議的。今天在本質成就的過程裡，本質性的轉識成智、本質性的肉身、本質性的報身佛、本質性的如來相，一切的狀態所成就出來的即身密行，就是自己的深化過程。當在見諸相的狀態時，也是本質性湧動的見諸相，非相狀態中的轉識成智，也是本質性湧動的非相，而如來相的解密解碼也是本質性湧動的如來相。人生無量，生死無窮，在本體本然俱足的立場上，虛空宇宙萬有萬相無不是空性本質的湧動示現，這是核心價值所在，其他的只是人類用識性去理解而已，人類無量識性的理解也都是本質湧動的空行示現。

我們講的總持性的深化過程，就是無時無刻不在確認我們的戒定慧，戒之無量已是無窮盡之總持，定之無量已是無窮盡之總攝，慧之無量已是無窮盡之總體，一切本是行深轉化的本質核心價值。輪動之中，解除一切因緣果報的狀態，不空之中，不落入空有之對應，無邊無量報身成就。

這個戒定慧形成報身成就時，就對我們的肉身產生一個整體性的涵攝力，當涵攝到無相的狀態時，我們的肉身就會很清楚在動態中、在靜態中、在一切狀態之中，都能覺受到我們的眼耳鼻舌身意轉識成智的能量場洗滌的過程，用肉身的覺受，覺受的非常清楚。

但是，一般在修行上沒有辦法進入這個境界，沒有辦法進入這樣無上性的六根六塵等同等持轉換的轉識成智。如果我們的眼耳鼻舌身意經過自性能量場的整個洗滌，就能夠覺所覺空的非常清楚，肉身立場的「覺」是非常重大的關鍵。但是在永劫來的各種不同佛說密藏中，沒有談的這麼具體和清楚。

肉身當下之六根六塵無不是肉身緣起法性供養之即身肉身功德，肉身生滅之法供養即為觀自在見諸相之不可思議之引動，肉身之非生非滅即為觀自在轉識成智不可思議之覺所覺滅之非相，肉身不生不滅即為觀自在如來相不可思議之覺所覺空、空所空滅之善逝之力。

人類修行的經驗值中，雖然是有所開悟之人，少數的大修行者開悟了，但是其開悟的能量場在一生當中所引動出來的即身法流，有沒有辦法遍及整個眼耳鼻舌身意即身肉身各種不同經絡的轉識成智，而且可以覺知得非常清楚？這是不一定能等同的，也是無法預設的，這就要交給每一個修行者自己本身的自叩問。

這就是為什麼要瞭解到肉身成佛的重要性？所有肉身成佛的經驗值觀照著重大密藏，就是主性肉身密藏。世尊以肉身成佛，世人皆能以肉身成佛，這是肉身密藏的根本尊貴。但人類落入自己肉身的識性，任何慣性的身口意難以對自己的肉身有任何的世間尊重，肉身也難以有在世間的自主性，也只能在因果之中落入無常的沉淪時空。所以**肉身的覺為一切永劫出離之生死契機**，人肉身的一生為一切轉識成智之根本法性精進之必然，這是如來應許每一個肉身一生之中每一個對應當下的解脫契機。

肉身要走上自主性的狀態，整個生老病死之中的起承轉合，每一個界面的切入點，都是轉識成智的重要經驗值，用整個肉身的六根六塵去轉識成智，從識性的肉身轉成主性肉身的六根六塵。

肉身之六根本為入本體法要之究竟，為性空之切入點，肉身之六塵本為進入微妙法之妙作用義，為一切肉身緣起共精進修行之界面。一切從肉身因果照見為開始，開演肉身當來下生之觀自在。

六根非六根，六塵非六塵，都是永劫眷屬皈依之法門，肉身當下結界，六根六塵瞬間畢竟空，求一個肉身的轉識成智，求一個密集金剛性輪動的妙作用義，肉身本在主性密藏真空妙有中，一切肉身生活無常義早已轉識成智，圓成不可思議。

主性肉身的六根六塵是何等的不可思議，每一個六根六塵中都是主性的如來，全部都可以無邊無量去示現各種不同的狀態，都可以起重大不可思議密行的大作用義。但是基本上肉身要到達這個狀態，那是修不來的。

但只有一個情形會是不同的，那就是在終極世代的存在，終極主性的存在，終極主性國度臨在的重大共主的示現者，他會得到報身佛臨在的涵攝加持，將六根裡的識性塵埃全部轉換成主性的重大如來密藏。在轉識成智的過程裡，肉身在平常生活上的覺受就能夠清清楚楚的臨在著，經歷六根六塵質變革命的過程，就是六根本身的識性全部解除的過程裡，六根所起作用的六塵裡的所有無常性也全部解除掉。

肉身的六根六塵，六根在起轉識成智的過程中，六根本身就是一種皈依境。這個皈依境的主位，譬如你的耳朵是識性的耳朵，當你轉識成智成觀世音的功德力時，耳根圓通成就時，你就是觀世音功德力圓滿的主位存在，你這個耳根本身就沒有任何的識性，它會成為任何音聲眷屬重大回歸的皈依境。任何苦難的聲音你都可以傾聽，任何苦難的聲音都能回歸到你耳根的主位皈依境上不可思議存在的功德力狀態。只要是你的眷屬都可以在你耳根的傾聽當中、耳根的放光當中，讓所有眷屬的苦難，全部回歸到你主位皈依境耳根圓滿的重大主位的清淨性的皈依境上。

這就是為什麼我們要盡其在「如是我聞」的關鍵裡，為什麼特別強調如是我聞？因為要傾聽。當眾生生命只剩下淺薄時，誰也聽不了誰，生命淺薄到只剩下苦難時，是聽不了自己的苦難的，如此還有多少空間、多少衣缽可以聽別人的苦難？

這就是為什麼一直在表達整個虛空宇宙的核心法要是觀世音的狀態。所以世間苦難的聲音，在六根六塵起作用中，建立起耳根圓通不可思議的觀世音境界當中的主位，就是你自己本身的耳根要進行轉識成智的狀態。所以耳根所對應出去的那些無常境界和無量世界的一切苦難聲音，在傾聽的過程中，耳根一放光直接就可以回歸皈依迴向。

放光的六根六塵本就是已在轉識成智的六根六塵，宇宙六根六塵的眷屬都能夠在密行義的圓收之中，回歸即身肉身的主位皈依境之功德。肉身之觀自在等同等持宇宙虛空千手千眼觀音如來之志業事業圓滿圓成，也就是主位之如來肉身在轉識成智的佛成之中，經過六根六塵的

轉識成智皈依之圓動圓收，宇宙的苦難之眾生都可以回歸即身肉身之本體如來功德本願自性海。

所以六根六塵全都是重大皈依境的圓收收圓輪動的胎藏壇城。當我們能如是轉識成智的時候，我們祈請報身佛駐紮在我們的六根六塵中，轉識成智一切的輪動狀態，這就是關鍵所在。

在整個自性法流經過我們六根六塵的一切境界當下，如如不動的覺所覺空的必要性是我們當下的立場，所以當下的立場就是究竟己位的無上性，我們才有辦法在一己完整的結界當中，傾聽我們永劫來的各種不同苦難的聲音。

我們前生今世所有苦難的聲音都是在洗滌我們的六根六塵，即身當世的六根六塵的一切洗滌過程，也就是所有永劫來，我們自己前生今世的生死相的一切洗滌過程，都是在成就我們當世肉身的六根六塵。所以，我們必須讓永劫來所有自己前生今世的苦難狀態，全部回歸在我們的六根六塵當中，起重大解脫的作用義。這就是我們今天要瞭解的重點所在。

人世間肉身覺的設計

3 覺了，所有的事情都是不可說的；未覺，所有的事情說了都沒有用。

是的，人世間的一切是為了解脫而設計的，這是一個關鍵所在。因為我們必須瞭解到，為什麼我們來到這個世界會有這個肉身？我們要從一個被設計的狀態，去瞭解這個設計的狀態，就是宇宙本身的一個空性創生狀態。

宇宙空性創生的狀態有其虛空的本志，虛空本志意味著我們即身肉身存在的每一個當下的無限可能性，這個無限可能性的本志就是虛空性的無量性。所以我們人類的心靈是無量性的，我們每一個輪脈都是無量性的，我們每一個存在都是無邊無量無窮盡的狀態，就是我們肉身有無邊無量的可能性。這個關鍵，如果你往外，就會變成無邊無量掠奪性的對應狀態。

所以，肉身的設計就是一個意志狀態，就是本體本志的重大終極意志，就是你的本願、存在的本願、當下的本性存在而存有的本願。落入於識性的角度，就無法對生命的大能有究竟的確定，當肉身於生活中的轉識成智到一定的厚度時，就能夠確定來到這個世界的一生，**誕生在這個世界的肉身都是本然設定俱足的本願功德之顯相。**

所以我們要瞭解到，肉身在世間唯一的重點就是覺的狀態，覺本身的意志就是終極的意志、當下的意志、輪動的意志、生死情懷的意志，這個意志就是肉身本身的初衷。這個初衷在當下每一個動作，就是虛空的本志。

虛空的本志已經反應在你日常生活中的每一個當下，你肉身怎麼去使用？如何在無常之中使用？是關鍵所在。所以，**本志的情懷是你自己一生當中覺所的必要性，所在之處的覺是整個設計的核心價值。**

覺了，才算是意會到自己的設計點是臨在當下的本空之處，肉身的生活本在當下行為的身口意，就是整體的臨在，不落識性的，本為生命無預設性的設定，落入識性的，也只能在有限之中框架自己的設定，但這一切都是在本體本質的布局之中。唯一的重點是肉身之本覺、肉身之本願，方為密行如來不可思議設定的空行空性，本然的臨在就是空性的密行。

肉身的生活，以覺為本，就是不可說密行義的臨在，一切以本體究竟為本願之設定，肉身就是如來妙設定的顯相之功德。這個方向一定要抓出來，這是一個關鍵，是所有永劫輪迴當中所期待的最深的本願，也就是你的初衷，本初佛的初衷。

當下就是本初佛，一個心念，一個情懷，一種情緒，都是當下的本初，出離識性即為當下之本初，肉身即為佛肉身的初衷本願，當下無時空，肉身生命無壽者相，無始無終之肉身，無邊無量之本初，出離識性之當下，肉身之覺等同等持永劫以來第一時空當下之本初佛之本願功德。一個生命就是一個佛，無量諸相的存在存有妙用之間的佛性，一切心性都是佛的意志。這是必要性的理解。

在等同等持的當中，轉識成智的不空成就，不空之處就是一種意志，這個意志就是去面對，去轉換，意會到了，就算是一個覺醒的開始。所以我們要有很深刻的觀自在，放在我們自己日常生活中無常輪動的迴向之義、迴向之德、迴向之本和迴向之心，迴向得了的就是覺醒的開始。

我們轉識成智是為了成就虛空本志的本心本初，我們的究竟臨在是為了求一個重大的密覺，這個覺本身對世間的顯相來講是密行義的，所以，本空之處的本願就是無所不在的當下的生活慧命之所臨在。人類在世間一切的設計點，就是我們的覺，**覺了，所有的事情都是不可說的；未覺，所有的事情說了都沒有用**，因為，它永遠是背離自己真正的真實義。

懂生死義，才懂自己生命的設計，生生世世的設計，每一個當下你自己可以決定的設計，都是一種重大判別中的主導權。你所主導當下的一個密行的答案，就是你自身的自叩問的自性海。肉身本是無量，不能從識性去看肉身，不能從分別去觀肉身，肉身本為自問自答的自性之義，自性之本質本為如來相主性密藏之所從出，肉身之功德是可以等同等持如是之不可思議。這個自性海裡面的密碼，只有你自己能夠真正的在平凡之中，成就一個非凡的解密解碼，改變你自己本身承受的臨界點。

所以我們要瞭解，生命的愛就是在這個臨界點上開始啟動，那就是覺你自身存在的所在之處，空掉你所有苦難的識性。唯有如此，你每一個動作、每一個當下、每一個存在、每一個細胞、每一個肉身的轉識成智，就是你本志的初衷本願，這個狀態就是在主導之下，你自身導引出來的一個重大的設計點。

這就是為什麼人類在這個世界上，可以設計出自己存在所需要的各種不同的具體條件，但是同樣的道理，人類對自身所被設計存在的重要性，是來自於空性本身的創意，這裡面就是如來性的創意，如來本身也是空性存在的各種不同俱足的示現代表。

所以當我們如是我聞、如是奉行的時候，我們不禁要自問：「我們存在的每一個動作是要扣住自己哪一個生死點？」這個覺的過程裡面，就是打破生死慣性的當下，每一個輪動點就是我們自己永劫來最深遠的機會，這是我們在日常生活之中所不能夠或忘的本心初衷。

唯有如此，才能夠真正的意會到，**我們生命設計的藍圖，就是為了覺醒所有一切諸有情的存在，諸有情是包括你肉身裡面的諸有情，你自己本身要一己輪空。**

肉身識性的畢竟空是我們一生之中輪動的核心價值，也就是輪動到一切識性的畢竟空，對自己肉身是觀自在的世間尊重，對自己的生活是世間尊重的觀自在，共為一體兩面，是肉身存在存有的遍一切處。

所以肉身會是無所不在的如來本尊本心的世間尊重。唯有如此，即身肉身轉識成智的成就，才能夠真正相應自身真實的如來義，在覺醒當中，就是宇宙虛空本志的初衷本懷。

所以當下的本初佛，每一尊佛本身的初衷，都是在自己每一個存在的肉身的日常生活中，所呈現出來的本願初衷。

以覺為無量之本

ඟ 以覺生活，以覺成就一切奧義圖騰，以覺做為恢復實相生命的唯一法門。

我在不思議之中已成我的正等正覺，我以覺愛你們，我以覺思維你們，我以覺去對應你們，我以覺去應納所有的應許，我以覺去對應因果，我在我的覺當中成就一切的本。當所有的生命失去了他的本的時候，我存在我的覺，所以我以覺應許一切的存在，我以覺去面對一切。

當所有的因果成為宇宙唯一的悔恨的時候，我們在覺當中，我們一定要在不思議裡面去成就我們的覺。

一個細胞一個覺，一個眼神一個覺，一根頭髮一個覺，一個存在一個覺，一個行為一個覺。我們本身一定要供養出我們自己的覺，我們要以覺去佛說一切，哪怕是說因果，都必須為了覺而存在。今天沒有了覺，什麼都沒有了機會，這個覺就是一切的空性之門。

我們在因當中覺，我們在果當中覺，
我們在一切生生不息中覺，我們在一切的生死中覺，
我們在當下的一切流程中覺，

我們在不二中覺，我們在密行中覺，

我們在佛說一切的不可說之中覺，我們在一切處覺。

我們一定要觀自在覺，

我們一定要在輪迴中覺，我們一定要在不空之處覺，

我們在肉身的即身中覺，我們在一切的痛苦中覺，

我們在一切的苦難中，一定要成就唯一的覺。

當我們有所覺的時候，我們要做什麼樣的動作？

我們要能覺深一切的覺，我們要覺實，我們要覺一切，我們要覺宇宙，我們要覺無量，我們要覺生死，我們要覺一切存在的苦難。我們要用覺去成就一切的不空之處，我們在不空之處就是要等覺等持。

如果今天我們無法在人類中開出這樣子的一個覺的狀態的時候，人類存在的重大能量場永遠都是在胎藏之中，並沒有被開發和引動出來。若肉身的一生引動不出一個覺，那就是一個識性的眾生肉身。我們臨在這個世界，求的就是一個肉身的本覺，反省的轉識成智是人類最後生命出離的出口，能覺到自己觀自在的慣性，在覺中寂滅慣性，肉身才能真正出離生滅的識性。這個機制點是我們用肉身來到這個世界一生之中所有的生活之道，就是在這個點上，恢復生命覺的肉身、肉身的覺。

所以，我們一定要很清楚的知道，一切都是生滅的狀態。肉身的反應因果就是生滅的識性，但人類只想在生存之中擁有，所以才有生死寂滅的設定。滅不只是相對性的滅，因為那只是見諸相的生滅，滅也可以是轉識成智非相的滅、遞滅識性的寂滅，滅更可以是如來相的不生不滅，是善逝本願功德的不可思議之本體之滅。

今天為什麼有滅？有史以來，人類的問題是因為當有生的時候只想存活，所以非有滅不可，所以生滅表面上是一個相對性，但它絕對是一個清楚下的設計。「滅」的存在，我們才不會累積，因為如果我們「生」，我們永遠會著在一個生的狀態，會以自己主觀設定下的執著去生，那別人的生怎麼辦？所以滅是同義性的公義。

今天，其實真正的重點是生生不息的狀態，滅是為了滅掉在人生擁有之中所有累積的因果識性，若我們只有執著的識性累積，我們不可能有生生不息的人生，也就是我們必須在擁有的當下，也同時觀自在轉識成智寂滅納進來的識性因果。這樣，我們的擁有才是清淨無染的，入不空之無常，不染無常之因果，於不空之處，同時不著於不空之識性因果，那就能夠人生廣納一切的擁有，同時是永不承受的如來密行的功德本願，肉身存在的生活是無識性的生生不息，是如來義的真實湧動示現。所以，**生滅是為了讓所有的生命都不能夠有所執著。**

在覺當中時，我們在即身清淨之中反應的當下，這個當下的放下是即身成就的功德力。你在覺本體的狀態裡面，肉身生滅都是本體佛說的反應，人生當下無不是世尊佛說法音的流露，更是等同等持照見的當下，我們親近世尊的作用點，不是世尊佛說的內容能不能聽懂，而是在於那是沒有任何時空性的納入。沒有任何時空性的納入所產生的重大效應，那個本體的覺的狀態，會讓你肉身裡面身口意有多餘用力的叩問與傾聽，全部被照見出來。

一個大智慧者的行法就是肉身本身即身的行法，那就是當下在傾聽世尊法音的引動裡面，自己有任何用力的身口意，隨時本覺觀照而解除之，同步世尊成就的當下。

世尊的法音成就自己即身肉身的報身成就，我們肉身裡面多餘的狀態全部解除掉，等觀持之，這是對世尊法音最大的一個回應與迴向，也是成就你如來性的重大法供養。所以本覺的狀態，它的究竟就是本，連究竟的過程都不必，直接就傾聽到你自己本心本體法性法流的法音。

世尊在人間的，更在人間的當世人，你的當下就是你自己世尊的當世唯一一人，你的肉身法供養了一切生老病死的緣起，若不落入識性，一生當中的無所不在無不是自己肉身如來法流的觀自在觀世音。一念無識性，人生永劫以來的隨緣自在，都是你如來與你實語對話的自性佛說。

覺不是一個修行者所擁有的專屬產品，它不在廟堂裡面，不在宗教裡面，它在你的存在

裡面，在你的苦難裡面。你怎麼去對待？你怎麼去把它拿出來？你怎麼去恢復它？

調整吧！調整你的生活，調整你的存在，放下你所有的累積，只要你願意放下，這一切都是你的，你的主性密藏從來沒有離開過。我們絕對要有這個信心，只是你用錯了方向，因為從來沒有被引導出來。

在你的本覺當中，你不需要老師，你不需要被控制，你也不需要去控制別人，你本來就是俱足的，你會瞭解到自己的無上，你何等的尊貴，這種本然的存在，何等的殊勝。

當你恢復，你會發現你俱足這樣不可思議的本覺狀態，你是圓滿的。這個圓滿本身，在你自己外在的形式上如何呈現一切的狀態，都不重要，這簡直是恆河沙數的微不足道，甚至你會尊重你的任何形式都是你本覺裡面某一種示現上的一個重大提點。我們在本覺中提點自己，只有覺，我們在覺當中的狀態，任何如來湧動出來的狀態、軌跡，都是覺的狀態而已，我們不會受制於這個狀態，外在形式都是一個起心動念或諸相裡面的反應所應勢而生的狀態。所以我們今天要從本覺的狀態，去觀照我們的人生路。

覺所一切，在一切處都要能夠覺所，就算站在不空之處，也一定要在生命中高舉一個覺的旗幟。但是覺的前提一定是在即身的放下，放得下，覺就一定成生命的本，成一切解苦的本，成一切應許的本，這非常的重大。

覺才是真正的主，**只有覺才能通往真正的主性，**覺是真實的行路。一個沒有覺的行路是掠奪性的，是無明的。我們今天要在日常生活中的一切處恢復覺，因為有覺才有實力，有覺才能夠把清楚找回來，有覺才能夠讓我們清楚了義，才有辦法很清楚很自然的恢復一種本質性的生活。

你的肉身是本質性的，你生命裡面就是覺的狀態，覺的狀態會讓你瞭解你的無量，會讓你瞭解一切諸相的無量，會讓你瞭解宇宙的無量。你會很清楚所有的生命都是覺體，恆河沙數的存在都是覺體。

當你的本覺到一個俱足的狀態時，你沒有要解決什麼的，沒有要用力什麼的，沒有要對應什麼的，因為所有的相對性是不存在的，緣起是多餘的，性空是多餘的。這是一個實相義，這是一個事實，這才是一個真實的狀態。

當你能夠在覺當中恢復這個自性大能的時候，如果你面對滿識性、滿乾坤的苦難，你所起的那種不用力的大作用是不可思議的狀態。但如今我們人類失去了這個大能，這不是信仰宗教或信仰外在可以去恢復的，即使你信仰再多、教法再多，如果你看不到自己的問題，不知道自己要放下什麼，信什麼都沒有用。因為那個信只不過是另外一個行為的附加而已，還是被控制性的。當有一天你成為了某個系統中的領眾者，也只不過是拿來控制別人而已。

所有一切的核心重點就是在於「覺」，以覺生活，以覺成就一切的奧義圖騰，以覺打開一切的文字圖騰，以覺了義一切諸佛如來本義的密行，以覺進入主性的重大密藏，以覺打破一切識性而能夠轉識成智，這是清楚而明確的方向。

在覺當中，我們會清楚所有無邊無量的功德力已是我們日常生活中人類基本存在的事實，包括人類之外的一切，都是俱足豐盛的存在，前提是我們必須以覺做為一切恢復實相生命的唯一法門。

∽我覺知我的諸苦，我覺知我不被牽動，我的覺在那邊同時存在著。

真正在面對覺的狀態時，什麼是即身面對的覺？就是你自己覺的當下，即身的覺，照見在覺的內涵裡面你的不空。你有不空的一種眼淚和哭泣、各種不同的心念，或是面對自身許多不圓滿的心境和情緒，這是一種「覺所」之處，它就是不空之處。

覺供養本尊世尊志業，當下覺法報化不生非滅，覺迴向即身密一切情境，覺實相成就生命解脫，覺密虛空廣三皈依結界。

當你落入了各種不同的情緒狀態時，在覺當中，同時你也會知道有另外一個自己是清楚的，知道當下的自己是落入的，而能夠瞬間止息這個落入，就表示你覺的基礎是穩定的。如果你覺到這些諸苦，但你要落入一段時間之後才有辦法拉回來，拉回來之後才覺到你的不空之處，這也是可以的，但是那個覺的基礎是不穩定的，還會落入一段時間，表示你沒有辦法在當場同時「覺所」，覺到自己落入的狀態。

當你落入的同時，你也知道「自己落入了」的那個覺還是在的，這個覺有兩個層次

——我覺到我落入的部份，但是我也知道我有另外一個不落入的覺在那邊，這樣的覺就算是有某種穩定度，雖然還是在兩個層次上——我覺空之處，我在；我覺所不空之處，我也在。

當你的「覺所不空」之處遮滅，漸漸恢復「覺空」的範疇時，到最後，覺所的地方全部都是空，是覺空的本質，如果你基礎穩定，這個地方就是覺的中道，就是常講的「覺所覺空」。覺照見不空之處，但在覺不空之處的同時，當下自己落入了各種情緒和不安的狀態，而又能覺受到自己有一個覺在那邊，正清楚的看著自己落入的部份，那個地方就是你的如來性，在幫你把關著，觀照著。**你落入的就是「有關」的部份，你覺到自己本身有一個覺可以覺到你的落入，那個就是「無關」的狀態。**

這就是往等同等持無上正等正覺的方向，是非常紮實的，即身之處觀照到——我落入了，我知道，我當下哭泣或有各種不同情緒的狀態，我覺到了我的承受，但是也同時清楚自己的落入，我有一個覺在那邊很清楚的觀照那個落入的我，那就是「非我」的部份，真正通往空性如來的狀態。

所以，當你本身不斷的遮滅你自己的「覺所不空」的時候，你「覺所覺空」的方向就是會恢復你的覺空之處。而什麼是「空所空滅」？覺空的地方的「所」，其不空的地方滅掉了，甚至空掉之後的空相都要滅掉。

所在的就是人性的不空，所臨在的就是覺之所在的智慧作用義，寂滅不空，覺所之處自然畢竟空，就是覺所覺空。存在之臨在本已在被覺之所在，唯肉身臨在之當下要有隨時隨地觀自在之覺，能覺的一定能轉不空的，轉不空的就是要行深到覺空的，就是覺所覺空。若識性已空，覺所之處必是空覺之所，空相寂滅，能覺之覺也等同回歸於本體之自性，如此，就會逐漸恢復到一個本覺的狀態。

如果再更進一步的說明，你覺到自己本身有落入，但是你不會被牽動，有不被牽動的厚度，你就能清楚的觀照自己的不安恐懼，那麼，你同時就會存在等同性。也就是你會了義——我的覺讓我瞭解這個落入的狀態，我不會被牽動，我也覺知我沒有被牽動；同時我也覺知在當下的覺本身所安住在那一個被覺知到不圓滿的地方，這兩者同時存在著。

本來就是有兩個層次的狀態同時被你覺受到而反應出來，若你被牽動落入其中那個不圓滿的部份，而你沒有辦法當場有一個覺知自己是落入狀態的「覺的厚度」，那麼，你可能得經過一段時間，等到從那個落入的狀態走出來，你才覺到之前是有落入的，這是一個層次。

另一個層次是，你當下就知道自己落入而且被牽動了，但你還有一個覺在。

還有一個層次就是，更進一步的，你知道你覺所之處有落入，也知苦，但不被牽動，同時又有一個覺的穩定度在那裡支撐著。這就是三位一體——**我覺知我的諸苦，我覺知我**

不被牽動，我的覺在那邊同時存在著。也就是我穩定了，所以我要用本覺觀照自己落入的慣性，所落入的那個慣性，還有未解除的地方，我都要滅掉，安住在我的本覺，遮滅並且寂滅我本身的不空之處。這就是非常重要的通往即身成佛無上正等正覺的妙法。

如一肉身即身當下，如來等身即身寶生，世尊即身功德生死，生活即身中觀妙行，廣三示現即身如來，雙修皈依即身圓收，結界無關即身無上，莊嚴寶生即身自主。

在日常生活中即身肉身每一個行法的狀態，以如來的本覺，妙覺一切諸苦，自己或別人或一切有形無形通通納入自己的覺受裡面，都在那個「受」當中覺其無上性，而恢復你覺的本身，但是它是來自遮滅你的承受，遮滅承受無量劫的慣性。

這就是為什麼你要拿著自己的慣性供養你本覺的如來，也就是不再把慣性往外丟給苦難的世界，直接結界，把苦難的諸苦覺受當下供養本覺的如來，拿自己的苦難與如來無上覺受雙修，無上正等正覺，而成為自己生活中真正的主人。

覺之隨順無上隨緣，人性觀自在不可說，世尊密行金剛本覺，佛說功德覺第一義，本願當下覺威德護法，覺生命正法，觀中道即身示現，覺無我無為，相應解密解碼，覺世間輪動，即身佛成，覺輪脈經絡密法流即身主皈依境。

自性自叩問自問答

ω 在問答之中的叩問裡面，叩問出自己的識性為何做這樣的問答。

我們要問的問題是──

「什麼是問題？」

「我們為什麼要問問題？」

當你要問問題的時候，你認為那是一個問題，你是用什麼心態在問問題？

如果你是用識性在問問題，那麼，識性本身就是一個問題。如果你不知道自己在用識性問問題，你問的問題本身只是一個識性的反應，它本身就是一個問題。

「問」的本身就是問題，不是要靠問問題的動作去問。不在問不問，而是在你所問的當下本身就有問題，因為你是用識性去問問題。問題就出在你用識性去問，所以，不在於你問了什麼，重點在於，問題受制於識性的存在狀態。**一個真正不可思議的妙答，就是要能不落入所有叩問者的識性。**

一個智者他不是用識性回答所有識性的問題，這是眾生在做的事，這是一種在因果中互相叩問的事。因果之間的叩問本身是問不了任何問題的，輪迴性的問法何來真正的叩問？識性的叩問是一個往外的動作，往外叩問的動作，再用識性去回答，是不會有任何答案的。所以為什麼真正的自性回答，不是針對識性的問題去回答的。

如果今天任何的回答是落入對方識性的問答，那個回應本身也是識性的。或者，你今天有某一種智慧性的回答，但是你還是落入對方的識性，這個作用義是沒有用的，是沒有任何意義的，是無法改變任何事情的。

所以一個回答者絕對不能落入相對性的叩問，不落入對方識性的叩問。重點絕對不是對方問了什麼問題，而是他在問的當下，是處在什麼狀態中？

一個有智慧的問法是什麼？是在問當中觀照著自己去問的，而不是往外看著別人的問題去問的，也不是在問答中期待別人能給他什麼樣的回答。

這就是緣起性空的叩問，任何緣起的當下都已經在叩問，這個狀態不是因為有人與人之間的問答，而是在於這不是一個學問，不是一個知識，不是一個形式，而是在一個當下。

宇宙存在的一切，生活存在的一切，無量中存在的一切，一切中存在的一切，都是一種問答，每一個諸相都在生活中反應你的問題，只是你用什麼態度去處理？如果你的生命是麻木不仁的，你永遠不會覺得那是一個問題。當你不覺得那是一個問題的時候，就算在問題當中，你也是連真正叩問的能力都沒有。

生命是必須有所叩問的，它不是一種質疑性的識性，也不是一種波動的情緒性的問法，而是在遮滅識性的觀自在當中，自己生起一種改變的重大性的提升，這才是真正的即身叩問。

所以，不往外問才是真問的開始，不往外問才能夠放下任何識性的叩問。今天一個大智慧者回答一切的問題，首要是不落入對方識性的問法，不在對方任何設定的議題上。**真正的回應是打破識性的叩問，打破那個問題背後的識性**，而不是他問了一個什麼問題。你就算去找一個識性的答案，滿足了對方，讓對方做一種輪迴性的識性解讀過程，但這樣對生命是沒有任何幫助的。

真正對生命的幫助是在叩問當下遮滅識性。在遮滅識性的狀態中，你所要進行的問答是——

你要問自己：「為什麼有這麼多的識性？」

你要問自己：「為什麼你會產生這麼多累積的識性？」

你要問的是：「自己如何遮滅識性？」

你在問同樣問題的時候，生死之間的問、輪迴之間的問、前生今世的問、所有相對性來去的問、所有落入其中的問、所有承受諸苦的問、所有一切對價關係當中苦難的問，這些狀態只有一個重大的答案，就是自性的問答。自性回應的不是一個識性時空裡面的答案，答案是找不來的，自性是在打破我們的識性，是在回應我們所有生命最深首要的一個奧義圖騰。今天自性回應我們的所有妙答，是在於自性不會回應我們識性的作用義。

所以，所謂根本的自性叩問，首先就是不落入對方識性的問答。更重要的是，一個叩問者用識性去問的時候，那只是他表象的一種訴求、慾望的需求，外在的一種輪迴性的識性反應而已，他根本不知道自己靈魂深處真正的反應。往往很多人的問是來自於他完全在識性的作用義上，不瞭解他自己生命深層當中真正的本願訴求是什麼。

所以，**一個智者的智慧回應是不回應表象的叩問，直接就打進去叩問者生命最深的妙用上。智者的妙答上，在對方生命未解脫的狀態下，直接就是做一種解除作用。**

問答本身不在問答，是一個智慧者以金剛力的直接回應，在對方問答的表面過程裡面，去回應、迴向到他生命如來性的恢復，同時具備打破其識性作用的問答表象。

生命是問不來的，生命本身不是找一個答案，生命本身不是有一個目標性的狀態，生命本身不是建立一個相對性的目標，生命本身是解除相對性的目標。

當你有其預設來叩問生命的時候，你已經在預設當中設限了自己。所有的問不必有答，所有的答何必有問，所以問和答之間只是一種相對性的引領而已，大智慧者在問答中只是自身的一種教法。

生命學習不來，叩問不來，生命本身的中道，那個「道」本身就是放下你的叩問，放下你的目標、你的一生、你的追隨、你的往外，和你即身本身的狀態。你所叩問的在問答之中，就是你自己的識性在作用。你識性所作用出來的問答，就是你必須放下那個問答本身背後的所有識性。

所以大智慧者是在問答之中，叩問出自己的識性為何做這樣的問答。問者不必是誰，答者又何必有任何答案，重點是在放下識性。放下識性你才能瞭解到，**生命本身真正最深的問答，就是放下識性。**

所以自性海中真正的妙問妙答，無問無答，自問自答，自性自叩問，自性自妙答，自性本然成，自性本基礎，真正就是實相圓滿當下無問答的自性義。

緣起性空究竟義的第一義

∞緣起的當下就是當下的非當下，緣起當下瞬間就已經沒有了緣起。

我們今天要講佛的第一義，佛的第一義就是佛的究竟義，**究竟義的當下就是——當下的當下已經是無量的究竟，當下的非當下就是無邊無量的究竟。**

所以剎那實無剎那可言，這就是究竟義，這就是第一義；當下無當下可言，這就是究竟義，就是第一義；無常非無常，無常的當下無無常可言，這就是究竟義，這就是第一義；生死的當下無生死可言，這就是究竟義，這就是第一義。

當我們了悟第一義的狀態時，就能進入諸佛本緣的心態。肉身之功德本在無識性無我之本願，**若不落入識性，肉身緣起第一義究竟已是諸佛本心妙用**，所以肉身緣起等同等持諸佛本心法要之緣起。所以諸佛本願其第一奧義為諸佛應許在世間之肉身，肉身身口意之緣起本是諸佛本願之緣起，此謂為諸佛本願肉身緣起，肉身緣起已是諸佛本願之緣起。

所以肉身在世間一切的起心動念，在第一義的無時空之中，是等同本然俱足的諸佛本心本願本緣的等覺之狀態。佛的第一義就是大寂滅法，也就是任何的當下都是沒有方法，都是沒有路可以走的，沒有所謂的過去現在未來，過去現在未來是無邊無量的當下形成的一個當下。

我們要成就究竟的第一義，才有辦法進入緣起性空的狀態，**緣起的當下就是當下的非當下，緣起本身的引動就是最究竟的第一義。**

除了緣起之外還有什麼？緣起當下瞬間就已經沒有了緣起。在世間的道途上，我們一定要懂得第一義的狀態，我們的即身肉身才有辦法解脫；不懂第一義究竟義的時候，任何的解脫是不可能的，只不過是在相對裡面做一些佛事罷了。

所以我們對於事理都是要無上正等正覺的，所有的理路都是世間，所有的世間都是理路，這是等同存在的。任何的事情一定有其背後的理路，我們也要等同等覺的觀自在，打破一切的當下即身的存在。

所以不管無邊無量任何的次第如何，我們**在緣起上雖是有必然的次第，但是在性空上，它是完全直接打破任何次第的，這就是瞬間的一種重大的頓悟狀態。**

不經過而自經過，這就是自性義的狀態，這就是自了義的狀態。我們自性的空無本身就是在非空非有之中，當我們瞭解究竟第一義的時候，我們即身肉身就是第一義，我們的存在就是第一義。

第一義的當下，就是當下本身身口意存在的每一個究竟義，自己就是觀自在的狀態，觀無所觀，每一個究竟的狀態在覺所覺空之時，連覺本身的存在都是必須被空掉，就是空覺的狀態。

在空覺的狀態，一切的次第都是究竟時，我們肉身雖然存在，但我們是空性、空相狀態，這個相是存在的，但是背後是空的狀態。

所以，一切的萬有都是空的狀態、空性的狀態、空相的狀態，虛空的萬有本身就是真空妙有的一切存在。一切的緣起，印證了所有不可說的存在的虛空性，在虛空性當中，也應許了萬有無邊無量的如如的輪動。

所以我們要瞭解，真如的狀態就是一切存在本身的因，我們一定要從觀自在的畏因當中去瞭解，很多緣起的狀態，背後湧動的如來義的重大智慧的真實義是等同等持的。

我們一定要切記緣起性空的必要性。性空本身就是——當下你的存在都是性空的，你的心性、你的一切都是性空的狀態，甚至你的識性本身也是性空的。**識性緣起，性空本然**。這就是關鍵。

一切緣起的萬用，**我們必須在「用」當中的諸相緣起，應證自身證得真如的佛性狀態**，這就是如如不動的緣起性空的第一義。我們要究竟的時候，就是我們要證得平等心的等同等持的狀態，這是通往報身成就的必要性，是轉識成智的必要性。

我們一般講的報身成就是指轉識成智，轉識成智的過程就是我們能夠從落入緣起的狀態進化到性空的過程。

生命的本願是要把我們累積的因果，和所執著的那些識性，全部轉識成智，所以才要經過永劫來各種不同顯相的識性生命形式，解除在緣起當中無法性空的部份。落入當下緣起的時候，就一定有累積的因果，那就是生命轉識成智的功課，你轉得動，就有機會體會性空，就有機會印證而到成佛。

所以事理是不二的，即身的當下緣起是性空理路的密行，密行當下的第一義也就是我們當下必要的轉識成智。所以當下的任何一切緣起就是轉化的必要性狀態。

我們要有辦法出離轉化，才能夠排毒解除，這就是關鍵所在，這就是人生唯一的理路，但是要透過事情不斷的去引動出來，就是意味著，**性空是透過緣起本身，以即身肉身去印證在我們生活之中。**

當我們了義當下性是非當下的，了義任何的存在是無邊無量的，任何宇宙、任何地方的當下都只有當下性，不管它的存在是什麼，這就是本質上的究竟義。我們要有這麼大的究竟的格局，去看到我們自身所存在的每一個當下的對應狀態、輪動性的對應狀態。

為什麼我常常提到輪動性的狀態？因為人類有太多執著性的教法，都是被動的，沒有能力以如如不動的厚度去引動任何究竟的圓動。**主動性的圓動，才有辦法突破我們自身受制被動的各種不同識性的輕重狀態。**

所以，緣起的真實義，就是事理不二的緣起性空不可說的佛說公義，究竟的本身也就是我們自己本身的無量心，在每一個肉身輪脈的經絡當中，都是如是的轉識成智。

當我們在密行的存在中，得到了如來應許，成就了報身成就轉識成智的輪動，成我們日常生活中的一個生命態度的時候，我們整個的狀態就會是不一樣的，完全不是識性世界和識性肉身可以想像的存在。

究竟義的第一義是無所不在的，它是一個諸佛基本存在的本心的妙覺作用義，無上正等正覺的妙覺作用義，就是諸佛的基本存在。

所以，當主性或世尊或諸佛來到這個世界，重點是實無一眾生可滅渡之，不在於今天救不救渡眾生的問題，而是**讓每一個眾生確定自己就是究竟第一義存在的俱足性**。雖然，凡夫俗子不認識這個狀態，也不見得所有的聖人都能有這樣的境界，但這個狀態確實是宇宙的實相，第一義的存在本身就是一個最具體的答案。今天並不是佛去創造什麼解脫的道理，而是**解脫的本質的實相，本來就是在虛空之中，只是佛去恢復了，去證實了，去印證了這樣子的恢復。**

本體的實相本來就是不生不滅的，但是今天有眾生這樣的生命存在，不生不滅的實相還是在；有眾生成佛了，他證明有不生不滅的時候，不生不滅還是存在，這就是關鍵所在。

實相的狀態本來就是不生不滅的，你是眾生，它還是不生不滅；你是不同次第狀態下的一個覺者或本尊的成就者，實相還是不生不滅的；當你成佛了，你印證了一件事情，就是不生不滅，那個不生不滅的實相還是本來俱足在那邊的。這就是我們要瞭解到的基本究竟義，第一義的基本存在狀態。

如如不動的空相身，回歸本質的自性海

3 肉身要先有「我在空相之中不著於空」的厚度。

深化本身要生生不息，當你不能生生不息的時候，就表示你已經「著」在一個空相狀態。你著在空相的狀態時，如來就會透過一個關鍵的狀態就是「著空」，進行一個關鍵性的引動，但這也是被照見的。

最難打破的就是「著空相」，因為著空相時，沒有一個對象可以再來逆破，也就是逆破的緣起都已經不見了，所以就輪動不上來一種面對叩問的相對性。當沒有叩問的相對性的那一刻，就表示你必須走出階段性的空相，也就是你必須在覺所中覺空。

著於空相不只是針對著於清淨相的空相，更在於任何緣起的次第都必須有涵攝回來的空之涵攝力。空之涵攝力在某一種相對的覺所之中，解除所有領眾之法執，在次第的輪動之中，**當空之涵攝力已解除了領眾救渡所產生的累積時，此空之涵攝力也必須不著於空的打破空相的次第狀態。空有本為互相輪動的中道本體之示現，所以在空有的雙融之中，有非空非有打破各種不同次第空有的覺所覺空之妙作用義。**

也就是說，你自身在這個階段基本上已經到了一個狀態，就只剩下那個結界空在那邊的空的狀態，你必須要化掉那個狀態，也就是把結界的軌跡、結界的形式、結界的狀態整個解除掉，然後重新再來。當重新再來的那一刻，已經是完全不同的作用義，就是一個大階段結界性的專業，在那個空相結界當中的轉識成智已經完整了。這個時候，就必須打破這個階段的空相的結界，開始通往廣納妙作用義的渾然天成。

也就是指，在這一個大階段中的轉識成智已經整個的淨化了，不再需要有相對性來對應，因此這已經是一種無相對性的狀態，沒有任何相對性的課題需要再來面對，基本上那就是一個空相的架構。

這個時候，如果我們著在那個空相狀態中不自知，我們就會動不起來，當動不起來的時候，如果你再往外試圖抓一些狀況，刻意的用力去問，也是用力不起來的，它就是會消散成一個空的狀態，久了就變成是著空更嚴重的一個結果。所以很多人習慣在空相的狀態裡，整個人就會呆滯，形式上是呆滯的。

所以我們要解到，**當我們自己本身在一切緣起相對性的作用義上，覺所覺空的時候，已經進入一個空相狀態的成熟期時，這個大階段的面對就要整個空掉，結界的軌跡和形式也必須空掉，這個時候就代表我們進入一個更不同的階段。**但是，我們面對一個新的不同的階段，不能夠做任何的預設，一定要安住在如如不動的空的狀態，等到報身佛再引動新的大階段，它自然就會生起，這是即身當下的狀態。

不要在著空的過程裡面，想要走出那個空相，又用力的往外偏向另外一個狀態，那是反倒有讓自己退轉的可能，很容易偏到另外一個相對性去，又落入另外一個軌跡中，所以不能用力去抽拔一個「著空相」的狀態。

刻意想要走出那個空相，就會落入法教思議的識性想之用力，反而讓自己越著在空相之中越是走不出來。空相結界之打破，是即身當下對本體如來報身佛禮敬回歸本質初心的質變之力。**「空有」之質變不能有絲毫識性作用的干擾，只有永劫以來任何的識性原罪以虔誠的良知良能，迴向在實相本體的本質自性海中，方能質變任何「空有」次第的轉化過程，**切勿以任何教法教義認知的法教角度去做任何「空有」問題的改變，這個密藏點是從來沒有任何修行者意會得到的生死關鍵。

「空有」的質變之義，任何修行次第的法執法教，只要有任何識性的殘存，無量的宇宙教法沒有任何功德力可以切入「空有」質變的議題，只有主性的密藏方能得諸佛如來本初本願本質之湧動，而解除所有無量「空有」之密藏議題。

我們在一個重大專業的結界之中，轉識成智已經到了某種空相狀態的時候，必須要注意不能著空，只是，我們在空裡面看不到自己的著空，但是報身佛會提點，當我們沒有外在的緣起來形成逆破時，我們可以找事情來面對，打破自己在著空時殘存的不空之處，那就是緣起性的覺所。

覺所的轉識成智，空了緣起的不空之處，就切入非相對性的狀態，進入空所空滅的狀態。當相對性的法供養都不存在的那一刻，緣起當下就是報身佛提點的性空的切入點。這就是，覺所之處，質變不空識性，轉識成智，入如來本空之本體。

覺所的當下，所在的一定是逆向的切入，一定是逆破的轉化，覺所就是為了畢竟空，轉識成智質變掉落入空有的問題，讓覺所的當下是本覺的本質，這就是重點所在。

這時候，覺所要整個解除掉，空相也要解除掉，而我們自己就安住在基本的本質狀態就好，自發性的狀態就可以。不要預設過去現在未來，也不預設下個階段會是什麼樣的狀態，因為再預設下去，就會走上一個不必要的因果性的連結。這時候，就是讓自己如如不動在一個本質的狀態，祈請如來在最相應的過程中，湧動一個當下性的面對，自然就會再生起一個新的輪動的重大法供養的法緣和法性。

其實到最後，**沒有任何的面對，才是真正的中道。**如果今天我們要靠一個相對性去逆破，事實上那還是一個相對性的可以用力的軌跡，就算是一個即身當下的逆破，它還是在一個相對性的狀態之中。

若是所有的相對性都解除的時候，我們就全面性面對無常的天下，我們的肉身就是天下的無常性，我們的肉身就是天下的報身性，我們的肉身就是天下的如來性，我們的肉身就是整個無常存在的法報化三身等同等持的存在。

我們不會稱任何自己存在的意義，那些都是不必要的；我們也不必稱任何的佛號，不必稱任何的狀態，我們只在一種自叩問的自發性的面對，就讓自己存在那個存有的狀態中。

所以，**存有本身就是俱足的，就是因為俱足才能反應問題。**我們自身如果功德力夠，我們直接就是在一個本然的空之中，那怕是空相，不著於空就可以了，我們就是讓肉身的空相是整個自發性湧動的狀態，自發性湧動的面對，卻是沒有任何相對性面對的軌跡。

也就是說，你會很清楚知道整個肉身是空的，不是空性，而是空相狀態，你都是自發性的面對，百分之百不必透過相對性去面對，沒有一個外在之力的面對，不管是相對性的外在之力，或即身當下肉身的內在相對性的面對軌跡，通通都沒有了。

當內外通通都不需再這樣去對應面對的時候，這只有一個答案，就是空相中的湧動。這種湧動的每一個狀態都是深層的，這裡面沒有多餘的轉識成智，就算是轉識成智也是自發性的轉識成智，沒有人為的轉識成智，**沒有任何相對性軌跡的轉識成智，就是基本無相的轉識成智。**

在空相之中的基本狀態，就是絕對性的報身佛狀態下的本質湧動，往往就是最深層的因緣果報狀態會全部湧動上來。當空相的肉身在覺所的那一刻，所湧動出來的狀態，我們都是如如不動的空相身，空的肉身裡面湧動上來的諸相都是本質性報身佛湧動出來的，這些狀態在一段時間之後，自己就空掉了，也不必有任何轉識成智的過程。那是自發性的轉識成智，全部都是報身佛掌握下的關鍵，全部都是無邊無量眾生回歸的一個湧動的過程。

我們的空相本身也是被覺的，覺所之義本為空行法之妙用，所在如一之本，唯覺而已。空相為諸相之最後一相，空相為覺所之所在之最後所覺之相，謂之覺空，乃覺之空相，然後入空所空滅，就是空相之所在，亦為本質之覺之湧動，空相也是被覺的最後之相。

所以，空相被寂滅的時候，就是所謂的空所空滅之境界，這就是覺所之處，所在已空，連最後的覺也因空相被寂滅，覺本身也回歸到本質的自性海之中。

被覺的萬有之所已空，能覺的萬妙之本也已空，空所能所雙滅，無任何的諸相，無任何的覺所，只剩如來本體的空性。

但那是空的狀態，是沒有任何相對性面對的狀態，這個狀態就是「空身」，空相身，身覺狀態也是一個覺空或空覺的狀態。

身口意之肉身若有識性殘存，覺所必有不空之處，若肉身無任何識性，肉身即是空所之空行，本質空行之肉身為空行輪動示現之當下第一義，身之空行身。

身為空性肉身所變現，口為空性肉身所變現，意為空性肉身所變現，變現之義，乃身口

意無識性之存在，為如來於世間無上示現之主性臨在，一切之義，行之於身口意的，為空性空行之示現也。

我們就是如如不動在這空相之中，不著於空之有，不著於空之無，也不著於空之一切的轉識成智狀態，在空中不著於空。**所有空中的諸相到一切，都是所有無邊無量回歸的主位皈依境，就是空相的主位皈依境。**

肉身要進入這個狀況，就是要先有「我在空相之中不著於空」的厚度，所以肉身唯一的意會就是無法再用力往外有任何軌跡的緣起來面對。

性空的狀態，就是心性是空相的狀態，緣起是自發性的面對，而不是相對性的面對，這是關鍵的密碼，關鍵的不可思議的狀態。所以，**空相基本上就是如來相的初機。**

第四章

行深與寂滅

本質的戒德

∞ 你的本質性裡面，無法再承受不必要的狀態，完完全全清淨的時空點。

我們今天要表達一個非常重大的密行，就是本質性的密行，你自己本身有某一種轉識成智的解脫性時，有某一種本質恢復時，這裡面會產生一種本質性的覺，就是你沒有辦法再去聽識性狀態的身口意，這個沒有辦法不是不尊重，而是一種出離性的戒德。

我們要有一個非常清楚的存在就是，我們要用本質做為格局的基本基調。當你有本質的解脫力的時候，那種本質性的對待，是人類所不了解的。我們人類的軌跡是完全不知道戒定慧的臨界點是什麼？但是本質性的狀態是不一樣的。

本質性是具備如來性的功德力、報身成就轉識成智的功德力，具備所有應化身的顯相的功德力。所謂應化身就是，你相應而顯化出來的即身肉身狀態的每一個行為，你都知道那個密行是什麼，其密行本身的每一個臨界點，你都知道本質性戒定慧的關鍵點是什麼。

所以當本質性的解脫力有一定的功德力顯化在你日常生活中時，那裡面有一個本質的戒，你沒有辦法再聽眾生一直在表達很多不必要的時空，那個出離性變成你的一種戒德。你不可能讓別人去隨便與你對應，這不是關係的問題，不是你是我的誰的問題，不是條件說的問題，那是一種直心的狀態。

這個戒就是你這個本質性裡面，你是無法再承受不必要的狀態，是無壽者相，不承受的。你不承受的狀態成為你日常的生活時，你任何的因果、你任何永劫來的生生世世裡面，包括你自己的，當你的報身成就湧動了某一種前生今世的因果時，你會快速即刻的在本質性裡面消融掉。你內外的一切生活存在，也會很快地消融掉。

你自己本身的本質力，形成你肉身的善逝力時，你所有關係中粗的細的狀態，你不會浪費時間在那樣的對應上。幾乎所有的生命，因為識性重，當他們在表達一個重點時，要講很多附帶攀緣繞路的因果性的記憶，講都講不完，但他不會覺得苦，他不知道這個苦，都是活成一種散亂性的身口意、渙散性的身口意、粉碎性的身口意，他完全不知道自己每天是這樣活著的。

但是對一個有本質性解脫力的肉身存在來講，重點聽完就是沉默，止息了，不必說了。今天如果有某一個關係的對應，對方說了一堆的話，你瞬間就很清楚，就出離了，就戒了，就不聽了，你不會浪費時間。

一個本質力的總觀，那是世間法的一個尊重，只要對方講幾句話，你馬上就知道這裡面的因果性。那麼要不要回應對方，或怎麼處理，得看對方自己面對的態度。因為有很多人只是講講，有很多人只是要倒帶，倒垃圾而已，並不是真的想面對自己生命的問題。有很多人，你雖回應了他所講的內容的生死點，但有什麼用?他不見得想要改變。

一個具有本質力的人所對應出去的，其本質力是有照見力的，是會引動某一些識性苦難的狀態，那是會讓人震盪的。但有很多人不懂這點，也不想面對，認為這樣的力道太重，他承受不起。

所以本質力的狀態就是一種戒德，這個戒德很清楚，就是完完全全的一個清淨的時空點，這個臨在性很重要。所以為什麼一個具有本質力的狀態，會在當下的瞬間就清掉很多累積。在如來湧動、報身佛湧動的過程裡面，當你肉身已經得某一種本質性的報身成就時，你肉身能夠去相應這個重大狀態，有辦法用肉身去運作這個報身力量時，具備有善逝力的本質時，很多事情、很多關係是不可得的。

你不會想在你人生當中的每一個點點滴滴，浪費在別人的一個因果陳述當中，因為那是聽不完也救渡不完的。你會很清楚的知道那個權柄是要交給對方的，你不會浪費那個時間，你不會做多餘的動作，你也不敢去形成所有多餘的狀態，讓眾生在那邊做一個繞路的過程。

如果你的本質性不夠，你的善逝力不夠，而你對眾生的苦難有一個衡量時，你就會在那邊產生某一些教化，成為某種法執，因為你認為眾生一定要經過某些過程，所以你就弄一個教化給他們去安頓。你沒有辦法去意會到，那是你引領的一個法執，你對眾生沒有信心，你對如來的本質性沒有百分之百的信靠納入，所以你會弄一個教法。但是，要**解決問題的其實是你自己，你本質性不夠，你會對眾生的苦難有所衡量，所以你就立一個教法，然後讓眾生繞路。**某個角度來講，這就是讓眾生繞路。

我們要表達很清楚，**本質性的基本力就是善逝**，不建立任何教法，直接讓眾生知道自己的力量在那裡，讓他們自己善逝，在自己日常生活中善逝，這就是地球整個開演中，中道的一個重大的法流，終極性的法流。

每一個肉身都要成為他自己的主性，從日常生活中去做起，就是即身善逝。如果不做，那就繞路吧，那就輪迴吧，那就永遠有多餘的狀態在自己即身肉身的每一個身口意裡面，這是非常清楚的。

今天我們自己本身的戒德，就是本質上我們要有一個結界，當所有的眾生因為某一種關係，他多說了什麼?多繞路了什麼?我們馬上就處理掉，我們馬上就不繞這個過程，不做多餘的對應。這樣子整個對應下來，我們本質性的功德力在我們肉身是非常確定而穩定的狀態，這就確保我們肉身百分之百在有生之年可以全面性恢復本質性的肉身。

我們不是以慈悲去傾聽，若如此，你永遠就聽一大堆人在關係之中的因果，每天找你吃飯喝茶聊天，每天對你陳述痛苦。

這樣子就是修行嗎？

這樣就是改變嗎？

然後等他講了半天之後，你再好好跟他講一些重大的話嗎？

你有幾分鐘可以講？

這樣子真的能引領什麼嗎？

這樣子是假象的等同等持，這是浪費時間的。

一個有戒德的本質性的狀態，他在一個臨在的當下，在一個基本的時空點裡面，就全部很清楚總攝所有的因果狀態，包括怎麼解除善逝。在這種情況之下，你就會很清楚的知道善逝力的重要，一個本質性存在的重要。

我們肉身本質化，我們肉身的基本行為就是善逝力。因此我們今天一定要即身處理我們所有的肉身的無常，我們一定要在日常生活中任何的存在裡面不繞任何的過程。我們在臨在的每一個臨界點上就是只有主性的對應，別人的識性時空我們尊重，但是不受制，不耗在這上面，這是一個基本莊嚴的態度。不要被眾生的時空耗掉，不要被因果的時空耗掉，耗掉我們每一天的時空點。

所以要很清楚的知道，本質的戒德就是自己本身的觀自在，在一切關係的對應當中都要遞減不必要的相對性，縮短那個相對性對待的時候，所保有的時間和空間只有一個態度——轉識成智在自己本質化的一個過程裡面，肉身的應化狀態能夠顯相出來的一切，都是報身成就的一個重大的轉識成智的寂滅過程，當下就是轉輪聖王，你就能輪動你的正法，在你即身肉身的每一個當下。

當你的本質性完完全全徹底地建立在日常生活時，你會很清楚的知道，很多的事情一己的完整就可以了。所有的眾生太多的道聽塗說，就不必說了，也不必聽了，他們自己要說多久，他們自己去說。

當只有願意面對生命的一個基本面存在的時候，當所有的大環境引動某一種革命的時候，那就是我們真正以本質臨在的當下。這樣的開演才是真正莊嚴的顯相，解脫道的正法大行。

生命終極的究竟寂滅

⊗自性開悟只是了解佛性的大方向，不代表已經具備第一義佛成道身的狀態。

我們要了解到，佛的第一義本身就是大寂滅法。大寂滅法本身就是——任何的生滅法我們全部都寂滅，就是要成就在「我之中」的妙法。

我之存在必從識性我去理解，我之存在有必在出離之中遮滅識性，這是初步了義寂滅識性我的開始，**捨無所捨，入轉識成智之妙作用之寂滅。在轉識成智的面對中，就是寂滅各種教法、各種次第的我之法執，而到無壽者相、無我相、無眾生相、無次第相，方為入一切之無生之如來相，為終極無我之大寂滅無上甚深微妙法**。

也就是，在一切的存在之中，本來就是自然成的狀態，當下的本然，它是無邊無量的狀態，這就是佛本身示現在主性如來的重大的密行本法。

我們要了解，所有的皈依的究竟，其本初就是大寂滅法，就是涅槃法，也就是本身如來諸佛所有的本心妙用的真實義。**佛的第一義狀態也就是我們肉身本身的當下性**。

今天我們講佛的第一義，並不是以成不成佛的立場來講，而是從實相的本質狀態來講。眾生本身不管他今天的狀態是如何的因果輪動，但是我們必須在最究竟的地方，去確定佛的第一義就是真正的如來本心的密藏，眾生都具備這樣的條件，只是眾生他自己不知道，所以在眾生的立場中，我們要引導他走入究竟的大寂滅法。

我們一定要徹底的公告，所有的寂滅本身就是關鍵所在——

寂滅所有的相對性，寂滅所有日常生活中身口意的相對性，

寂滅所有存在的相對性，寂滅所有識性的相對性，

寂滅所有宇宙的相對性，寂滅所有一切人生命生活的相對性，

寂滅所有陰陽的相對性，寂滅所有輪迴的相對性，寂滅所有因果的相對性。

所以寂滅的過程裡面，就是非因非果的狀態，非男非女的狀態，非陰非陽的狀態，非空非有的狀態，這就是關鍵所在。

所有的相對性就是必須「非」掉的狀態，所以當下我們的本然只有一個答案就是——我們背後的基礎就是建立在無邊無量的狀態、無始無終的狀態。也就是我們身口意的狀態，不管今天我們是不是成佛，成佛到哪一個程度，修行到哪一個程度，轉識成智到哪一個程度，都是存在這樣子的一個當下性。

是眾生也是當下性，是諸佛也是當下性，在任何的次第當中都是必要的當下性，或者你在宇宙輪迴的必要當中都是當下性的本然狀態。當下本身就是本然當下的一種存在，

但是當下的本然存在，當你是眾生的時候，你要了解，當下是用來做什麼？就是寂滅所有的識性，這就是關鍵的所在。

我們要把這個立場講的非常清楚。雖然在本義的立場上，佛的第一義本身就是所有的生命都是俱足的，當下都是俱足的，只要具備當下性都是俱足的，當下就是無邊無量，當下都是無始無終，當下都是不可思議的。但是以眾生的立場來講，你觀自在當下，你自己要具備一個轉識成智的能力就是非當下，你當下的一切問題裡，你要能轉動當下狀態的苦難和因果識性的時候，你才有辦法轉識成智，你才有辦法真正進入體會一個有實力、有功德力的佛的第一義狀態，這才是一個事實。

但是我們在本義上的大寂滅法中，就是所有的相對性都是要徹底寂滅的，這個關鍵就是為了體會我們自己的涅槃性、究竟性，和終極性的事實。我們整個人類的格局不夠大是因為我們本身不懂得寂滅，我們都存在一個識性往外的追求過程裡，就是有為法的狀態，所以我們困在有為法裡面，我們把「有」當作自己的存在。

我們真的有「我」的存在嗎？這是一個關鍵所在。我們所以為的我，是哪一個識性裡面的種性的存在呢？所以我們要了解到，識性本身的最深狀態，最後寂滅到究竟的時候，我們自性光明乍現的那一刻，很清楚的，我們就是通往成佛的路，不是自性開悟，而是馬上成佛。

自性開悟只不過是你了解了佛性本身的大方向，但並不代表你本身已經具備了第一義的佛成肉身的狀態。所以要了解大寂滅法的重要性，是用在眾生相對性的解除，用在轉識成智的識性解除，也用在一切開悟之後，還有一些轉識成智軌跡當中所有識性的解除、一切次第識性的解除，和一切修行覺受的解除，這些都是大寂滅法的必要性。

當我們當下的輪動不可說的時候，我們不必再去認證各種次第的辯證過程，我們要認清的只有一件事情，就是當下本然的事實，俱足一切的第一義的佛性，我們直接解除心性當中所有的因果狀態，這就是終極性的大寂滅法。

當我們自身的佛的密藏、主性的密藏、如來的密藏，都能夠得到即身肉身的重大傳承的當下，只有一個結果就是——我們當下無始無終的究竟義，就是佛的第一義，也就是如來的第一義、主性的第一義。

當下的即身存在只有一個面對就是，你肉身到底要做什麼？就是轉識成智的狀態。轉識成智的目的，就是為了要寂滅所有的識性，這是我們本身要如是我聞、如是奉行的關鍵所在，此外人生沒有其他的事情，只有這個事情才是最終極的意義。

如果今天有一些人，他本身擁有一些東西，他要的只是福報，他覺得沒有什麼問題，認為「這樣非常的好，若要面對生命是非常恐怖的事情」，那麼，我們還是世間尊重，也就是他要去天界成他福報的狀態，我們還是非常的尊重。但是這畢竟是一個福報的狀態，不是一個智慧的狀態。

得解脫智的時候，我們第一義的究竟義就是徹底的不可思議的狀態，沒有任何事情我們是會執著的。但是當我們在究竟的解脫狀態中，任何的事情、任何的諸相，我們都是可以不執著而妙用的，緣起上已經是性空，性空上就是萬有的緣起，識理是等同等持的。

緣起就是識，理就是性空的究竟。識非識，識為因果之意會，卻為緣起面對自己生命見諸相之開始，以此入無上之理路，行一切質變之轉識成智。以智為理，導之一切質變識性之行法，而入不思議之法性之理智，無上之智，理清一切所有需過濾解除之識性，而入無上究竟空性之法理。

所以我們今天表達一個終極的大寂滅法，一定要徹底的奉行在我們的立場上，要不然很容易在我們日常生活中，讓肉身的動作引動太多的識性殘存，如果一直浮沉在這樣的修行方式，那個生死是永遠無法斷根的。我們要了解，當我們徹底究竟的時候，很多事情本身會非常清楚，是自發性在本質上去判別所有的失去與擁有之間的狀態，我們即身本身的第一義是永不思議的。

寂靜、寂滅與寂淨

∞ 以寂作為存在存有行法上的不可思議，善逝一切，捨無所捨，捨到究竟。

我們第一個要恢復的莊嚴生活就是寂靜，安靜的靜。你如果靜不了，什麼都不用談；你如果靜不了，永遠都是在一個沉淪當中的波動，你在波動當中裡面的身口意，永遠都看不到一切的狀態。所以我們一定要懂得安靜，我們一定要選擇一己的完整性，永劫以來一己的莊嚴，必須建立起我們生命的一種中道的基本安靜。**我們一定要寂靜，因為只有在寂靜的狀態中，我們的覺才能夠出來，我們的觀才能出來，我們真正基本的穩定度才能夠出來，所以我們需要寂靜。**

重點是，當寂靜之後，我們要進行什麼?寂滅的狀態。

我們在安靜當中，能夠湧動出各種永劫以來的不安恐懼、各種矛盾、各種痛苦、各種貪圖、各種承受、各種識性，我們都必須寂滅。我們要進行整個寂滅的工程，我們要滅掉這樣的狀態，我們要滅掉所有的因，我們要在我們的寂靜當中升起所有的果，我們要進行寂靜中的寂滅，這才是重點所在。

在我們寂滅的當下，我們要求一個究竟。我們一定要懂得一個究竟點，若看不到我們的究竟，就沒有辦法了解我們到底如何進行即身肉身的改變革命的工程。我們今天要革命的，不是革別人的命，我們要革命的是自己即身肉身重大的整個改造的工作。我們要很清楚，我們一定要讓所有的肉身都懂得，**自己生活的重大法義就是對自己進行空前的革命與改造。**

我們不要等下一次，我們不要等下一世，我們不要等下一秒，我們不要等下一個人再來提醒我，我們不要等下一次的因果面對的時候，我們再來面對什麼，我們不需要靠這些外在的狀態，我們唯一的外在全部拿掉，我們唯一的狀態就是「寂」。

因為「寂」會讓你在戒定慧當中本身所有的浮動都被照見，所有的「寂靜」在「寂」當中，我們才能真正有辦法深觀，我們的肉身裡面，我們的肉身會成為中道中脈的狀態，沒有多餘的往外到右邊，沒有多餘往外到左邊，我們整個即身肉身都是在中觀當中，就是「寂」。

我們要寂滅所有多餘的狀態，所以一個肉身行一切動態無常的時候，本身就是唯一。**你的肉身就是你唯一的時空法門，你在即身當中，「寂」就是一個完全無時空的狀態**——沒有多餘的累積，沒有多餘不必要的時空感，全部寂滅，我在我之中的「寂」的狀態裡面，止息所有升起的狀態。

所以，「寂」本身的狀態就是我們肉身初步的莊嚴，在這種情況之下生命本身的道，它就會形成一個真正的解除過程，在解除當中的那個經驗值裡面，你都能夠不思議地湧動，不思議地解除，不思議地真正地寂滅，止息而解除。

所以你自己必須要有一個清楚的狀態就是「寂」。「寂」的過程裡面所進行的一個「滅」的狀態，就是能夠進行到所謂的「寂淨」的狀態。那個淨不是安靜的靜，那個淨是一個有機性的真正有功德力的淨化過程，那稱為「寂淨」，因為你已經清淨了。

當你有初步清淨的時候，這個淨化的功德力就是真正寶生的狀態，它具備了再生的能力，具備了解除的能力。然後，我們拿初步的寂淨再來寂滅一些事情，所以「寂」本身就是重大的法義流程。

法報化三身當中，「寂淨」為本體，「寂滅」為轉識成智的報身，「寂靜」為基本的應化身。因為在寂靜當中，它初步的輪廓就是穩定地把所有的問題反應出來；然後在寂滅當中，就是轉識成智；一切的解除過程，到一個清淨光明的本體狀態。所以清淨當中，其寂滅的轉化過程，用寂滅體會本體的狀態。

所以我們本身在莊嚴生命世間尊重的基本的「寂」的過程裏面，它有一個基本的「寂」廣三的態度，「寂」的廣三法流就是——寂淨，清淨的淨，寂滅與寂靜。所以我們今天在廣三「寂」的功德力的行法上面的密行，必須非常深刻地去莊嚴我們的身口意，就是身寂靜，寂滅，寂淨；口寂靜，寂滅，寂淨；意寂靜，寂滅，寂淨。這樣子的狀態，我們才有辦法在無常的世界裡面，一切的動態當中，都能夠有基本的行深。

所以在佛法的狀態當中，「寂」是非常重要的。「寂」之前，就是你要能夠徹底地如是我聞，當你在如是我聞的狀態裡面，你要能夠不思議。在**不思議當中，我們就是處在一個「寂」的狀態。「寂」就是一切中道的基本面，所有的「寂」就是如實如中如一如圓如實如相**，所以在所有的真行當下，「寂」就是根本義。

你肉身本身的「寂」非常的重要，這個「寂」就是你滅掉了所有的多餘，你善逝掉了所有的一切，捨無所捨，捨到究竟就是「寂」。

所以在「寂」當中的「寂行」，你本身能夠湧動出所有的寶生之道——

你的壇城湧動，你的本體湧動，你的佛首智湧動，

你的報身佛湧動，你一切的報身成就湧動，

你一切的覺湧動，你一切的觀湧動，

你一切的功德力湧動，你一切的轉識成智湧動，

你一切的重大眷屬回歸湧動，你一切的磁場湧動，

你一切的不空成就湧動，你一切的重大道場湧動，

你的關係湧動，你一切的一切護法回歸湧動，

你一切的重大的捨無所捨、你的善逝、你的一切全部湧動。

這個「寂」就是一切真正核心價值的所在，它就是十字架當中的原點。所以肉身本身的「寂」是重大成就的關鍵所在，它是空門的基本面。我們要用「寂」來對待我們所有身口意一切的狀態，我們要用「寂」來讓我們報身成就在我們一切法流當中。一切經絡上運作的能量場的「寂」，我們要讓「寂」的能量場進入我們肉身，我們在「寂」當中讓所有的功德力湧現，我們在「寂」當中解除所有在無常裡面的痛苦苦難，我們在「寂」當中湧動所有的不安恐懼，這一切我們都能夠寂靜寂滅。

所以在一切永劫功德裡面，所有的宇宙是無聲無息的，那就是一個虛空本初佛的基本常態的狀態，就是「寂」。這就是為什麼當解脫成佛的時候，到十三地的功德力稱作寂光淨土。祂是光明的，但祂是寂靜的，祂是沒有光明相的，但是這個時候才能夠應許進入整個真正的虛空無窮盡的闇黑狀態。我們講的闇黑本身的存在是一個無窮盡的最深布景的願力，就是闇黑，不是相對的黑暗光明，與這個無關。

在永劫以來，所有生命的基本面就是一個寂靜進行的淨化過程、演化過程。所以我們今天的存在當中，我們要表達一個即身身口意莊嚴核心的中道本義就是——以「寂」作為一切存在存有的行法上的不可思議。

當下的肉身即是虛空

∞ 必須即身集中在如一的當下，否則看不到自身的原點，就永遠是在相對性。

我們要了解，今天為什麼我們存在的奧義是何等的重大，當下性的重要性是在這個地方講的，因為只有在當下我們才能夠意會到自己的存在。我們講的存在不是識性的存在，是當下轉識成智的基本面的存在，是打破自己慣性的存在，這個打破性的存在，它是一種動態的存在，是無常性動態的存在。

我們永劫以來的輪動，不是為了去建立一個家，不是為了尋求一個假象的平安，這個狀態就是落入所有識性設定的陷阱和騙局，所以我們失敗了，我們落入了識性。在主性的運作之中，相對性本身就是一種設計，永劫以來宇宙的各種不同形式，基本面就是相對性，就是所講的陰陽，我們的重點就是在這裡。

我們落入了陰陽相，我們就輪迴在陰陽之中的相對性，所以任何的生命形式，無不是以陰陽的各種不同形式的輕重比例、陰陽能量場輕重比例，而形成各種不同和合的生命形式，但是如果只看到生命形式的表相，我們永遠落在陰陽之中的輪迴裡面。**所以陰陽相**

對性是一個設計，是一個布局，是一個檢視和考驗，就是讓我們懂得不落入相對性的狀態。

我們一直在表達，你要懂得不落入相對性的狀態，你必須即身集中在如一的當下，如一性的當下是非常重要的，你**不懂當下的時候，你看不到自身的原點**，因為如果沒有當下的意會，你永遠是在相對性的狀態裡面，這個才是關鍵的生死點。

不懂當下，就沒有辦法涵攝任何的相對性，永遠被輪迴在相對性裡面的輪動，只不過是永劫以來繼續輪迴下去的狀態。永劫以後的永劫，你還是在相對性裡面，因為它本來就是一個永無止盡、無窮盡的虛空本志的基本面，就是相對性的設計。

所以，如果我們今天在無量相對性裡面，自己格局變小了之後，在無量相對性的永劫宇宙的考驗之中，這邊建立一個時空點，那邊也建立一個道場，到處都建立一個家，以為這就是回歸，就是回家的一種認知，這是非常幼稚的一個執著點罷了，這是被相對性考倒之下的那些殘留的軌跡。結果，一大堆修行者有一點靈通本事之後，「哇，不得了了，好讚嘆，好不得了，我今天終於能夠連結到所謂的回家的歸途了。」然後就把這個訊息透過各種不同的文字圖騰、各種不同的信念、各種不同的平台去介紹給所有的連結者，這個結果是全軍覆沒呀，因為，這還是在相對裡面，等下一個輪迴罷了。

今天我們要標示這個關鍵性，一定要徹底的把這些狀態全部解除掉，要不然人類不會有任何的機會，也沒有太多的時間，因為主性的臨在時間點已經到了。主性所臨在的狀態、全部的相對性，已經在地球道場裡面，全面性透過因果的輪動，全面性的寂滅所有的相對性。

我們要了解到相對性只是一個布局，但是它檢視我們的時候，就是在警告我們，我們必須走出來，走出相對性。**走出相對性的狀態就是涵攝相對性，涵攝到一個臨界點，就是當下性，當下如一存在的即身肉身。**這就是關鍵所在。

當我們懂得如一的時候，當我們懂得當下的時候，我們一定非當下，我們就是轉化自己即身肉身的狀態。對一個懂當下的人來講，他最大的要務就是面對他自己，絕對不會浪費時間去和不必要的人事物耗任何言不及義的狀態，絕對不會把自己任何的身口意投入在那一些無意義的人事物上面，這是非常清楚的，這是一個基本的狀態。因為當你在相對性時空裡面的時候，很多事情你是忽略的，你的身口意是混亂的，你的身口意是不集中的，你的身口意是粉碎性的狀態。

但是當我們懂得一個當下性的時候，我們涵攝了很多相對性的狀態，進入一個終極原點的當下，要非常清楚，我們此時的時空點，與相對性的面對是完全不一樣的。一個當下性的狀態，他面對的時候，整個作用義只有一個答案——解除即身肉身所有經絡、所有身口意裡面的相對性。每一個肉身的緣起只要是相對性的，絕對集中所有生命的能量，解除這個即身肉身的相對性，這個狀態的精進和速度的時空感，絕對不是相對性世界的修行者能夠體會，能夠意會的，那是不等同的事情，無法比較的事情。

大部份的修行者還在相對性裡面，一天到晚在張羅別人的事情，一天到晚在搞一些靈通的事情，一天到晚在做各種不同的眾生、各種不同道場的時空。這都是一種好奇、一種往外，想連結看看別的時空或宇宙到底還有什麼事情，有什麼好玩的？每天都在講這些，講到最後也只不過是把地球的三姑六婆是非對錯的事情，延伸到整個宇宙裡面的是非對錯罷了。這就是最大的悲哀，很多修行以為自己這樣就是一個不得了的修行了，這只不過是小朋友在玩的那種遊戲罷了。

所以我們要了解，要懂得當下性，要懂得涵攝所有相對性，即身肉身能夠觀自在，才有成佛的機會，才會懂得自己內在有一個主性的存在。大部份的修行者一天到晚往外去連結無邊無量宇宙的有形無形外星人或靈魂體，這些狀態其實跟自己的解脫沒有任何的關係，我們表達的非常清楚了，主性的立場表達的非常清楚。

我們在即身肉身裡，正式再宣告——地球本身就是無邊無量生命，無邊無量存在存有共同聯盟的所在，就是地球這一役的開演中道的演化過程，第一義當下究竟臨在的主位的即身肉身的轉識成智，這是非常清楚的立場。

所以我們即身肉身在地球道場的演化過程裡，我們要懂得自己的當下性非當下的狀態，也唯有如此，我們才有辦法讓所有的宇宙的虛空本志，在永劫以來無邊無量生命的靈魂體，或者各種不同生命演化過的軌跡，都能夠在我們即身肉身的轉識成智當中，全部皈依到自己肉身當下本願的功德力，這就是關鍵。所以我們一定要法報化三身成就在即身肉身的當下。

我們要了解相對性的本身本來就是虛空本志的重大妙有設計，所以不要把在相對性裡面所被考倒的執著點的道場和地點，當成我們要回家的存在存有，這是所有修行人犯的最大錯誤，這個引領是絕對的錯誤。我們要標示的非常清楚，這是關鍵生死的真實義。

永劫來所有的相對性，只是一個設計檢視，所有的相對性就是為了出離相對性。一個懂當下性的人就是他通達了，他懂得自身的慧命，就是自己必須當下面對自身所有存在肉身裡的相對性。一個出離相對性的重大修行者，就是我們所謂的本尊，在世間尊重的一個本然之處，修行的本身是為了世間尊重的無上示現一己完整為核心所在。

此為即身出離相對識性的本尊密行之無上妙法，其究竟即為當下示現，等同本體之究竟，當下之肉身俱足一切諸佛本願功德，在無時空的立場之中，既等同肉身顯相，等持本體立地佛成之真實義，剩下的是肉身在世間如何轉識成智的生活之行願與行法。

所以，當下顯化的那個生命形式，不管是不是人類肉身，在本體的功德上，既已顯相，顯相本為本體應許之佛成之路，每一個緣起所建立的天地人，已等同等持等義佛成的顯相之路，所以，生命的本然，任何顯相的諸相都是無邊無量無始無終法報化三身功德的俱足。所以，

既已應許顯相具體生命之形式，已是第一義無時空顯相當下，早已等同等持立地成佛。

當你相對性的肉身即身當下不斷地去面對時，你自己的衣缽就夠深。所以為甚麼世尊在原始佛教對他弟子要求的基本功就是——自己本身的衣缽要深。藉由衣缽托食的行法，來照破自己所有的分別心，也就是任何納進來的法供養，自身有生起任何多餘的狀態全部都要寂滅，就是寂滅自己的當下的相對性，這是基本功。

寂滅本為一切解脫之法要，觀自在之即身，一切法供養即為當下緣起觀自在之納入，寂滅行深之究竟，更在轉識成智當下質變之革命，解除一切之相對性，等同寂滅無量之慣性。衣缽之深，深如虛空，轉識成智，質變萬有，萬有供養，更在法性法身示現輪動之當下，肉身衣缽，寂滅行深，當下觀自在，法供養之緣起等同等持當下法報化之性空，一切之核心只在於肉身衣缽之寂滅行深，如是我聞，如是奉行。

衣缽在自己即身肉身的存在裡，一定要空掉肉身裡所有累劫來相對性的狀態，但是基本面就是必須從無邊無量外在的相對性，全面性的解除掉，回歸到即身肉身當下的觀自在。

所以觀自在是第一義的開始，觀自在的實力就是對於自己當下的立場，肉身當下存在的身口意輪動出去的時候，自己散落的狀態、被檢視的狀態、身口意被牽動的狀態，自己都要能夠非常清楚。當動作出去的時候，你觀到自身被牽動的相對性的身口意，在肉身的引動之處，第一時間點就必須意會得到，當下就必須寂滅。

面對任何的關係，面對任何有形無形的關係，甚至面對自己內在所有回歸的眾生還在轉識成智不夠成熟的時候，當自己內化的基礎不夠，肉身被內在眾生在共修過程中轉識成智的能量場的時空點牽動的狀態，造成自身日常生活動態之中內在性的干擾，即身的干擾都必須能觀照得到。

所以我們要瞭解到，佛的第一觀是無邊無量的，這個存在是非常清楚的，存在的本身的觀，一啟動就是無邊無量。我們肉身是何等的精密，請問我們的肉身在哪一個當下時刻，不是無邊無量的狀態、無邊無量的生滅？

我們肉身整體本身就是一個觀體，肉身即為法門，肉身即為觀自在之妙作用義，肉身本為生滅之中當下即身的觀自在，就是觀之法門。肉身即為觀之法要，肉身即為各種次第之中我之存在，一切我、非我、無我、空我之存在，都在肉身對自己觀自在所面對的一切無量之生滅經驗值。

所以在觀照的當下，最根本之中，就是一體性的即身觀自在，不落入肉身之生滅，肉身在本質的湧動之中，觀肉身本身的生滅，當下質變入轉識成智的非生非滅，當下湧動無壽者相的不生不滅，這是肉身自性之觀的關鍵所在。

更重要是在於我們有一個關鍵的本體，就是我們如來駐紮在我們肉身的等同等持，這就是我們表達的主性如來，如來主性。

所以我們要瞭解，當下就是我們的本質，當下就是我們的本家，當下就是我們的本心，當下就是我們的自性海。但是我們要懂得當下性，將自己肉身裡所有的相對性轉識成智，衣缽深到無窮盡，肉身就是虛空。如此，請問宇宙所有的眷屬哪一個不回來你這個衣缽空性的狀態、衣缽空相的狀態？

讓所有的眾生自發性的回歸，線自己就會收回來，那個連絡的網路，永劫輪迴的那個線都是在的。虛空本志的報身力量在終極原點上，這些都非常清楚。怎麼去印證？每一個靈魂體、每一個肉身都有記憶庫，那個記憶庫其實就是一個宇宙中密藏的實相，記載著永劫來記憶的經驗值。不要因為稍微恢復了，就回想著宇宙永劫來自己的某一個記憶，而要回到那一個家，這是非常幼稚的狀態。

所以進化到這個當下，唯有當下，從當下去轉化你即身肉身裡每一個問題的所在，這就是最大的功德本。你自己功德本在你肉身的內部，內在的即身當下，你不用功在即身去轉識成智，那麼你要到哪裡去找？所以在外面搞東搞西，搞各種靈通和不同連結的狀態，像是以為外星宇宙有多麼神奇，卻不知有些只是你自己在宇宙流浪過，所建立的那些比較好或比較壞的道場，反而在那邊做一大堆連結，如此怎麼解脫？連修行都不懂，卻要帶著一堆人回去。

宇宙有無量次元，還在萬有裡面，這不等同覺。就算是宇宙裡面佛的淨土都必須滅，經過幾劫後時間到了，全部滅掉。所以我們要很清楚，肉身就是必須成就虛空、空性的狀態，這個路一定要走。

我們即身當下的基礎，我們的生老病死，都是為了轉化，都是為了回歸，都是為了轉識成智。現在終極的原點就是我們即身這一世的肉身，既然與主性如來交集，我們能應如來義，所以很清楚的就是——如來說了算。如來就是永劫來最後的皈依，但這不是回不回家的問題，如來沒有這個問題，是我們自己識性作用義的不安恐懼，做這種非常錯誤假象的所謂這一個家，或那一個家的分別，這都是往外的狀態。若你還需要一個外在的家，表示你還有不安恐懼要究竟解除，那只不過是一個心念的作用義，一旦擴散出去，整個地球修行到底要回到哪裡？要回到宇宙哪個地方？

這一個世代，地球是永劫來宇宙永劫最後的收圓之處。我們這些肉身負有空前絕後的重大示現的責任，就是從台灣開始，從我們即身肉身開始。但是我們必須相應如來成為我們世間尊重的肉身，從日常生活中，從無常中開始做起。所以病了又怎麼樣？病了就是把因果整個轉識成智，你的生老病死當下就是最大的恩賜。

今天不做任何識性去理解肉身任何的狀態，肉身任何的好壞只有一條路——成佛做主。其他不重要，多餘的想法都是干擾，不要用識性干擾任何的面對。肉身任何的狀態，當事人的任何生老病死，都是他最殊勝、最關鍵的成佛作主的狀態。不要以自己識性的好意去協助，認為別人是有病的，或者認為別人是有問題的，不要對任何的狀態以有問題的觀點去對待，要懂得無壽者相去對待一生中所有天地的人事物。

自己無壽者相的當下，也不要用任何的識性去看他人存在的肉身，這一定要全面性的在基本面建立起來。

無關性的重要

∞因「無關」而無傷無罣礙，沒有任何多餘的狀態，沒有任何生滅的狀態。

中道正法，中道觀照，中道無為，中道中觀。中道的一切運作都是「在其中不在其中」，「在其中」的無邊無量等同「不在其中」的無邊無量，要有這樣重大的厚度，就是在於不離世間覺。

在無盡的關係中——

人類肉身對應其他無量肉身的關係，對應他自身無量心念的關係，

對應他無盡的不安恐懼，對應他每一個行為的無量狀態，

對應他過去生無量不圓滿的狀態，對應他無盡苦難的形式，

對應於無量有形無形的狀態，對應於未來無盡可能性的任何狀態。

當下的當下，非當下的當下，

肉身存在的當下，肉身心念的當下，

肉身眼神的當下，肉身呼吸的當下，肉身言說的當下，

肉身的每一個輪脈、每一個存在的當下，通往如來恢復的每一個當下，

或通往無盡沉淪的每一個當下，

那些個當下本身如何與一切的不可言喻的無量存在和無量宇宙對應？

要如何解除那個當下？

當當下的那個點，連最後那個被牽動的無量分之一點，終於解除的時候，無時空了，無狀態了，無有一切了，那就是「無關」的開始。

在解除與一切有情眾生的每一種可能性的當下，等同解除當下。當一切關係朝永劫不落輪迴的方向解除之後，在不落入當下而在「無關」的狀態裡面，讓一切關係的當下就沒有任何的牽扯，完全無傷，沒有任何的來去，不必再經過任何的解除過程，也沒有任何解脫過程或放下的過程，在一切關係中「無關」。

無盡的瞬間沒有瞬間，當下沒有當下，時空也沒有任何時空，這樣的狀態本身是沒有任何結界點存在的。

因為在一切關係中「無關」而無傷無罣礙，所以令無量關係的對應都可以永遠完全沒有任何承受的問題。不但沒有任何承受的問題，而且對於這一切關係裡面的任何生命、任何肉身無邊無量的不圓滿，都能因「無關」而清楚。這無邊無量的不圓滿當中，如何通往圓滿的過程與所需要的一切內涵，也因「無關」而清清楚楚。肉身所存在的佛性、自性

如來，因「無關」而逐漸全面性地展開，百分之百恢復生命如來的事實也都因「無關」而清明了義。

因「無關」而覺一切有情，自觀起變，自觀起智，因沒有任何的關係，在一切的緣裡，沒有任何的過程。是無時空的狀態，無宇宙的狀態。

這種狀態就是「無關」，達到「無關」狀態之人不必說：「我來來去去都要無所」，或「我在諸多的衡量裡面都要無衡量」，沒有，連這個過程都不必，沒有解除的任何痕跡，沒有任何的恢復過程。在當下只有一個事實，那就是「緣起性空」，因為「無關」，所以在一切關係裡面，沒有任何多餘的狀態，也沒有任何生滅的狀態，不生不滅的當下就是「無關性」。

所以，不可能有渡眾生的相，連「渡」都是多餘的，「不可說」都是多餘的，連一切存在也都是多餘的，在存在與非存在之間都是「無關」的，在無量宇宙與非無量宇宙之間也是「無關」的，在無量生命的自轉化被轉化的狀態也是「無關」的，在無量生命通往自主的路上或成為自主的事實裡面，在當下都是「無關」的。

在「無」的狀態裡面，不受無量時空圓滿不圓滿的問題所牽動，沒有任何必要存在的對應過程，甚至連「當下」的狀態都是不存在的「當下」，連無邊無量的最後的那個當下的狀態也是不存在的，不必存在。

生命因為「無關性」，所以才有辦法讓一切的「有」真正地「有」，在「有」的時候不甚清楚也「無關」，當生命有意願轉化、輪動、非相的時候也「無關」，完全在無量世界裡面「無關」於所有的關係。

生命本身的自主圓滿本來就在那兒，眾生是因為被自己所認知的慣性所牽動而彼此「有關」，無量劫地輪迴「有關」的關係。

但是，因為有無盡的「有關」，就等同要有無盡的「無關」。在等同無盡的「有關」中，真正的終極就是「無關」——無關於一切，永不落入一切的時空，也永遠在一切的時空裡面沒有對應的必要與承受，沒有解除的過程，沒有解脫的過程，沒有不受後有的過程。

以「無關性」來解釋「緣起性空」——**「無緣」，在一切緣裡面，不只是無所，不只是無為，而是連進入到最後的狀態都拿掉了，那就是「無關」，這個「無關」的緣起，心性本身因「無關」而瞬間就是空性。**

這就是「無關」的主性正法，**主性以「無關性」令一切「有關」的狀態永遠再無承受的狀態。主性本身「無關」於一切**，包含無量萬民的對應、無量生靈的對應。所以，主性才能**在「無關」的關係裡面，以「無關」與一切「有關」的生命進入無關係的關係**，所牽繫的是萬民自己自主的空間與世間尊重，「無」有示現，「無」有取捨，「無」有對應，「無」有不可說之傳承傳法。這「無關性」之莊嚴的世間尊重，確定了無量生命的自主狀態，是主性親自做的「無關性」的示現。

萬民成就之日，與主性等同「無關」，因「無關」而一切關係才能真正有無盡的輪轉與解脫，才得以承載一切的「有關」，以「無關」承載一切「有關」裡面的問題。

主性以「無關」縱觀所有國度裡面的無量原罪與非原罪，以及成為自主的所有心路歷程，清明清楚。

「無關」之渡化，渡化於「無關」，「無關」之不可思議，不思議於「無關」。

主性之「無關」，關心萬民之再造；主性之「無關」，令一切萬民在彼此「有關」的牽扯中走上不牽扯的自主的圓滿。

以無關性覺所覺空肉身一切的改造

∞ 透過自性法流在肉身經絡的洗滌，解除所有識性肉身的因果狀態。

愛是甚麼？

解脫的愛就是無關性。

當一個肉身存在重大質變的時候，這中間不需要任何的憐憫，不需要任何假動作的識性觀照，我們要的是一個真正無上無分別的存在。關係是甚麼？如果你不能解除任何的苦難，甚麼關係都沒有用。所以**在無關性中就是為了把有關的一切問題全部反應出來，有關的狀態才是痛苦的，因為有生老病死的問題，有落入因果輪迴的問題。**

無關性的結界，就是你自己本身在面對所有存有的問題時，非常清楚的，你如來對你肉身的因果是無關性的，這是非常重要的。所以**我們要去體會自己肉身在經驗生老病死各種不同深度的經絡轉換時，我們自身的無關性是一個本覺即觀的狀態。**

即時即刻觀照肉身整個轉識成智時經絡打破的過程，那個狀態是肉身之中的經絡在剝離生死點的識性，那是非常痛苦的。但是我們必須非常清楚，我們一定要有無關性，就算那個轉識成智的經驗值是非常痛苦的，因為我們人類要進入一個很深遠的經驗，就是我們自己即身自性法流在洗刷我們肉身識性的生死點時，那個過程的深淺度和痛苦度本身，就是一種因果洗滌的過程。

有很多的教法者，有很多宗教界的人士和高僧大德，其實他根本不懂得甚麼是自性法流，他只是觀念上懂得自性法流。但是我們自性法流在肉身的重大洗滌過程才是所有的重點，所有的修行者如果沒有這種體會的時候，所有經教的說法、次第的說法，對生命本身的改變是沒有任何意義的，產生不了具體的作用。

所以要瞭解到，我們本身要成就一個解脫性時，就是我們要經過自性法流轉識成智的過程，也就是自性法流的洗滌在我們肉身行所有的主性公義，將我們的識性經絡狀態全部洗滌掉，那個過程的剝離，識性剝離的排毒過程非常的痛苦，這是必要的過程，是必經的過程。這狀態要看你自己法執的輕重、你執著本身的輕重、你因果執著的輕重在你的識性肉身裡「著」得有多深多重，這是每一個人、每一個面向、每一個人的課題都不一定的狀態。

當我們要產生一個重大志業質變的革命時，肉身就是最直接的志業、最具體的志業、最完整的志業。如果今天不從即身肉身下手，請問道場在哪裡？你生活上要去運作的過程裡面，也只有你肉身在行走，你必須用這個肉身去運作人生的很多界面，才有機會知道問題出在哪裡。今天的重點不是改變外在的命運，而是改變自身在因果中的狀態，全面解除因果的識性。

所以我們要了解，今天我們這個肉身是重要的平台，是獨一無二的，是非常殊勝的狀態。這殊勝的狀態是在於它能夠讓我們去意會到我們的問題出在哪裡，它讓我們體會到整個肉身在自性法流洗滌的過程裡的那一種不可思議的經驗和覺受。

那個洗滌的過程本身就是出離的過程，就是整個肉身轉識成智到成為佛身的一個經驗過程，我們要有這個體會才有這個機會。這個質變的經驗值是永劫來最關鍵的所在，我們肉身整個質變的時候，那才是上報父母天恩，下化一切眾生諸苦。我們有陰陽兩脈，我們有左右兩脈，中間那一脈就是我們自己即身的狀態。

所以我們自身在面對整個自性法流在肉身行主性公義時，我們的無關性要整個出來，也就是我們在洗滌的過程裡，有各種不同法執被剝離的過程，識性被整個解除的過程中，我們自身覺所有的轉識成智在即身肉身的質變過程，改造肉身的過程，我們都是無關性的，我們覺所並覺空。肉身的覺本身不落入肉身整個轉識成智經驗值裡的各種不同的流動，這就是我們要進行的狀態。

主性的法流在我們肉身轉換的各種不同不可思議的質變，改變了我們自己肉身的因果，改變了我們整個肉身身口意因果的輕重，包括身口意的各種不同使用過程，我們全面性的改造。這個體會誰能給你？是你自己內在主性的如來，也就是你自己報身佛進行的重大改造的工程，都必須在這個肉身裡面進行。

所以肉身的佛說，當下就是不斷地在進行當中。你的肉身是要在生滅之中，還是非生非滅之中，還是在不生不滅之中？一切都是當下的覺所覺空。肉身的覺一定要空掉所有的識性，經絡裡面所有的識性，我們都必須祈請自性佛整個自性流動，在自性法流的流動之中，全部解除識性肉身的各種不同因果識性不空之處的障礙。

當我們進行肉身佛說時，我們自己無關性的結界就是必須徹底的建立起來，肉身本來就是一個結界狀態，徹底的在我們生活之中結界完成這樣完整的肉身，把所有不同的議題，各種識性問題全部徹底的反應在生活之中。

接下來只有一條路——解脫。那就是祈請報身佛和我們的如來，應許在整個肉身經絡狀態的洗滌，解除所有識性肉身的因果狀態，透過自性法流的洗滌過程，也全面性的改造我們生活中各種不同識性的生活界面。

當你能如是佛說，如是公義，如是我聞，如是奉行的時候，很清楚，你整個肉身都在奉主性法流的流動，從事重大改造的工程，就是如是我聞當下，整個肉身如是奉行的重大識性改革。

結界是如來對生命無盡的愛

ω 結界是為了行深，被結界不代表根器差，而是一種主性的重大布局。

我們人類自己最大的修行問題就是，有時候會有一種預設性的毒素，給自己一種不必要的挫敗感。在很多的感覺對應之中，你如果認知自己是一種上不去的狀態的時候，你的心是怎麼樣的一個想法？

今天，我們不是為了一種成敗在修行，不是為了某一種期待和希望在修行，我們的前進或後退都不是重點所在。今天的狀況是，你預設了你的根器，所謂的根器的重點是什麼？**根器本身本來就不是根器，很多的根器是一種後天性的分別，那是一種因果性的分別狀態。**因為累劫以來我們有太多的因果狀態，我們必須分別出來。

在宇宙的整個布局上面，就必須給予各種不同的國度、各個不同的教法、各種不同存在的修行方式，有某種時空狀態，但是每一個界別、每一個苦難的因果都會被感召而去面對，這是一種無盡的愛，這種愛本身無窮盡的「盡」處，就是你自己本身的心念。

在修行當中的每一個類別中，若是你落入了因果中的每一個狀態，你把因果輪迴的時空感當作是你的根器，認為「只能這樣，或只能那樣」，或者認為「自己是哪一類的根器」，如果你覺得自己的根器不好的時候，你本身就有一種很深的挫敗感。但是，我們今天要了解，在諸佛布局的存在當中，有很多的狀態，就是你不能夠製造自己的毒素，或者去預設自己的存在——我為什麼在這個教法？我為什麼是這個存在？我為什麼是這樣子的一個根器？事實上這些狀態，有可能因為你是被結界的。

有時候，我們本身的開悟，從無常的角度來看，那是一種結界，因為我們看得到某一些問題，但是，並不是你看到的時候就要等同去解決它。因為看到的時候你自己必須安住，而安住也是一個重要的過程。在你安住的過程裡面，如果變成一種法執，你就會固定在那邊。

有很多時候，你覺得「自己不夠好」，那是一種法執性的狀態，不是根器好壞的問題，或者有沒有動力的問題。有時候，你自己在一個關鍵點上的臨在，你本身的布局是，你自己某些類別的眾生眷屬，他們所需要的時間還沒有完全的完整時，你自己必須存在於某一種結界的無住當中安住著，這是一個整體布局的考量。你整個系統的完整，一次要進入就定位的時候，你自己若不夠安住，就會覺得自己輪動的修行是不夠精進的，是沒有動力的，是挫敗的，是完全停留在某一個界別當中的，這種觀照本身是一種非常本末倒置的狀態。

我們今天不在於根器的大小、好壞、深淺，而是在於以這樣子方式去理解自己的狀態，都必須解除掉。有很多事情是不可說的，我們對自己的界別是在於我們要無境界，我們不能夠再給自己的心頭上添加太多的設定，這是非常危險的事情。

今天我們在結界之中，我們就是在一個必要的範圍裡面，去觀照著永劫以來的本初。你自己的佛，本來就安住在你的結界當中，但是，如果你今天的識性跑出來，做很多不必要的預設及理解，你就必須很清楚的知道問題出在哪裡。這不是那麼單純的只是一個時間長久的問題、一個根器的問題，或一個因果輕重的問題。

你今天被結界並不代表你根器差，不代表你自己本身無法前進，更不代表你一定就是修不進去。因為在這個世代的終極點裡面，當下的臨在就是一種主性的重大布局，眾生已是諸佛，那麼，很多事情就是在等待中成就一切。這個等待是因為那是一個總持性的宏觀，總持當中所有一切落入的時空點，我們都必須給一空間與時間，就像是一個母親，在期待小孩的成熟過程，那是需要一段歲月的過程。

所以，你今天在經過某一些過程當中，需要一個成熟的慧命狀態時，你也必須經過一些因果考驗的過程，你今天要到某一個茁壯的狀態，那個過程都是必須輪動下去的，這就是水到渠成，但重點在於我們不能躁動，不能躁進，而更重要的是，我們不能夠給自己內在太多不必要的一種絕望的心情，也不要去預設自己在動與不動之間的各種不同的可能性，更不要思議著：「到底能不能夠修進去？」或者「我自己應該如何思考？」的各種不成熟的心念。

有時候「結界」是為了我們的「行深」，這是結界性的行深。**結界性的行深最大的功德就是那是一個圓的狀態，**一個圓的結界本身是一種不動的輪動，你安住在其中的時候，是為了裡面還有很多眷屬性的因果、眷屬性的苦難、眷屬性的磁場的狀態，這些負面磁場都必須逐步地掏空，所以結界有其確定寶生的重要性。因此你如果今天還有太多不必要的想法，去思議其中，這種狀態是完全錯誤的對待。

所以今天我們在結界的不動當中，我們不能理解成「我們什麼都動不了，我們什麼都修不進去，我們一定要怎麼樣才可以，我們不能前進後退……」的想法，如此，你忽略掉這就是關鍵性的結界。這個結界當中的界別是非常清楚的，你被安住在其中，你必須在安住於結界之中的時候，很清楚的安住於不思議，然後去面對這個結界。

你結界的即身生活，結界的即身肉身裡面，你的主性透過不斷地湧動你所有的苦難，不斷地讓你行深。一個結界有時候就可以成佛啊，這是結界的大行、結界的無窮盡、結界的畢竟空。

在我們行深的當下，結界是必要性的。結界本身不是一個死的結界，**結界本身是一個重大的圓的輪動狀態，它是可以伸縮的，是如如不動的圓動的如來性。**它是一個壇城，它是一個成就，在這個圓覺當中的一個圓壇城的狀態裡面，它可以把你永劫來所有的不圓滿全部照見，並且不斷地行深，不斷地轉化，而且因為結界，沒有任何外在的干擾，沒有任何不必要的過程。因為**圓是無窮盡的生命之愛。**

當你自己處在這個狀態的時候，你絕對不能夠有任何肉身識性的理解，不能有任何識性，當下不能有多餘的一切不必要的念頭，或者預設自己該怎麼樣，不要再找外在的方法。圓動本身的結界，它不斷地在你肉身的界別中，讓你很多的毒素透過你的經絡、肉身、皮膚整個反應出來，這都是一種重大結界的行深，表示你的報身佛在這個結界當中一直在運作。所以在**結界裡面的圓動，就是無邊無量在面對所有的有邊有量。**

今天我們要完全清楚知道，**界別當中的結界，它一次就在這個結界當中，解除掉你所有的結果，成就你所有的佛果。**在這個過程裏面沒有救不救渡的問題，因為重點就是在這個結界中，你永劫以來都在這個結界當中的永劫之界，永劫之圓裡面輪動正法。

所以，今天你不能夠有多餘的心念去干擾這樣的過程，而且一個結界的圓本身就是代表無後顧之憂，它完全沒有任何外在的干擾，沒有任何來去的過程，只有你自己即身當下所有還沒圓滿的狀態，一層一層在一生流程當中不斷的全部都解除掉。

這是重大功德力的善護寶生，善護和寶生同時進行的一個圓的中道狀態的結界，反應所有的問題，當下善逝的同時，也同步寶生所有的功德，直接圓滿。一個圓的功德塔，就是你當下即身肉身的存在。

所以當我們有一個結界的功德的時候，我們自己要很清楚安住在這個結界的完整性裡面，去過我們的生活，去了義我們的狀態。唯有如此，這個結界的無盡之愛，就成為我們主性重大的圓滿佛果的基本存在的一個圓的輪動。

所以我們在結界中，我們不再生起我們身口意任何多餘的思議，也不再認為該怎麼樣找出多餘的外在之法，這些都是不必繞路的過程。唯有如此，我們本身就會完全在這個結界中，行真正的無上正等正覺之圓的佛成之路。

在結界之內成就佛果

❀閉關、禁語只是形式，結界只有如來能親自示現，是臨在主性完整的契機。

我們生命最大的誠意是在於我們面對結界當下的必要性。為甚麼我們要結界？就是許多界別的苦難眾生在你結界肉身當下即身轉識成智的重大轉化時，你如何在主位的如如不動當中，讓所有眾生磁場的回歸，都能夠是完整而且是確定的？

今天的關鍵就在於我們人類在整個修行界的意志上的深度，這一方面的密碼完全是不夠清楚的，也就是我們有太多生活上的識性作用義的理解和行為，我們識性的作用義讓我們的日常生活成為非常散漫的狀態，是一種碎片型的生活方式。

所以當我們面臨一種覺所覺空轉識成智的一種密行即身肉身功德力的轉換時，那個功德力的初機就是在於——結界即身肉身的存在。**肉身的存在本來就是一種結界的肉身形式**，同一個肉身的形式，生老病死之中都在結界的肉身進行變動變化的結界之中。所以，肉身在結界中，一切的因果，一切轉識成智的次第，一切入如來密藏的解密解碼也都是在肉身結界的情況中進行自我轉化的行深功德。

在每一個見諸相、非相、即見如來相所反應的各種不同界面的次第眾生與眷屬，全部會逐步回歸到肉身主位皈依境，生命恢復到哪裡，眾生回歸肉身的主位皈依境到哪裡，這是即身當下同步進行的功德本。

肉身在結界之中，所進行的自性改革工程，就是無上的無量次第的轉識成智，這個轉識成智的狀態是所有的眾生都能得到重大無上性的回歸。這不只是一種救渡，而是徹底的回歸，因為回歸而得一切的救治。**任何的救治都在即身肉身這個重大道場，即身肉身結界的轉識成智中，獲得重大的解除、解密解碼、解苦解難和解因解果的狀態。**

如果今天我們的肉身有無上正等正覺的狀態，就是在此刻建立的重大基礎和沉澱的經驗值。當我們了解到這個經驗值是被忽略時，只是因為日常生活中的一種散漫性的作用義，因日常生活中人類識性的作用義而離開結界去做不必要動作，不必要的動作等同就是對於自己結界當下功德力最不負責任的一種態度，這是最不莊嚴的一種態度。

你在臨界點的當下，關係著所有無邊無量眾生回歸即身肉身的狀態，你要徹底以即身肉身奉主之命，進行重大結界的如是我聞的轉識成智。今天一個結界的重大主性皈依的功德力，關係著無邊無量眾生回歸功德力的等同等持。永劫等一個回歸，永劫等一個覺所結界功德力存在的不可思議狀態，我們如果輕忽了這個狀態，這個轉識成智往往功虧一簣，干擾著所有無邊無量眾生回歸在即身肉身主位的完整性，也干擾著自身在這結界行深當中的重大無上正等正覺體會的經驗值，也讓自己的主位在關鍵性的轉換當中被干擾了。

在這種情況之下，萬一有一個離開結界去做非常表象的假相生活的動作，又連結不必要的干擾，而導致所有的轉識成智功虧一簣時，誰要負最大的責任？這就是肉身本身在生活上被引動出來的輕忽，離開那個結界進入一般生活的狀態，而忽略了在這個結界之內重大神聖不可思議的本知本能、良知良能。如此，一種初衷本願的專業專志結界的轉識成智，完全都會被干擾到，絲毫的干擾都是永劫的遺憾，所以這個嚴重性是關係在這個究竟性上面。

永劫求一個覺，永劫求一個結界的覺。**覺是一個結界的圓，永劫等同等義一個結界的無時空之原點，一念原點之覺等同永劫無量之結界，覺所空覺，本為圓動圓覺之圓之結界，圓之無量義，結界之奧義，同心同圓，同圓之結界，結界即為圓，即為一切圓空之圓覺，為一切本體圓收收圓之圓之奧義，令一切生命在無量的輪動向位之中，都在圓之本體結界之不可思議之當下。**

覺本身本為一切存在之主位，覺所之所在，所在一切之緣起，即為相對識性輪動之不空，不空為因果之眾生，所在之畏因，回歸覺之主位，覺之圓覺，圓收一切識性不空之眾生，圓中自結界，結界本為同心同圓之圓覺，廣納無量眾生，圓動於原點結界之中。

所以，**圓動之力圓滿圓收一切眾生，納覺所之處，回歸覺之本位，皈依圓之結界，共成**

圓覺圓空之功德，共在圓結界之中，共轉識成智，共主位共皈依。這個回歸的功德力，所臨在的主位本身的存在，就是完全在結界之內專注於這個淨化的過程，淨化到最究竟的當下，才能夠完完全全有下一步的動作。

結界之後，永不離結界之境，除非究竟，除非如來應許，除非報身佛應許。應許了就是轉識成智的狀態已經逐步圓成，肉身道成的初機在這個結界的次第上已經圓滿了，所有眾生的回歸都已經到就定位的時候，這就是關鍵所在。眾生回歸即身肉身的就定位，是包括他們自己的主位皈依境都已經確定，他們在主位皈依境的調整都已經獲得所有主位的護法、正法和報身佛的同意。

在這種情況之下，你自己即身肉身也在轉識成智的經驗值上有所體會了，而且你自己主位的整個狀態也如如不動，這個結界的完成功德力就確定了，這個結界就會變成你肉身裡的佛果。這個結界不是消失，而是轉化成你初機的佛果，結界初機的佛果，這就是關鍵所在。也就是，**蓮華座的狀態就是結界，就是你即身肉身每一個輪脈的光圈，就是這個結界整個涵攝進駐到你自己的主位，還有皈依境共同圓成的一個重大功德力示現的實相壇城。**

所以，我們的結界一確定，就不再做任何識性身口意的動作，**每一次的結界，就是每一次功德力重大示現輪動超越的解密解碼，**這時候我們自己臨在結界當下關鍵性的狀況，**有結界才有佛果，沒有結界還是眾生性的收圓。**

眾生本為碎片之輪迴，無設定之過去未來，也是生命本身收圓的狀態，只是沒有所謂的不可思議之功德力，所以仍在輪迴之中收圓自己本身的來來去去，前生今世都是共同來去之中的收圓，只是仍在眾生生命形式的轉換而已。

若已為如來本體應許的結界，是圓之收圓，必為畢竟空之圓收，必為應許圓收佛果之重大承諾。結界之圓收也代表生命在此世當下的肉身必成解除因果之圓滿成就。

今天很多次第上的閉關、禁語，那都是形式，結界只有如來能夠親自示現，由報身佛專業操刀，這就是關鍵所在。這只有一個答案，你的態度要究竟蓮華，你的態度完全是無我的，沒有甚麼識性的我的覺所，才有讓所有的眷屬回歸到你主位的覺空狀態。

所以結界的殊勝是在於你自己臨在主性完整的最後契機，你主性完整最後的契機，也是你所有眷屬永劫來共同主位蓮華皈依境的狀態。皈依的究竟，共主位的皈依境，就是你即身肉身本身在結界當中，徹底完成所有的成所作智的功德力，而沒有任何多餘的干擾，這是必要的終極性的戒。

佛不生不滅的隨緣妙用

ω佛背後的實相就是不生不滅的如來妙心，在即身肉身內起重大的作用。

我們要瞭解生命之佛的大用，就是隨緣大用，隨緣大用是本體性的狀態，它是無預設性無所不在的起作用。今天不管外在的因緣如何？因果如何？輪迴對應如何？各種不同次第如何？都是不可說的。

所以佛的立場就是沒有任何的立場，任何的因果狀況對應上來的時候，佛在本體當中的本覺裡面，自發性的取得重大的妙用，就是如來性的湧動。這個如來性的湧動不只是內在的湧動，包括身口意的湧動，就是整個生活的湧動、整個宇宙的湧動、整個壇城的湧動、整個密行的湧動、整個不可思議的湧動、整個諸佛布局力量的湧動。這就是當下佛無所不在隨緣佛說的狀態、隨緣了義的狀態、隨緣究竟的狀態、隨緣一切處一切智的狀態、隨緣成所作智的狀態、隨緣解脫性的狀態。

所以當下佛的生活，就是不生不滅的狀態。**佛的隨緣其背後的實相就是不生不滅的如來妙心，在即身肉身裡面起重大的作用。**這個不生不滅狀態的身口意就是佛本身隨緣的狀態，這個隨緣的狀態就是緣起當中是無邊無量的，眾生的任何屬性都不是問題，因為這不在佛的預判之中，佛本身的存在，是不落入無邊無量識性的無邊無量的相對性，佛存在的是即身當下自身實相的不生不滅的即身肉身。

這個狀態就是佛本身立場的臨在——實無一眾生可滅渡之。在佛的眼中是沒有眾生的存在的，祂的本心是沒有肉身的存在，在佛的肉身的每一個經絡、每一個細胞、每一個存在、每一個不可思議的無邊無量裡面，都是實相密藏的本心狀態，就是空性的密行。空性密行隨著無邊無量眾生的苦難，緣起的大用就是讓所有的生命成為自身自主性的重大恢復的契機，這是無所不在自主性密行的契機。

所以，我們要瞭解到眾生有眾生的立場，眾生所看出去的狀態，每一個生命都是眾生，每一個諸相都是眾生，每一個存在都是相對性，每一個存有都是掠奪性的狀態，因為有相對性的你跟我之間的分別。彼此之間的不等同，是因為互相落入對方的因果、對方的識性，不管是各種不同的立場和關係，他們的狀態就是互相落入彼此的因果，成為彼此關係之中的輪迴。

所以我們之間一切的關係其實就是生滅的狀態，就是生生滅滅的狀態，用生生滅滅的狀態，在各種不同關係裡面，就是看到彼此互為眾生、互為因果、互為輪迴、互為各種不同的對應裡的恩怨情仇，這就是關鍵所在。

眾生的立場是非常複雜而沉淪的，就是我們彼此在生滅的識性判別當中，互相去揣測對方的生滅狀態、對方的因果狀態，不管這個立場是什麼，不管這個情境是什麼，他永遠就是痛苦的，這就是為什麼眾生本身的狀態是活在非常細作的粉碎當中。

佛是非生非滅的，佛是不生不滅的，所以當下佛的生活就是「實無一眾生可滅渡之」，所有的生命、所有的諸相、所有的萬有、所有的一切，在佛的佛眼當中的覺，它就是空性，就是空行，就是實相狀態。所以在諸佛本心妙用的即身佛成、肉身道成的狀態當中，這個肉身成佛了，他本身就是空性狀態的存有的臨在示現，這個狀態非常的重要。

一個不可思議的佛成肉身，他所隨緣的大用是不可思議的，所有的相對性來到他的眼前，全部都是起重大的解脫出離的狀態、出離識性的狀態，排毒出離所有因果的狀態。所以我們要瞭解到，當所有的眾生帶著他的苦難、他的卑微、他的輪迴，來到一個即身肉身成佛的主性世尊面前的時候，這個對應就是隨緣大自在，隨緣大用的狀態。

每一個眾生都能夠在佛的面前，得到他自己的觀自在，得到他自己福慧雙修的必要性，得到他自己面對生命重大不可思議的佛說狀態。**每一個眾生來到佛的面前，他不再只是眾生，而是啟動一個重大契機恢復生命迴向的必要性。**

所有的眾生在佛面前的叩問，都能夠得到一個非相迴向的狀態，也就是體會到不落入的狀態。所以每一個眾生來到佛的面前，不管他永劫來的狀態是如何的功過，在佛的眼中實無一眾生可滅渡之，實無一功德可成就之，這是等同等持的狀態。沒有眾生是可以渡的，因為**在佛的眼中，一切的眾生都是佛，一切諸相都是佛，一切的存在都是空性的。**

所以我們要瞭解到，佛的不可思議、佛的功德力、佛的莊嚴就是佛妙心實相密行的狀態。所以，任何因緣所湧動出來的所有無邊無量的眾生，當下都有機會去迴向他自身本體本願的狀態。所有的眾生帶著他的苦難，來到佛的面前叩問的時候，透過日常生活中各種不同的不可思議的存在對應，所啟動的狀態就是，所有的眾生都會意會到他自身的問題出在哪裡，每一個眾生都可以在佛的面前，得到重大公義的佛說。這個佛說不只是講經說法的狀態，更是在與佛的日常生活之中，都能夠得到重大的契機、了悟的契機、開悟的契機、恢復自己生命的契機、無所不在的遍一切處的契機。

佛的不生不滅的狀態，可以解除所有眾生生滅的狀態，所有的眾生帶著他的生滅狀態，去叩問佛的不生不滅，這之中所起的就是一個報身成就的非生非滅的狀態。非生非滅的狀態，就是所有眾生的生滅狀態都能夠啟動一個轉化的非生非滅的狀態。

因為佛是不生不滅的、不可思議的，當有這樣的功德力的時候，佛本身實體狀態的即身肉身的功德力，就會啟動轉識成智的一切當下的叩問，眾生就有機會去改變他自身累積的識性的嚴重性。

所以，佛本身的無上妙作用義，即身肉身的道身佛成的狀態就是隨緣大用，也就是讓所有叩問的眾生，瞬間當下都能夠起轉識成智重大的機會。這是佛的當下湧動的運作妙用，隨緣去解除所有眾生的苦難，所以對佛來講，是實無一眾生可滅渡之，對佛來講實無一功德可成就之，這就是關鍵所在。

無深化相的無相深化

∞ 沒有任何深化的狀態，才是真正深度的開始。

真正的深化是沒有深化相的，當你還有一個相對性，你就有轉化的過程，轉化的過程是有一個深化相的軌跡在。因為相對，你要解除那個相對，每一個人對應他的相對，呈現出每一個向度的方向的課題，每一個相對的輕重是沒有辦法預設的。所以，在一個無盡廣度的相對性裡面，不斷的深化涵攝回歸不往外的過程，就會有一個軌跡，那是一個深化的深化相。但是當你到了一個不落入相對性的狀態有一個厚度的時候，真正的深化已經沒有相對性的痕跡，這時候才是真正的進入「無相」的深化。

深化若以相對的次第論一切的層次，他永遠有深化不完的相對論，他最大的問題就在於，在生命的修行上，會變成一種一層一層永遠深化不完的次第，那會變成落入深化本身形式的輪迴，這是面對生命所要注意的。

無相之無分別，無相之入一切不可說之轉化，金剛無相，無承受逆順不二，無邊無量相，無窮無盡相，解一切相對諸相，莊嚴法相，解眾生分別相，一切相，無量如來教法，深化轉化

等同等持之如來示現諸相。

「無相」那個「無」是什麼?把所有的太極，相對性的兩儀，所有無量的陰陽都圓在一個原點裡面。太極還是有一個陰陽交接的狀態，但是它是一個圓的陰陽，而不是有任何距離的陰陽。在深化的原點中，當原點裡面太極的所有呈現，在這個圓的結界裡面的陰陽相對性，會通了彼此陰陽的那一個生死點的時候，在陰中最後的畫龍點睛的點，就是一個「陽」的點，而在陽當中是一個「陰」的點。也就是在一切的陽裡面有一個陰的生門，在一切的陰裡面有一個陽的生門，那都是解除的一個真正的關鍵點。

生命的深度，在於解脫一切相對深度的對應，無相之無分別，不落入無窮層次之深化諸相，無住而自深，無相之當下，是不落入相對性之後，以無分別觀照的深度，不再有任何相對層次的理解下的深度，而是無住一切相對性，無分別的無深淺之分之無上深度，不思議一切深度，真正不可思議的空性深度。

當進入太極的時候，回歸到最後，在一個原點裡面的不斷深化當下，那就是一個無極。那個圓剩一個圓的空相，那就是無極的基本輪廓。到最後，連那個圓的外圍最簡單的圓的輪廓也解除掉，那個就是空的狀態。不是空相，是空的狀態。空本身就是無極，無極本身就是無相，無相的深化，不再有任何相對性軌跡的深化，這是無相的深化。

不空本空無量相，深化當下一切相，轉識成智寶生相，空性空有圓滿相。深化入一切苦難，

照見自了義，生命不動無動而陰陽自輪動。生活諸相，諸佛諸相，空性妙法，人性我相，慧命無相，如來佛相。

所以，真正深化的開始，就是通往密藏的起點，因為不再有任何相對性來理解非相對性的狀態。所以，**當真正的深化開始，沒有「化」的用力，沒有任何的對象，已經是滅到無盡，清寂寂清的狀態。**所以真正的深度，是沒有深度可深的；真正的深化、真正的渡化，已經沒有所謂的要任何渡化的對象。普渡到無窮，窮之渡化，那個地方已經不是誰渡誰的問題，誰救誰的問題，有什麼議題要深化，或有什麼問題要叩問的。

深不在深，渡不在渡，化不在化，沒有轉化的痕跡，沒有面對的痕跡，沒有叩問的痕跡，沒有任何的對象，沒有任何的對應對答，也沒有任何的相應問題，諸佛也不再是一個對象，生死也不再是一個對象，供養也不再是一個對象。

因此，在那個世界，也不必多講所謂的功德，那才是真正的功德，那才是真正的深化。沒有深度的深度，沒有渡化的轉化。所以沒有深不可測的可測之處，沒有任何可以渡化的一切存在，那就是真正的進入密的世界的開始，這才是真正的深度，**沒有任何深化的狀態，才是真正深度的開始。**

世界之功，世人之德，無功非功，無德非德，世間功德，功德自問，無分深化，轉化無別，共同之深不可測，共自主不可測之深，世代人性，世人無我，終極原點，無所渡化，深化自渡，

無上轉化，示現本然，自然無上，自主無窮。

深不在深，渡不在渡，因為這本身就是一種所謂的深度的空性。所有的心性都不再是其本身既存的偵測的相對性，所有的深度都不再有任何所謂的因與果。所以，**真正的結界就是在於所有的深度，深不可測的結一切無界的結界。**

它是一種結界，但是它沒有任何的界別存在。它是一個無相的結界，它是無所的存在，它是無存有的存有，無結界的結界。當一切的因都在通往一定的深度，畏因就是深度的開始。所以，我們一定要在人生的圖騰裡面做無量的照見。

無量的意思就是任何的衡量，落入因果的衡量，在本體圖騰之中，仍是無量的照見；轉識成智的衡量在本體圖騰之中，也是無量的應照；在無壽者相的衡量之中，就是等同等持的本體圖騰之照見。

我們要有一個無深化相的觀自在之衡量無上智，一切次第的衡量，不能只是落入次第之中的衡量去看待。不管落不落入任何的次第，任何次第的衡量都是無邊無量無窮盡的衡量，這是最具體的事實，只是看自己面對行深到什麼程度而已，重點在這裡。

大部份的眾生是因為他只能從結果去看，就會用結果去過他的人生，就會用結果去衡量出別人的一切，這中間的來來去去就變成一個淺薄的自己、淺薄的世代、淺薄的人生、淺薄的對待，然後在每一個衡量裡面，他就變成一個淺薄的衡量。

界之深，深之界，戒一切結界無上深，定一切定性等同深，慧一切智慧如來深。深畏因，空性無上無相無所，空即深，深空密結界，深妙密示現。

所以，為什麼要講「無量」？就是你任何的衡量不是變成一個淺薄，而是要畏因。就是你要觀自己在衡量的當下，你自己本身觀的那一個狀態要放下。因為，觀你畏因的地方，你本身就不會落入一個表面的結果，你不會落入一個淺薄的自己，把自己衡量成一種淺薄的自己的狀態。

在這種情況之下，你就能夠通往不往外的深化的狀態，你在佛首佛念的第一個當下的畏因裡面，你心念當下的念頭，你自己就能夠真正的把念頭裡面所有因果的輕重，真正做一個畏因的解除。**觀所有的念頭，你就能夠畏因當下，你的念頭自發性的衡量，這個衡量就變成「無量」，無所住於念頭的衡量。**

生命即身的放下，寂滅入空性的佛成。生命即身法供養無上深，功德終極不二無量，深無所，深無住。一切能量，變動示現，深不可說，變不思議，輪動不動，深密空性不動。

當這個「無」出來的時候，就是深化的本身，因為「無」，你才能自在；因為「無」，你才能夠不落入任何念頭的相對性；因為這個「無」到一個極致的時候，所有太極式的相對性的陰陽，都能夠在念頭裡面的輕重，解除其相對性的障礙。所以，當「無」的開始，就是你不落入相對性的啟動，當「無」走到一個極致的時候，就是真正的重大的結界，就是所謂的空性的結界，空性的世界，畏因的世界，一種真正不落入的世界。

知識障最大的問題就是，以識性辯證一切的如來教法，以慣性解釋當下如來即身的示現，以識性的理性建構牢不可破的知識圍牆，以知識的深度傳授佛法的無分別，識性的深度是知識障最大的因果，所有生命解因解碼的如來密解之內涵，與此識性之解如來義是不等同的，這是一切面對生命所必須了解的。

無為一切深之基準點，無住於一切不二，不二本無上，深之無窮盡，本心住世，無極太極，緣起無量不思議，無量層次無窮深，不思議自性深，自性本如來深，生命智功德深，一切義實相深。

在這種情況之下，就是「無邊無量」，就是虛空性的狀態。深不可測，無可測之邊界、無可測之邊角、無可測之因果、無可測之生死、無可測之度，沒有任何用力的狀態。你的每一個心念都是「無生」的，你每一個心念的念頭本身都是一種圓滿的無極，你每一個心念本身都是你如來的佛念，你每一個念頭本身都是自發性的解除所有的因果、解除所有的相對性。

到那時候，你的空性本身就是你的肉身，就是你的壇城，就是你的皈依境，就是你唯一的深度。**那一個深度因為沒有邊角、沒有任何的範圍，所以最深的也就是最廣的，那個就是真正的空的存在，沒有再有任何可偵測的狀態。**

生死之深，畏因果之重，無生一念，生死無極，無窮深，無量眾生自皈依，宇宙無極自不二，虛空無窮自了義，一念佛生無量法無生，虛空本藏深密藏，念念自性本如來。

所以，在所有深不可測的重大空性裡面，所有的一切，都是完完全全以虛空中的密藏來做最深遠的啟動。在無量的世界裡面，任何狀態下，所有的衡量都是空無的自性，那一個無邊無際的存在本身，存在唯一的空性就是——一切從自性所從出。那就是一個空性的結界，空性的壇城，空性的深度與空性的廣度。**廣度和深度與空性等同等持的存在，就是唯一的終極深度。**

生命恢復的深度，在願解如來真實義，解無住於解之本身，觀照解的當下思議的用力，即是識性本身的用力。覺識性思維之軌跡，解用力分別之心念，放下之當下，佛首無傷無分別，如來妙義自了義。

如來本義，無任何識性解釋之痕跡，覺一切識性之解釋，觀一切理性之思維，善逝之，一切如來深不可測之密義自了義。

當不以識性見如來的時候，佛首的能量狀態是沒有任何用力的磁場，心輪的不二定印是不會有任何不舒服的提點。

當以識性理解如來的時候，或者對如來義的理解有某種程度的識性的時候，佛首的能量是有某種消耗的，心輪的狀態也會覺受某些不舒服的能量場，這都表示某些識性的思維是必須放下的。

如來義的了然是來自覺察識性、放下識性，而了義如來本身的深義，這方向才是對的，這是從即身肉身的輪脈了義了知如來透過輪脈，傳達解如來義當下關鍵之所在。

一切的一諸相，一念的無量相，即身肉身，深不可測，即身輪脈，深化輪動，密示現無量如來密正法。妙法如來本心，深無窮無上，廣一切密藏，行無量心法。一念一相一蓮花，即空即深即諸國土，順逆不二之如來密，空行空不思議，空深空奧義，生命深無窮虛空，無念諸佛，當下即身共主共佛共淨土。

第五章

中道中觀

當下解除當下，就是究竟的開始

ഗ 在實相的諸佛存在當中，存在本身已是自主的圓滿。

佛說本身的重點，不能夠只是看到眾生的問題，而對眾生佛說。**佛說的目的是在透過對眾生的佛說當中，看到自己落入眾生慣性的那一個多餘的法執。**一個大成就者的佛說是在於，當你在對眾生說法的時候，你的妙法裡面，會有多少落入眾生的那一種法執的說法，那就是你的佛在對你說的，你的如來在對你做緣起性空的佛說。

所以，佛說的目的是——佛對你說了什麼？當你以佛法對眾生說了什麼的時候，而你對眾生說法的當下，是一個緣起，你同時要觀照，對眾生說佛法的當下的自己本身是否有等同你的如來對你必須性空的當下的佛說，也就是要你放下自己在對眾生說法時的法教、法執。所以，菩薩在對眾生說法的時候，若有用力，就是被照見的法執。

因此，用力的部份就是如來對這個大菩薩當下對眾生說法之時在緣起上的教法。當你還有法執的狀態，還有落入渡眾生的狀態，還有替眾生識性衡量的輪迴的、有次第的、有相教法的輪迴的一種狀態，都是被照見，而那個用力的部份是必須存在的，是必然經過的過程。

所以大菩薩會了解到菩薩畏因的重點就是——**菩薩對眾生說法的緣起，為的是自己永劫以來，還有領眾的落入狀態，是佛對自己說的。所以，用力的部份就是必須解脫的法執、法教的菩薩畏因之處。**

救渡不是只限於宗教系統上意會的救渡，救渡是人與人之間日常生活中各種類別供需所形成的各種關係的互動，也是更不設限的救渡。人與人之間，就是互相救渡的過程、輪動的過程、互相訴求彼此所需要的過程，救渡本身也是日常生活之中生命面對的流程。所以，生活中的平常就是在面對人性之間彼此深廣的救治，也就是人與人之間的因果問題在日常生活中進行轉識成智的過程，這就是真正的核心重點。救渡不只在宗教中，更在人性中，更在人與人之間生活的當下之中。

所以，在人的世界之中，人與人之間的互動所形成各種不同的模式，就是等同各種不同類別的次第與層次，人與人之間就形成最大的道場、最複雜的無常，能力與次第，能量與層次，都形成人在世間各種不同的引領，所以人與人之間的本分與責任，也形成在共同的領眾之中，形成各種不同內外的條件與各種不同佛說的公義，人與人就是無一定法的共等同或共不等同的引領狀態。

這世界本來就有一群人比較能說、比較能做、比較能用，這不一定就是好，或一定都是壞。差別在哪裡？你能領眾，你的責任就更重，但是，你今天如果只看到自己有這個能力，卻不知為何有這個能力，因何有這個能力，如何善用這個能力，而不落入這個能力之中，你就無法從你自己的領眾狀態中解脫。

這個狀態就是說，如果你今天只是看到眾生的問題，然後知道你有這樣的才華和才能，但這不能夠只是成為一種先天性的才華、先天性的領眾，而是要了解其本因，要從願力去了義這樣的本質。如果在本質的立場上，你本身不夠清楚的時候，很容易就是一種承受的狀態，很容易的，就只是完全落入自己運作上的軌跡而已，那就是不斷的往外去領眾，成為一種習慣。而更深的背後原因，之所以會有這個能量和這個願力的本因，是無法去意會到的。這樣的狀態是一個粗糙的領眾，他本身終究會走上粉碎的，而大部份的眾生，將是無法提昇的，或提昇的不夠究竟。

所以，每一個人都是生活中互相的救治者，互為眾生，互為菩薩，互為轉識成智，共同面對生活的無常。若自己內化不夠，領眾的相上過度擴大，自己承受不住，就變成大菩薩落入眾生識性而粉碎，偏向緣起事項運作，而反省內化貧乏，性空的不究竟，執著於領眾的法執，太落入來去的表相之中，而造成人與人之間過度累積承受的問題，這是菩薩與眾生之間的生死點，也是領眾者與被領眾者之間的法執問題。

這就是大菩薩最大的問題，他以為在渡眾生，但問題是——

什麼是眾生？

他自己的眾生呢？

渡眾生到底是渡誰的眾生？

成佛的目的，佛的境界是實無一眾生可滅渡之，那渡的到底是誰的眾生？所以，**當你本身的畏因不等同救渡的承載時，事實上，你是完全落入那個救渡範圍，可能你已經變成眾生而不自知，這才是菩薩真正的悲。**也就是，你自己渡眾生那個大我本身的承載沒有辦法即身等同觀自在。

你在渡眾生的承載，要等同等持你自己的觀自在。今天承受多少眾生的因果之輕重，你自己會覺到，在覺他當中，你會覺到所有眾生的因果輕重。但是你的自覺呢？你自己本身的觀自在，你自己的覺所，能不能覺空？最大的問題，就是空不了自己本身所渡化的眾生識性。

人與人的互動本來就是因果與因果之間的流動，在生活無常的變動之中，有時候你是菩薩，有時候是眾生；有時候是引領者，有時候是被引領者。但重點是在於，自己本身當觀自在自問的是，自己的承受的極限在哪裡？

不管扮演的角色是什麼，如果只是一味在人際關係的擴大，而不畏因自己肉身承不承受的問題，終究是會粉碎的。所以覺所之處，必是覺空一切所在之對應，才是重點。

你渡眾生裡面有多少承載不了的輕重？在渡眾生的緣起裡面你被檢視出來，因此，你自己渡眾生被檢視的狀態，要在第一時間觀自在。如果你承受不住，而有渡眾生承載的問題，就是對不起眾生，就是對不起自己的如來，就是對不起當下救渡的法義，因為你承載不了。那就是如來對你不究竟的法執的一種提點，這是你的不空之處。

你在渡眾生當中的菩薩道的不空之處，這是你的識性，這是你自己的法船上的漏洞，你自己要無漏，要觀照能不能在渡眾生的當下等同究竟。所以，當來下生的重點就是——**在渡眾生的無量當中，你自己不是往外渡無邊無量的眾生；而是渡眾生的時候，任何對眾生承載輕重、因果衡量你都要「無」。**

當你能夠在渡眾生當中，觀照到你自己尚有衡量思議眾生因果漏洞的時候，就能夠即時即刻即身當下解除，當下無住、無漏的時候，這才是真正的無上正等正覺，這才是真正無漏的菩薩道無相的救渡，沒有救渡的問題，沒有救渡的承載。

為什麼佛是無上正等正覺？「正」是覺所的時候等同覺空的，覺所在的眾生，等同於自己救渡自己當下的時空性。因為，當下的因果各種次第的時空感都是所在的不同界別，寂滅所有次第的時空，寂滅所有覺所中次第因果的時空感，就是無上性、無時空性、無識性因果時空性、無次第時空性，這就是覺所覺空自己所有的時空性，所以任何次第的時空感都是自己當下自畏因的提點、落入時空感的提點。所以這個基本態度就是菩薩畏因，**渡眾生的重點，更在渡自己本身的法執**。只要落入其中次第的時空感，因果心海識性著於次第的時空法教，就會變成救渡法執次第的系統。

若是對眾生示現輪迴相的救渡能即時即刻的解除，這才有辦法在渡眾生的同時成就一個大我的狀態，這就是大悲陀羅尼。「悲」是指渡眾生的悲，「大」是指同時緣起不空，緣起不空之處就是照見不空識性，也就是不空識性為眾生之小我，引動小我識性就是為了轉識成智，成其之智，成大我之無我。所以，質變救渡時自己的不空所在，就是緣起不空而出離不空，寂滅不空，令緣起的當下成緣起性空的法緣。

我們救渡眾生的不空之處，能夠即時即刻當來下生，善逝自己渡眾生被牽動的所有法執，以及所有殘存的救渡殘念，這才是真正性空的救渡、無上的救渡，這才是覺所覺空等同等持，這是無上的正等正覺。

中道的狀態，第一義就是無相救渡，你要檢視的是，自己的心是覺空的，沒有任何眾生識性的心念來面對所有的領眾狀態，這才是關鍵所在。所以要讓眾生在第一義的回歸當中是究竟的時候，你的立場就是要在自己蓮花座的本位上是如如不動的，當下第一義的空性狀態，你的覺是空性的「滅門」。眾生的法門為擁有執著的「有門」，若為解脫故，故為捨離之「滅門」，捨離的當下也只有在當下能進行捨離的究竟寂滅，寂滅的當下就是蓮華座下自己當下的立地成佛，捨無所捨，究竟善逝，即為如如不動。

所有無邊無量的眾生本身並不是眾生，如果今天你看出去是諸佛，那你是與諸佛對應，哪來的救渡？哪來的來去？哪來的眾生？沒有誰的眾生，沒有誰可渡的方向，諸佛的淨土是無時空的，對虛空的立場上來講，都是虛空的究竟。

所謂菩薩畏因，就是要拿眾生來提點自己的未究竟。在最當下的必然裡面，我們本身如果不能畏因，我們任何渡眾生的狀態，是看不到自己的可渡眾生，然後形成一個大系統，所有的人都在做表象上的救渡，而看不到應該被寂滅的慣性和識性的輪迴本因。當一個救渡處理不掉任何識性的本因，那是沒有任何救渡的功德可言，如此，你要怎麼知道你在自以為的慈悲裡面，其實是一個小我的識性在作祟？

廣大的眾生是可渡的，因為他們是悲苦的，但是，救渡是什麼意思？你拿你的識性去救渡別人的識性嗎？救渡本身的根本義，我們必須了義，就是「捨」。當所有的存在就是識性的問題，所有的存有就是以識性擁有天地之間資糧的時候，這些都是一個大問題，所以必須要解除識性，從自己即身本身的存在做起。

一個大佛來到這個世界，他不是先講渡眾生，而是先講自身的自主性。他第一時間就是先觀自在，觀到自己永劫的識性全部解除掉，這樣還不夠，還要不斷的把自己成為一個空性的黑洞——我沒有任何識性的問題，我從我生活上的能量自主自性的輪動裡面，把周遭的識性不斷的捲進來，我在我自己的黑洞的無漏的空性當中，示現一種輪動的真正能量場——覺的能量場，示現在一生的行走當中，讓所有有緣者的識性隨緣自在切入這個空性旋轉的黑洞時，是深不可測的狀態，全部都會被收圓進來的。

這收圓的過程是一種圓的收、圓的納，那是沒有渡不渡眾生的問題，願者上鈎，無為性之。只要眾生起念頭：「啊！識性是苦。」他馬上就會相應捲進來，不需要微妙法，一切都會臨在，一切都會納入，自發性納入，天地無逃，只有納進虛空黑洞。當這個虛空黑洞不斷擴大的時候，所有識性的殘存，在黑洞深不可測的運作的收圓當中，全部都會轉識成智，完全寶生成一個重大主性的國度。

所以諸佛的救渡、諸佛的狀態、諸佛之後存在的狀態是一種收圓，但那不是救渡。救渡尚有生命的功課，救渡尚有殘存識性的狀態——想要去救眾生。但是，在實相裡面，在諸佛的基本狀態裡面，完全沒有救渡的問題。因為這個權柄基本上是交給每一個人、每一個生命。如此，是誰渡誰？誰救誰？

所以救渡在相對的立場上，是可以的，但不是究竟的。我們必須實言實語，表達這樣子的重大畏因的立場。所以**菩薩之所以未能等同於佛，是他有最後殘存一念的救渡不能夠完全徹底解除。**但這最後一念的影響是非常巨大、非常深遠的。

佛的存在，祂一開始的開演，就是主性，祂的心性就是主，就是自主。這是佛的初成、佛的初心、佛的必然、佛的無量。所以為什麼是無邊無量？因為，所有渡眾生立場上落入心念的衡量，全部已經善逝了，祂在自己善逝塔上的功德林，全部完成了。所有存在於虛空中，在善逝塔周邊的虛空布滿的眷屬，他們本身都是圓滿的佛相，所以實無一眾生可滅渡之，善逝塔就是這樣的一個狀態。

但是，一般善逝塔尚有功德相，而善逝塔裡最究竟的涅槃塔是沒有功德相的，因為那是無人的善逝塔，標示著所有的功德是無得的，無住於得的，所以，善逝塔之首就是涅槃塔。終究，善逝塔有人相，就有最後渡的功德圓滿相，而這終究涅槃相的善逝塔就是要表達——實無舍利塔可功德之。所以，這一切的究竟不可思議，其所標示的就是——諸佛的狀態就是所有的生命都是確定早已是佛。所以，沒有任何來去救渡的問題，完全在實相的諸佛存在當中，確定一件重大的事實就是——**存在本身已是自主的圓滿。**

救無所救、渡無所渡的時候，就是自主的時空，就是眾生所有識性都善逝到畢竟空的狀態，所以畏因的照見就是解除所有救渡的殘存識性。生命若已自主，就不是誰救誰的問題，而是人自己本身能不能超越彼此救渡的相對識性的殘存，而成為自己自性自救自主的一己完整。

所以，人自己被牽動的不空之處，是自己畏因照見時應被解除與寂滅之處，這是人對自己的本分與責任，當下就要究竟所有的慣性，出離所有的識性，這是人的自畏因自觀照自捨離自出離，以令自己生命恢復自主的最重要的關鍵。

所以在面對的究竟之中，臨在就是自主的當下，當生命已經大無畏的存在生命生活的世間尊重時，**自己最後的究竟就是必須連畏因的過程都徹底善逝**。因為當下本身就是最後的有漏，如果你還有當下的時空感，你就有最後殘存的一種救渡的識性，當下的狀態就是最後的覺所覺不空，最後不空的那一種時空感，最後的識性就是最後你當下的感覺。

一個真正的圓滿者是連當下都是多餘的，當下的時候，就是你必須放下些什麼的時候。所以，你有當下的感覺，你有現在當場的感覺，就是一個必須畏因的狀態。

當下解除當下，就是究竟的開始。一個行走的步伐，其蓮花座的步伐，是沒有當下的，是沒有時空感的。如果，當下你有這個當場的一種時空感的時候，這個地方就是等同於你的漏洞。因為當下本身有一種渡眾生最後殘存的心念時，你在當下的對待裡面，才會有當下感。不管你的過去或未來，你都不預設，但是，當下會成為一個畏因，你在當下有感覺，你就會殘存過去與未來之間的某一種當下的預設的時空感。

一個佛祂是沒有當下的問題。當下，你當場的道場，你必須放下。而當下你都完全沒有時空感的時候，那是別人的當下，你自己本身是沒有當下的狀態的，你自己的存在是沒有時空的，是無識性的，是圓的狀態。

一個圓沒有過去現在未來，當沒有過去現在未來的時候，你就不會有當下的我，最後一念的我的當下，都是不必存在的。那麼你就了無痕跡，基本上你就是無漏的，你自己就不會有過去現在未來，也不會去思議任何人的當下是什麼樣的過去現在未來。

如果，你有當下，就是開始成為一個漏洞，只要你有當下的軌跡和心念，你就會去逐步擴大被牽動成別人的因果、別人的過去現在未來的狀態。所以我們當下唯一要做的就是觀自在的對應，你對自己所感應的覺受，你覺所有別人當下相對性的一種來去的時候，是為了解決當下最後的來去。你每一個當下的即身觀自在——**我當下問題之所在，我當場放下，這就是當來下生的一個重要無漏的修行、無漏的精進、無漏的自我面對狀態。**這才有辦法確保自己結界的完整。

今天如果我們沒有辦法將觀自在的厚度成為一種生活習慣的時候，我們只要被牽動，就視同當下自己有被牽動的狀態，被牽動就是當下自己的狀態。所以每一個當下都在觀自在，都在處理自己本身被牽動的狀態。你只要被牽動，你就是落入對方的過去現在未來；你不被牽動，你雖然對應了對方的過去現在未來，你卻看著自己當下是否還有當下沒有解決的狀態。當你觀自在而放下當下的一切存在問題的時候，你是無時空的，在這狀態中，就算對方有過去現在未來，對你是沒有任何干擾的，你是無時空的狀態，不管表面上他們的存在裡面是否還有相對性，但是對你來講，已經是究竟了，這才是世尊的生活態度。

以中觀轉化一切分別

∞ 中觀就是無分別，把生命中自覺覺他的累積全部轉化掉。

當智慧本身還有一些殘留的痕跡在觀照，稱為「觀有所觀」，其觀照是「有所的」，智者重大的謙卑是在於，觀照自身不要落入自以為的某些智慧的恢復，而起了一個受制於某些恢復的智慧而自大，這是非常危險的事情。

但有另一種人，他不自大，但是卻完全安住於那個範圍裡面的智慧，然後他就會非常的法喜，在某一個道場裡面，就想長期安住在那，動不了，更大範圍的苦難他已經不想對應了，生不起覺受了，硬要也沒辦法了，那就是羅漢。這是重大不究竟的清淨相、宗教相、法執相。這種狀態是重大危機的開始，因為當無量的世界在崩毀，加速苦難的時候，他已經完全不曉得了，等到他承受的時候，已經來不及了。

自性一切因緣法自觀，空性如來自性觀，空所無上觀中道，無關空觀觀生死，因果空性觀中脈，肉身覺空有情觀，即身善逝觀寶生，皈依終極正法觀。

這就是為什麼世尊要講菩薩道，你要完全隨時覺察苦難給我們的警惕點是什麼，菩薩要懂得畏因，畏因並不是只畏苦難之因，也要畏你以為你恢復的那一些智慧，你有沒有著在裡面的因。

所以，中道有二個重大的作用，就是中觀的「非空」「非有」，這是空前的智慧，中國目前沒有什麼人敢講中道。中觀是什麼？觀一切著在空相的羅漢狀態，並轉化掉，就是「非空」，在這個智慧點上面，是小眾的範圍。另外一個就是菩薩道的「非有」，「有」的意思就是菩薩渡眾生，被眾生苦難過度的攀緣，而承載不住，這是菩薩著於渡眾生的狀態承受不住而將其全部轉化掉。「非空」「非有」就是中觀。

無上中觀同時就可以轉化掉菩薩道裡面所有的問題，和羅漢所有的問題。「非有」解除菩薩落入救渡眾生的法執，「非空」解除一切著淨相之法執，入中道本觀之本體，而妙作用妙有妙空之真實義，入如來真空妙有之無上第一義。

菩薩容易往外渡眾生，要更多的人，運作更多的法，一直在運作所謂的方法，到最後會全部整個崩盤。太多的系統，不一定指宗教，菩薩顯相以一切身渡化應化，苦難的形式就會顯相，那就是一種他要面對的功課。

一切之眾生，一切之苦難，本在一己即身肉身之中脈中觀中道，一切存在眾生義本為法性供養第一義，不在外在眾生之如何，而在一己即身觀自在自我本身識性之解除，天地之中，本為無所，肉身妙用，無識性作用義，一切緣起，已是空行之解密，空性之解碼，人生一切，

當下已是俱足之如是我聞，圓動之如是奉行。

一切修行次第，起觀自在，緣無量法緣，當下善逝，如來本觀無上教法。

眾生輪迴，即身成佛，相應如來當下無上教法。

觀妙法之本位，一切教法，入一切觀無上之等同等持。

渡化轉化，寶生即身之觀，觀肉身身口意，觀即身成佛一切次第妙法。

一切苦難，輪動當下即觀自在相應如來教法。

觀即教法、行法、密法、用法、如來法、根本法、究竟法、無上法、生死法，觀即一切修行次第之根本總持。

以觀成就一切修法，以觀令一切生命即身成佛。觀之當下，正法所在，終極諸佛共成之究竟功德法。

菩薩畏因的「畏」，就是當在渡眾生超過了某一個範圍的時候，雙手合十定印的心輪就會不穩定，所以很多菩薩的身口意在對應有形無形時，當他本身的大我恢復不夠，那個承載就會超過他的負荷。這裡面的成因很複雜，菩薩的左右邊手的眼睛觀照如果不夠，所撐起江山的基本盤就不夠，最後就只有觀照往外的部份，並用更多的方法去運作這一些事情，讓這些苦難的人事物得到安頓，他完全沒有辦法去畏因自己與重要夥伴恢復的承載力夠不夠。

無形觀之，有情太極天地，正法無量交會，觀生活緣起生命慧命，觀供養，因果成就一切生死涵養。

有形觀之，天地無極，觀太極不二，觀男女分別有別之界別，虛空觀宇宙畏因密藏，覺一切眾生，入諸國土，無關結界，觀一切收圓之密義。

那個不穩定性，你是否能在如來提點你的時候觀照到？很多如來的提點，如果你在瞬間的解讀是「我再找別的方法來處理這個事情」，然後一直往外找，一直處理，一直處理，這就是為什麼有些人的江山現在不讓他形成，那是善護他的終極之戒。不管是任何西方東方的系統都一樣，什麼樣的思想，什麼樣的內涵與知見，終究都會面臨這個問題。

所以，菩薩畏因，那個畏因，就是因為菩薩已經在承接眾生的果做為他的重大功課，這一踏出去是非常非常的重要。畏因就是生死點，不往外的自性提點，從自己一己之肉身本位觀自在面對自己，就是即身畏因，就是中觀的妙作用義。

從中觀自性起動，落於二邊的，就能夠轉識成智，而不落於二邊；落於空有的，就能夠非空非有，無空無有，空有雙融，而入中道妙空妙有的無上甚深微妙法。

所以一切的切入點就是深廣之處在空有之中的畏因之處，行深一切的轉識成智，為中道中觀中脈當下即身之永不往外，方為臨在究竟義的中道真實義。

同樣的道理，中道內涵也會讓你了解你著於智慧相的部份。所有一切著於清淨相的狀態，也來到這個世間示現某一種高標準，為什麼屬於羅漢型的人或高標準者，他們此生很多的功課都是面對「對打」的狀態？苦難在打他，他如來的教法會在他的生活中打他，為了柔軟他的高標準。我們每一個人都會有所謂高標準的慣性，在柔軟的過程中，也就是在通往菩薩道的過程。

千手千眼的手不斷伸出去的過程就是不斷的在打破清淨相的結界，一層一層的伸出去，一層一層的與眾生結緣，一直轉化到具有一個基本在苦難世界厚度的菩薩道狀態。這個轉化過程裡面的密碼就是羅漢本身的一種清淨相的結界，如何一層一層的打破，一層一層的觀照？

以中道來講，是同時在進行所謂菩薩道的成就與羅漢道的成就，在菩薩道和羅漢道不圓滿的問題，一個是著在渡眾生的相，一個是著在清淨相，這裡面通通因為中觀的觀照，而讓在菩薩道中渡眾生累積的部份，即「非空非有」的「有」的部份，解除掉，所以，菩薩畏因；另外一個就是羅漢，他的著清淨相、著空相的狀態與法執，也都能轉化掉，即「非空非有」的「空」的部份。這就是中觀的作用。

在「非空」的時候，就是所謂的自覺，「非有」的時候，就是覺他，自覺覺他。菩薩道就是覺他，羅漢就是比較把自身的基礎打下來，偏重自覺。所以，這兩種基礎都要同時觀照，**中觀就是無分別，**一個生命裡面一定有自覺覺他兩種狀態，這兩者同時所累積的部份全部轉化掉。

這是一個從對應修法、或智慧恢復、或由渡眾生恢復的過程中尚存不圓滿的狀態，所解讀出來的一個中道的「觀無所觀」的重要法義。

非空之處尚有非空之轉換過程，非有之處尚有非有之轉換過程，非究竟之覺所覺空，覺所之觀，所觀之覺，應以無上之自性為一切中道中觀之緣起第一義。所以，自性自觀，觀照一切非空非有之觀照當下；自性起觀，妙用於一切非空之非一切淨相之轉識成智；自性起觀，妙用於一切非有之非一切救渡法執之轉識成智。

故自性自起自作用，自性自起觀自在，自性第一義諸佛功德力，究竟一切空之執著，究竟一切有之執著。自性當下即中觀中脈中道，解除永劫以來落入空有之狀態，而令一切空有入中道中脈中觀，故為自性無上第一義畢竟空空有之問題。根本之道乃在即身當下覺所覺空，空所空滅之中脈中觀中道之自性。所有觀照裡面，本身尚有所殘留的狀態，我們都要讓其「無所」。

觀無所觀，無上本觀，知苦觀之，生死自觀，觀之密藏，中觀中道，修法無關，如來妙觀，無極觀太極自覺清明本義，終極觀生命原點空性第一義。

中道更深的部份就是「自性起觀」，這裡面沒有所謂存在任何的狀態，就是百分之百由自性起的作用。我們所有的存在，不管任何層次、無量的層次、無量當下的層次、無量密的層次、無量無分別的層次，甚至有分別的層次，其本身的觀沒有觀這個問題，覺沒有覺這個問題，其為自性。

無量世界無量存在的無量苦難本身就是自性起觀，無量宇宙、非宇宙、非非宇宙的存在、無量的宇宙形式裡面有無量的生命型態，不管他是什麼，他本身就是自性本身存在的當下，在觀自己不圓滿的部份，「我當下的存在，就是我自性在觀我的存在裡面的不圓滿。」這個是最深的中觀。

但你一定要有對「自覺覺他」這二部分的基礎到一個厚度，才能夠確定這一點，要不然就是偏向羅漢，或一下子又偏向渡眾生的菩薩。當你偏向渡眾生，你就拉回來再觀自在，自己再消化掉，這個觀自在的部份是就會又偏向羅漢的觀自在，不是屬於佛的觀自在，這二個層次不太一樣，雖然通通都是觀自在。

佛的觀自在是將「自覺覺他」這二部分完全等同等持，當自己偏向羅漢，偏向個人或偏向小我的時候，自身就將其給轉化掉；當自己渡眾生又被眾生的苦難所牽動的時候，自己也要轉化掉，這樣子等同等持自覺覺他到不二的時候，不落入相對性的狀態，就同時解除了羅漢道和菩薩道的問題。

中觀就是往必然無分別的成佛狀態，那就是「無上正等正覺」，這是等同等持。一切的不等同，就是為了等同；一切的不等持，就是為了等持，就是平定一切來去，解除所有的因果，解除所有識性的時空感。

有識性的因果覺所之處，就有誰對應誰的問題，就有各種不同人世間時空感的等來等去的來來去去的因果問題。所以，這個「等」有每一個次第中的來去的時空次第，但在究竟的面對之中，也是等不來的，也就是要究竟的解除，在覺所的狀態中等同等持之無上等覺，也就是覺空了所有的識性因果。

這個「等」是什麼?當我們對應眾生的苦難時，自己本身能有等持的狀態，能夠等同苦難的狀態，也同時覺一切內化的部份，自身的覺有等同的厚度。然而重點是在於「無上」，無分別的對應狀態，持有無量的苦難都沒有問題，因為都能夠覺受到自己如來的恢復。

所以，你要解除你在羅漢道的一切狀態，也要同時解除在菩薩道一切領眾的狀態和問題，到了無分別的狀態時，你就能確定一件事——「實無一眾生可滅渡之」，包括你自己，包括眾生，沒有渡不渡的問題，沒有誰渡誰的問題，這些過程通通不繞路。

這時候，你可以確定一件更深的事，就是「自性起觀」。**任何緣起本在無分別心之中，任何的諸相本無當下之當下，緣起就是生命一切自性引動的開始，諸相就是自己的一己完整，就是自性緣起之中，自性諸相自觀照自叩問自妙答的自性作用義，每一個生命的當下都是如是存在存有的。**

原來，無量的生命他自己本身的自性就已經啟動在他的任何狀態下了，哪怕他是在任何的一切處，都是在自性起觀，這就是真正的密無上中觀。在無量之中，也就在無量諸相的當下，我們能確定都是諸相觀自在的緣起，一切的諸相分別緣起就是深行密行無分別的行法，這個界面就是自性中觀密行的無上義，這是每一個生命的當下真正不落入相對性的無上微妙法，就是自性自觀自問自答的無上中觀。

實無一眾生可滅渡之，可滅渡的，滅一切可渡的渡化，滅一切被渡化的對象，眾生自渡，如來示現，密法不可說，救渡非救渡，不在渡，不在救，如來之密行，令一切生命了義第一義自身存在之空性，不落入一切救渡法執，還原生命實相於日常生活中，早已俱足一切自主的人生。

中道中脈中觀

ω 唯有中脈才能圓成空性，中脈的法流，是如來親自加持善護賓生的能量場。

今天我們人類對自己的看法是什麼？

為什麼人類活成這個樣子？

這是一個完全沒有戰爭，幾乎完全沒有大戰爭的太平盛世，讓整個人類有機會去完整發展人類自己在整個地球的生存的狀態。但是為什麼人類當他擁有的時候，所展現的德性是非常的糟糕，每一個擁有都是非常的放縱？

這個放縱不只是他身口意的放縱，而是對自己在這個地球的責任存在與意義沒有任何的反省能力。所有的評估都是如何操縱和謀取地球的資源，那不是謀取一個基本的生存，而是一種掠奪性的謀取狀態，不斷的擴大這樣的整個運作。所有透過科技的訊息，不管是媒體電腦網站，所有的狀態都是如何玩金錢的遊戲。

人類自己本身若無法進化到真正為自己存在的意義作基本的衡量，這樣的存在是沒有任何的文明可言的，是沒有任何智慧可言的，只是一種福報性的時空存在的群體而已。

這樣的狀態，絕對不是地球承載整個人類之後想看到的景象。

如果人類自己本身的功德只能夠在他自己的慾望裡面成就所有的需求，那麼生命最深的訴求將無法展現在人類的每一個生活當下。人類最大的功德，就是意會到自己本身為何能夠擁有這樣的天下，每一天所有的擁有和外在的形式，讓人類享有這樣的狀態，是提醒人類自身要放下某一些重大的識性。

今天我們人類對自己本身必須有一個終極性的宣告就是——

我們自己生命的藍圖為何存在在地球？

所有的靈魂體透過肉身的形式、非肉身的形式，展現在整個地球做重大的企圖心是什麼？

那就是為了完成對自己深化的進化過程。

因為所有生命本身的存在，都有其無量劫的功德。這個無量劫有他自己的傳承，無量個生生世世的傳承，在每一個生生世世的傳承裡面，都會對應到一切的眾生。

無量當世眾生的結緣狀態，都全部集中在地球今生今世的「密的自己」的存在。來去的自己都是因果顯相的自己，面對自己而打破的部份，就是進入不可說的自己，這是轉識成智的自己。當進入不可思議的如來性的時候，就是「密的自己」，是行深的本體的自己。

所以人類自己本身有等同世尊的重大的沉潛能力，人的一生都必須面對自己，並沉澱出一個終極可能的奇蹟。人能成為人的存在，就是宇宙最大的空前的奇蹟，人類本身在宇宙定位裡面，就是宇宙最深最重要的臨界點，也就是整個的覺醒。

這樣的覺醒是一種大我的初醒，就是意會所有相對性的輪動過程都是一場夢，因為是辛苦的，都還有一個對應的過程。當生命本身不落入相對性的時候，表示他的肉身本身在相對性左邊的無量的存在運作，都已經輪動到一個成熟點。而右邊也是如此。

所以即身肉身的中脈就是在左右兩邊的輪脈裡面的法性，或無常性的一切檢視過程，都已經成熟，集中在即身肉身的中脈裡面，生命的觀照就會有中道中觀的行深作用義。中脈之輪動等同中道之真義，等同中觀之覺所覺空，而入無壽者相之無上佛首智。

每一個當下，每一個自覺覺他的輪動都是終極究竟的臨界點，無壽者相的智慧，無識性的本智，即為生命存在生活存有之第一義，身口意即身當下中脈中道中觀之妙作用義。所以這個地方就是佛首無上智，就是你自己肉身的每一個智慧的點點滴滴所轉識而成的中脈中觀中道之無上佛首智，這就是終極的覺醒。

肉身要有中脈中觀中道的厚度才有不落入相對性的重大突破，而這樣的存在，等同於宣告宇宙進入一個重大的佛首智，就是宇宙進化到一個以肉身成就諸佛國度的存在，就是在當今的地球，令所有的人類肉身的慧命也都能夠在生命生活中，切入中道中脈中觀之佛首無上智。

這會讓所有無量劫來無量個無量生生世世宇宙的生命——宇宙本身也是有輪迴的，每一個宇宙本身都是多層次宇宙，是N次方的宇宙，時空與非時空的宇宙——都蜂湧而來，用盡一切的方式與在地球存在的肉身作重大的結盟過程。為什麼？因為皆有機會走上一個無分別層次存在能量場的結合。

今天地球能形成，是因為在地球背後存在的奧義裡面，主性承諾了所有在地球的生命能夠有回歸到主國度的機會。在東方，在中國來講，稱為彌勒正法；在西方來講就是主的國度，主的國度就是你有佛成的機會，這些都是一種文字圖騰的表達。

在生命的相對性裡面，以千手千眼觀音如來的圖騰密藏來說，千手千眼中間的本尊在蓮花座上的無染就是整個中脈的展現，祂左邊有五百隻手，右邊也是五百隻，這就代表所有落入左右兩邊的一切輪動都成熟了，整個生命的進化已經可以進入到完全成就為無上的狀態。無上就是無分別的能量場，這個狀態是所有生命經過無量多重宇宙的輪迴之後所要成就的狀態。

無量多層次的宇宙生命，他們今天形成在地球的存在裡面，就是要透過地球的人類生活，進行一個全面性不可思議的存在狀態。所以今天這個肉身最重要的是，他要有辦法在生活中以肉身進化，進化之前，他的人生會經過相對性的苦，偏向右邊的苦、偏向左邊的苦、偏向落入相對性的一切苦，之後，當他不想再過這樣的生活時，就會引動可能的契機，走上一個中道中脈中觀的狀態。

那是中觀觀自在的啟動，觀照自己不再往外落入左邊，或落入右邊，或落入多層次相對性的狀態，或落入無邊無量粉碎性的相對性知見、人生觀或身口意的行為。這樣的成熟狀態，將會在一定的時間點裡面整個發展出來。

當一個人開始以肉身在世間進行一切知苦的面對，而且意會到不能落入兩邊，也想要切斷這樣的慣性世界時，於是他可能會選擇離開那樣相對性時空的連結，開始走上親自對如來叩問生命的旅程，尋求自己如來的親臨，進入與如來連結之後叩問主性親臨的能量場。

重點是在於自己本身要能夠觀自在，所有的問題都從自己即身去看，因為觀自在的關鍵就是不落入相對性，不落入兩邊，就能夠直接從自己本身的整個能量場裡面，也就是從我們的中脈，去恢復主性，親證主性。這就是中道的開始——不落入兩邊，所有的心念都是通往無分別的狀態，不斷遞減相對性的思維，把相對性的識性全部解除掉。

這個道就是如來的法流親自親臨在你每一個狀態裡面，所以當下肉身生命即身無上正等正覺的存在存有本身，充盈在整個中脈的每一個輪脈裡面，整條中脈都是要通暢的，要有基本的流動的覺受。那不是功法刻意的訓練，那是自己本身的生命走過之後，在無常世界裡，不再落入相對兩邊的重大宣告所起的重要法流。那是如來的承諾、如來的應許，也代表大時代、大時間、大覺醒的時空到了。

所以，大覺醒的基本面，終極的重要關鍵就是在中道。要覺受得到中道這個大道本身的重點是在於肉身本身必須願意放掉相對性的狀態，願意接受所有緣起落入於相對性法流的對應與對待。因為所有落入相對性的無量靈魂體，他們一定有過去生的某一種功德，當他們對應進來的時候，就是要讓你照見和打破，觀照你有哪邊會對應到相對性的偏左或偏右的磁場，這些提點讓你不斷的放下，放下，再放下，大捨無量的當下，你自己本身就會逐漸通往如來所承諾的無上正等正覺的中脈。

在即身肉身的中脈，從頂輪、眉心輪、喉輪、心輪、太陽神經叢、臍輪到海底輪，整條連接到全部完全通暢。就識性肉身而言，肉身本身的前中脈、後中脈是前後分開的，但是更重要的是當這兩條中脈能夠輪動的時候，到最後整個前後中脈會結合在一起，那就是唯一的無上中脈。所以這個過程的恢復，這整個法脈法流的流動，都是如來親自加持善護寶生的能量場，唯有如此才有佛成的可能性。

從中道中脈裡面才能佛成一切，而中道中脈本身的能量場引動在肉身的運作裡面，那是即時即刻觀照落入兩邊的一切狀態——自身的落入兩邊，自身靈魂體的落入兩邊，自身所有生生世世的落入兩邊，所有當世和過去生結緣的一切皈依境眾生的落入兩邊，全部在中脈裡面都可以觀照到，這就是中觀，然後全部解除掉。**即觀即覺即寂滅即清明即恢復即法流，這就是即身肉身無上正等正覺之自性圓滿作用義，肉身就是一個實相中觀中道的生生不息的存在存有。**

而你自己本身的戒定慧是什麼？不落入兩邊的身口意，一定要在這個地方尋求一種中道的穩定性與能量場。在這種情況下，當你智慧的佛手伸出去，你會很清楚整個存在的不是只有左右兩邊各五百隻的手，而是你自己的本尊整個從中脈顯相出來。這樣完整的肉身裡面，充盈了中道的能量場，紮實的活在你每一個生活每一個當下的事實。

所以，這個基礎就是代表了整個宇宙終極意識展現在肉身的覺醒，這就是整個宇宙透過人類肉身的進化，走到一個無上正等正覺的中道存在。這個大道開展在華人的世界，將會從台灣的意志，台灣的某一些中道者、中觀者，來佛成整個的磁場，示現在日常生活的當下。

愈是恢復中道的能量場，愈叩問到如來性的湧動與恢復，愈恢復自己的自主性，那就是自主的國度，是萬民成主的國度。那個情況下，所有你過去世無量的因果都能夠圓滿，因為，因果本身都是相對性的即因即果。因果本身本來就是當下性的，若無法在當下解除所有的因果，那當下之後，因果已經是累積的執著狀態，所以，在覺的立場上，因果是必須當下非因非果的，才是真正的生命恢復的真實義。

重點是，一個中道的示現是不落入相對性，但也能夠把所有相對性的因果照見的非常清楚。在這種情況之下，宇宙的終極意志透過人的覺醒，在日常生活中所示現出來的重大功德，就是無量宇宙無量靈魂體的整個訴求，這也是整個終極宇宙無邊無量的存在和無量劫的存有，集中在終極圓覺地球的每一個生命的最終訴求。每一個人對自己存在的重大意義，必須意會到自己不能夠只是為了一個小我的欲求，去做生活上的處理，而掠奪了萬有萬物，然後只一味的去鞏固自己的擁有，讓一生空過。

每一個人的肉身都是等同宇宙可以如此進化的一個經絡布局的狀態，好不容易有這樣一個肉身，結果許多人都在做一些把覺性覆蓋的事情，所有讓人類納入的生命，那些被納入來供養肉身的生命，等於是被人類白吃了，白供養了。所以我們今天納入所有的萬物萬有於日常生活當中的每一個諸相生命，他們都不是工具，他們不是我們的附屬品、使用品，不是我們的身外物。人類因為有相性對的分別心，所以才會有你我之間的分別和身外之物的理解，這是相對性的一種意識形態。

今天人對於自己存在的本分，所要起心動念的第一義究竟是莊嚴自己的肉身，那就是覺醒，廣一切處的覺醒，深一切處的覺醒。所有我們一生當中所納入的每一個生命因果次第的時空磁場與能量場，不管是有形無形，哪怕是吃的食物，呼吸的所有看不到的微生物，都是等同於存在的無邊無量的磁場。

所以，凡我們納入的所有萬物，都要等同中脈中道的能量場之等持，它才有辦法進入你的生命，才有辦法在那個能量場與你這個肉身結緣，才有辦法進行相對性的解除。所以，我們要以中道的自己、中脈的自己、觀自在的自己，和中觀的自己去生活，讓這樣的生命覺醒在自己肉身的能量場，去對應一生之中一切時空裡面存在的生命。當所有的生命與我們這個中道中脈中觀的能量場一對應的時候，他就有機會解除他自己所有相對性的苦難、所有相對性的那個能量場裡面存在的狀況。

這個狀態不管他怎麼樣與我們對應，不管他本身進入我們哪一個輪脈，不管他對應到我們哪一個細胞，不管他對應到哪一個眼神，他只要有對應的機會，就有解除相對性細綁的機會。因為相對性是苦的，在相對性的來去裡面，永遠存在那樣的記憶的過程。人有了相對性，就有衡量，就有辛苦，就有用力，那個痕跡永遠會充盈在生命的每一個恆河沙數裡面，不管那個生命現在是什麼，它都是永遠存在的。

宇宙就是這麼不可思議，恆河沙是不可思議之細，恆河沙是不可思議之大，等同等持，而背後的基礎就是中脈。

既大之無量，為中道之所本，既小之無窮，為中道之所本，中道無上等同等持，本為非大非小無大無小空大空小之覺所覺空，空所空滅，所滅既寂，入無上中道空行空義空性，為肉身中道中脈中觀方能入自性之無上第一義即身當下，唯有中脈圓成之肉身才有辦法真正的圓成

空性之無上不可思議。

所以肉身的中脈這個重要性，我們永遠無法預設整個中脈的如來性要開展到什麼程度，中道的密藏它本身調和我們所有的無量劫，但是整個因果業力調和好後，我們的生命願力要開展到什麼層次？那要看所處的世代是否成熟並準備好到什麼程度。

中道中脈中觀是永劫來轉識成智的根本核心

ஐ 中道成熟收圓的涵攝力就是回歸到中脈中道中觀如一原點如如不動的狀態。

我們今天要建立一個關鍵性的轉識成智的核心點，這個核心點就是當你自己從無量世界無量永劫以來的各種不同的碎片狀態整個收圓回來的時候，你的基礎是在哪裡？是在整個劃開的無關性。

具備劃開的無關性是建立在涵攝性要有輪動得起來的狀態，從無常的因果之中輪動得起來，才有辦法涵攝回來。當涵攝到一個厚度的時候，就是具備了無關性的狀態、無壽者相的狀態、無所住的狀態。

一切的狀態本為俱足的本然，其根本在涵攝的行深作用義，方能於諸相之無所住，而印證諸相本無壽者相。故諸相之當下，共為無關之存在存有，所以，一切無量之中，以中道涵攝之力，入一切無生法忍之正法正等正覺，令一切生命諸相無住無我無識無相，而入一切結界之無關性。這整個基礎核心到最後就是中觀性的涵攝性、中脈性的涵攝性、即身法流中觀的涵攝性，就是真正中道的重大傳承。

我們在轉識成智的過程裡面，從識性比較重的狀態轉化成自性的過程當中，當基礎不穩的時候，我們就會有時候偏向從左邊涵攝回來，有時候偏向從右邊涵攝回來，偏向任何的向度涵攝回來，這中間都會偏離了所謂中道中脈涵攝回來的狀態。所以在調整各種向度的不穩定的涵攝回來的過程中，它最後的基礎就是涵攝在中道中脈的涵攝性。

這個非常重大，不管是即身肉身中道的涵攝性，不管是我們自己經絡中脈的涵攝性，不管是我們自己在觀照之中中觀的涵攝性，它本身就是建立在我們一定要回歸到一個重大中道的涵攝、中脈的涵攝、中觀的涵攝，這才有辦法在中道中脈中觀的涵攝之中，進入到真正無上原點的圓的涵攝性狀態，才有辦法回復到千手千眼觀音如來的一個圓的結界的涵攝性狀態。這是關鍵所在。

當我們回歸到這樣原點的涵攝性的時候，中脈的原點就是一個中脈的無相中道、中觀的無相中道、中道中脈的原點的如中如如的狀態，這裡面就是一尊如來的圓滿，這個非常的重大。

生命的原點在最初，就是一個原點的如來，在最後的永劫以後，也是圓收到一個原點的如來。一個是本初佛的原點，一個是永劫之後如如本初佛的原點，但是，重點是你有沒有辦法進入中脈中觀中道的轉識成智的穩定度和成熟度？

也就是每一個轉識成智的切入點的向度，都是原點的中脈中觀中道佛首智的無上圓滿狀態。每一個心念、每一個動作、每一個身口意就是一個原點如如不動的中道圓動的狀態，**中道圓動的原點狀態，它就是中道無邊無量的向度。**

無邊無量的向度我們可以從千手千眼觀音如來的圖騰看得非常的清楚，在本初觀音如來的千手當中，一千隻手的任何向度，都代表每一個涵攝狀態，永劫來每一個放下、每一個渡化、每一個回歸，都是中道中脈的無邊無量的救渡回歸自性海，自性海本體的無上妙作用義，自主的收圓圓收的功德力狀態，就是如是當下的無窮盡。

所以基本核心就是，當我們自己本身意會到轉識成智的重要性的時候，就會進入轉識成智的流程。一開始的時候，對一個見諸相的眾生來講，最困難的狀態就是——見了諸相，但是不見得能啟動轉識成智重大功德的迴向之力。但是，能夠轉識成智，整個功德才能夠改變，整個因果才能夠改變，整個生死才能夠改變，整個永不往外的基礎才能夠建立，往外的一切歲月時空的因果，才能夠整個迴向回收回來。

所以，當我們自己能夠轉識成智的時候，我們一定有偏向識性的狀態然後轉成智慧，到最後轉識成智到一個厚度的時候，就是以智慧為重，識性為少，到最後就是所有的識性都是智慧，這個關鍵是非常清楚的，當轉識成智到一個無壽者相的狀態時，全部都是智慧，沒有識性了，這個時候就是一個中道成熟收圓涵攝的功德力的所在，也就是回歸到中脈中道中觀如一的原點如如不動的狀態。

我們要了解，生命的如一引動了最初與最後，都是在當下你自己本身原點的如如。原點的如如不動的狀態，自己本身的中道中脈中觀，要能有涵攝性輪動的轉識成智，得到這樣子的中脈成熟度的涵攝。

即身肉身的中脈中觀中道，能令肉身起自性能量的中道涵攝力，進行生活無邊無量諸相的轉識成智。我們來到這個世界開始，肉身就已進行中道中脈中觀轉識成智的質變革命，我們要用整個肉身去開演這樣子的無上正等正覺的生活生命。但是，最忌諱的是，在涵攝的過程當中，我們周遭的生活對應是非常複雜的，我們自身內在因緣果報狀態的面對是非常複雜的，當處於這樣子一個輪動的複雜性，我們如何在修行的無常性之中，回歸到自身的轉識成智？

轉識成智在初期的時候，一定是非常不穩定的，一定有大震盪大排毒的過程。當我們由粗而細的過程裡面，我們各種不同的習性，在轉識成智的過程一定是由粗而細的，粗有粗的狀態，細有細的狀態，粗細的過程當中有各種不同的徵兆，都是一個修行者本身在恢復過程當中，歸因於關鍵性的各種不同的經驗值。

但是這裡面的核心價值就是，真正的中脈中觀中道的重大報身成就狀態，這就是我們自己要了解的重大主性密藏的密行。所以**中道的涵攝性，它是一切轉識成智的核心價值，中道的基本面的成熟度，也就是如來本體最深遠的基本輪廓。**

一個中道的法流，就是我們真正法報化三身總集合體狀態的涵攝。一個中道的生命、中道的肉身、中道的生活，他就是真正的世間尊重，所有的無邊無量的眷屬眾生全部都是在中道的即身肉身的轉識成智中，但是，他是無關性的，他是完全劃開的，他是不落入相對性的中道重大的涵攝力，就是即身中道身、中脈身、中觀身的存在。

今天，就是公開一個關鍵的主性密藏——所有的轉識成智，永劫以來無邊無量任何宇宙的轉識成智、任何諸相的轉識成智、任何相對性的轉識成智，只有一個答案，它的核心點就是實相中道的基本，成為所有轉識成智的核心。

中道中脈中觀是廣三法報化共同俱足的功德力，也是中道中脈中觀三位一體共為本體實相的核心根本，一切諸相等同中道中脈中觀轉識成智三位一體之實相。所以，實相之諸相，實相自俱足中道中脈中觀的轉識成智之即身肉身生命生活，如是當下即為自性法流中道中脈中觀之諸相實相本體俱足之法性諸相。這個功德力，這個密藏，這個狀態，我們全部佛說在中道法流之中。

左右脈與中脈密藏的解密解碼

∞已經成就的廣三中脈，左脈就是中脈、右脈；右脈就是中脈、左脈。

我們今天要表達即身肉身裡的中道中脈中觀與左右兩脈之間的關係。左右兩脈其實就是永劫以來相對性的因果識性對應當中，整個設計在我們肉身的左右脈。我們的左右手，我們的兩邊，都是左右脈，是相對性的狀態。

當我們肉身本身有一個成佛的基本面，就是所謂的中脈中道中觀的狀態，它是隱藏式的狀態，成為今天你即身肉身在緣起性空的轉識成智當下，產生一個即身重大質變的革命狀態。這時候，要成佛一定要把肉身的中脈，從隱相的狀態，顯相在即身肉身的具體性上。也就是肉身本身的敏感度，要非常清楚整個中道法流的中觀中脈中道的狀態，這中道法流都能夠非常清晰的在我們自己即身肉身的中脈顯相出來。

但是，中道怎麼顯相出來，中脈怎麼成就？

重點是在於我們自身的中觀性。也就是我們觀自在當下的基礎，它如如不動的生起了一個關鍵性的革命，就是「涵攝的左右脈」。左右脈本身其實就是相對性，我們肉身相對性的記憶庫，因果的記憶庫，這個因果的記憶庫它本身最重大的質變，就是在於相對性的左右脈就是我們自己肉身最關鍵性的緣起。

這個緣起，當我們應許在這個肉身引動，緣起的左右脈引動的時候，就是我們肉身應許在這個世界產生一個重大的震盪和重大的排毒過程，進行出離轉換行深的基本面的時候，就會產生轉識成智的狀態。

我們讓自己的中脈在逐步顯相的過程當中，就是把左右脈的相對性、陰陽性和相對識性整個涵攝回歸到中脈的狀態。所以在中脈的狀態當中，不斷的把左右脈往外的永劫輪迴的眾生、輪迴的識性，和輪迴的眷屬，回歸到中脈的主位皈依境。這就是一個同時不落兩邊，同時涵攝兩邊，同時把左右脈相對性整個轉識成智的中道主位皈依境的狀態。

當這個狀態在肉身本身成就的時候，左右脈就等同等持我們的中脈中道中觀。成就之時，左脈就是中脈，右脈就是中脈，左右脈同時回歸到中脈中觀中道——關鍵性的觀自在之法報化三身成就基本的無壽者相的佛首智。每一個輪脈都是佛首智，中道的每一個最重要的輪脈經絡都是佛首智狀態，也就是具備了第一義不可思議智的中道中脈中觀的本質性功德力，永不落入相對性的厚度，整個在肉身洗滌究竟。

接下來的關鍵就在於，逆破的、逆密的、逆密行的湧動狀態。也就是左右脈相對性的因果、相對性的識性、相對性的輪迴模式，完全被涵攝在中脈的那一刻，中脈顯相在我們肉身的具體性狀態，左右脈徹底的回歸到中脈的主位皈依境的當下。

一段時間之後，當因緣成熟，宇宙的因緣成熟，如來系統的法報化三身因緣成熟的時候，無邊無量系統如來座下的所有眷屬，永劫要回歸的那一刻真正成熟的時候，這時候中脈會開啟逆密的行法，讓已經涵攝回來的左右脈，慢慢又從中脈整個往左右的方向引動出去，密行的引動顯相回歸。

此時，就是真正所謂示現——輪動的時輪金剛壇城重大的中道逆密行法。它就是逆向的，它不是涵攝回來，它是把已經涵攝回來完全成為左脈就是中脈、右脈就是中脈狀態的廣三中脈左右脈的中脈功德力，往我們的左右整個再引動回歸到原本的左右脈的位置。

這個回歸的過程其實就是逆向、逆密的狀態，這是人類所有修行以來無法達到的——**重大的由中道中脈的即身法流，把左右脈涵攝回來當下，把左右脈永劫的所有識性全部洗滌究竟的那一刻，得道功成的那一刻，再由中脈的力量，由報身佛親自操盤，把整個左右脈——中脈性的左脈和中脈性的右脈，逆密的再引動回歸到原本左右脈的位置。**

這時候，左右脈已經是無識性、無因果的左右脈，是具備法報化三身的中脈的左右脈，中脈功德的左右脈。所以，我們自己本身整個肉身的狀態是完全不一樣的，是廣三中脈的狀態，廣三中脈的示現，廣三中脈的功德力。

這時候，左右脈不再有識性，左右脈是一個中脈功德力的另外一個等同等持，這時候就是千手千眼觀音如來徹底的功成名就的狀態，整個肉身就是千手千眼觀音如來的狀態。

左脈五百隻手，都是能夠示現的悲智雙運。左脈的五百隻手，與眾生伸手的結構是截然不同的，這五百隻手伸出去是從肉身的背後整個延伸出去的，具備了手伸出去的慈悲——是一個自主性的無上救渡，同時具備了五百隻眼睛的觀自在當下的等同等持，這是悲智的等同等持。右脈也是同左脈一樣，五百隻手是等同等持的。

這樣的左右脈沒有承不承載的問題，沒有渡不渡眾生的問題，然後在即身中脈的心輪定印是合十的，沒有左右脈所有累積的問題，沒有不能承載的狀態，永劫的輪動完完全全都能夠是圓滿的。也就是從此刻開始，即身的中脈就是即身的中道左脈和中道右脈，而中道左脈和中道右脈又是等同等持即身中脈的法報化三身的功德力，也就是無壽者相的功德力。

這個時候，肉身就是一個淨土，就是一個廣三的淨土，就像中間的中脈是阿彌陀佛的無壽者相，左脈和右脈就是觀世音如來和大勢至如來的等同等持，這個廣三狀態就是你自己具備了一個淨土的功德力的完整性。

但是關鍵的地方是，我們要先能夠將自己有如眾生往外的這種延伸出來的引動生活模式的軌跡、相對性的沉淪軌跡，從左右脈的相對性中全部涵攝回來，成就在中脈的如如不動之中去轉識成智。

所以今天我們要瞭解到真正的核心是，**當左右脈被涵攝回來在即身中脈一段時間後，再逆破出去的那個關鍵點，是真正的逆行密法。**這個逆行密正法是空前絕後所有基本存在的正法的志業者，必須意會體會的知見和肉身成就的迴向之德。

我們本身一定要非常清楚，中脈的重要性是整個宇宙永劫相對性失衡能得到調整的唯一最後的機會。這就是為什麼我們肉身的布局具備了這樣子的**中道的功德力——把左右脈一切永劫輪迴的相對眾生，徹底的回歸到我們自己本身中道中脈中觀的重大涵攝回來的狀態。**

等到涵攝到一段時間，洗滌究竟的時候，我們透過逆破的方式，不斷的自發性的用逆向的方式，讓我們自己本身已經是左右脈等同等持的狀態，一步一步的再湧動出去，讓它成為從我們肉身的背後引動出去的各五百隻手的千手千眼——這是一個譬喻，左右脈各五百隻手的千手千眼的示現和力量，左右脈都是中脈，而且不違背如來的正法。

所以我們要瞭解到，當你自己本身的肉身有這麼大的功德力的可能性時，你就必須了解，中道的善逝力隨時隨地將相對性的狀態涵攝回來，也就是即身的左脈右脈的等同性裡面，在等同肉身等同宇宙的左右脈的整個相對的運作當中，不斷的涵攝回來。但同時讓我們能夠意會到，我們本身在整個左右脈涵攝回來到中脈等同等持的那一刻，中脈的功德力由報身佛成就，並且是如來應許的情況下，往左右兩邊引動出各五百隻手的時候，就是左脈等同等持中脈，右脈等同等持中脈，完全徹底的成就。

這個逆破行法所形成的廣三中脈的肉身，我們要瞭解到，這時候，一個已經成就的廣三中脈，左脈就是中脈，左脈也是右脈；右脈是中脈，右脈也是左脈。同樣的道理，這個中脈，原本的中脈，也具備左右脈，也具備左右中脈的狀態。

所以，當我們自己廣三中脈圓成的那一刻，我們肉身的淨土功德力，就是整個肉身每一個存在存有的狀態都是皈依境，都是主位皈依境。確定永劫以來，**所有生命輪動的每一種輪迴性，都是我們永劫來的示現和重大的輪動，都是自性法流的輪動。**

廣三中脈的狀態，每一個輪脈都是主位皈依境，每一個六根六塵都是主位皈依境，每一個永劫來的存在的多生累劫，都已經成就為主位皈依境，這是廣三中脈肉身淨土的關鍵，不可思議的功德力。

但是重點是在於，我們自己本身要能夠徹底的有一種最深遠的誠意，就是把左右脈的識性完全徹底轉識成智，回歸到我們的中脈。因為，當左右脈涵攝回來，經過一段時間洗滌究竟之後，再把左右脈整個引動成「左右雙中脈」，成就肉身的廣三中脈，這一區塊是更難的，更是不容易往這個方向圓成。

我們要了解，**左右脈的相對性，基本上就是為了成就顯相我們肉身中道中脈的一個觀自**

在。所以，當我們自己面對生活一切緣起的時候，就是我們相對性肉身的左右脈整個重大引動的一個切入點。我們要非常清楚，這是一個肉身非常關鍵性的密藏，關鍵性的主性的運作狀態。

但是你要逆破行法到重大廣三中脈圓滿的時候，只有一件事情，就是你必須先能夠涵攝左右脈的相對性，突顯恢復你自己即身的中脈，這才有辦法。當這個俱足的時候，一切就是真正逆破的行法。

所以我們要瞭解到，緣起性空的必要性是無所不在的生活面、宇宙面、無量面，都必須進行的轉識成智的生活態度。

∞ 當你有空觀的覺受時，一切如來義都是從空相出來的法流義。

存在就是非存在，就是不存在，就是空性存在，就是無所不在的存在的當下。任何空性狀態，不在於有沒有肉身的存在，肉身在，等同不在；肉身不在，等同在。我們要瞭解到生命的空行義、空性身、空行智，空行義的狀態，就是空行密的行法，這是一種空行的法音法流。

一切諸相在的時候，它都是空性的存在，我們今天把無時空的狀態，意會在我們自己存在的當下時空的時候，我們所以為的諸相存在所反應出各種不同生命形式的法音法流的狀態，在生滅的過程裡面，它終究是不存在的。任何顯相的諸相有一天它終究會消散的，那就是不存在的狀態。

問題是在於當下存在的一切諸相，它所存在的一切法流，能不能等同非存在的狀態，等同空相的存在狀態，等同空性的存在狀態？

一個肉身的身口意狀態，在我們一生流程裡每一當下的生滅之中，它是存在的，因為都顯現在這個肉身之中。我們未能打破時空，且未能有一個空性重大的密行義智慧的觀自在，就是因為空觀的厚度不夠。當下這個肉身雖然存在，事實上它是等同不存在。在無時空的存在當中，所有存在的本身是不存在的，所有不存在的本身是存在的。

所以我們瞭解到，中道觀自在的重要性就是即身的法流義。即身肉身的當下所存在的一切佛說狀態，就是我們要表達的——**一切的諸相都是空性的變現，包括一切諸相的存在存有的一切狀態。**所謂一切狀態是包括最圓滿的狀態、最沉淪的狀態、最原始的狀態、最不可說的狀態，和無邊無量的狀態。

一切存在的當下，在生滅的過程當中的顯相，非生非滅的轉識成智的當下，或者，已經是如來相不生不滅的重大如來相的當下，一切諸相的一切，它已是空相，已是空行，已是空行密義。

空性的存在，在一切心性當中，不管是有形無形的立場，我們要表達的是——什麼是有形?什麼是無形?在無量界別裡面緣起的各種不同宇宙當中的道場，有太多看得到，也有太多看不到的狀態，我們看得到當下的存在，但是有太多當下的存在我們是看不到的。現在我們自己肉身所看得到的這個狀態，我們有多少前生今世的存在，我們是看不到的，但是他就是反映在我們現在當下的身口意當中，在自己存在本身的當下。雖然我們看不到自己這個肉身，但是屬於我們自己存在的不可思議的無邊無量，有多少當下我們是意會不到，是看不到的？

我們要瞭解到，什麼是看得到？什麼是看不到？什麼是可能看得到，或可能看不到的？看得到又怎麼？看不到又怎麼樣？重點是在於，看得到的本身就是空性的顯相，看不到的無邊無量的生命形式，它也是空性顯相的狀態。

我們觀照一切諸相的顯相，更要能夠在觀照之中無所住，**我們在觀照之中的目的，是打破無邊無量識性狀態的時空和次第。在轉識成智當中，就是要把所有可能流動的各種不同行深的流程，全部無時空的皈依收圓。**

當我們恢復到如來相即身法流當下的時候，其實很清楚，這種如來相的法流身法相身的存在，會有一種時空非時空的臨在不可思議的存在狀態，就是無所不在的主性相應，無所不在主性各種不同示現的相應狀態。

主性的肉身存在，等同於主性肉身的非存在狀態，等同於主性肉身的空存在狀態。雖然這個肉身是存在的，但是基於是主性的肉身，所以是無所不在的，主性肉身的無所不在，這裡面有一個非常重要的知見，就是所有的諸相也都是主性肉身的顯相狀態。不管今天這個諸相狀態它本身存在的任何次第、任何時空與非時空之中，它本身就是主性存在的狀態。

我們要相應的狀態是我們要有一個無量心，要有一個非時空之心的觀自在，觀照本身不只是一個肉身的觀照，不只是一個非肉身的觀照，更要是一個轉識成智的肉身的觀照，甚至是如來身肉身的觀照。

當我們的觀照是空觀的時候，很清楚的，我們當下觀照到這個肉身一切的苦難，也觀照得到這個轉識成智當中，整個肉身的次第狀態都是主位皈依境示現輪動的過程。更重要的是，這個肉身可以是空觀的狀態，觀這個肉身的存在等同於是空性存在的時候，我們不見得需要看得到。這個肉身是存在的當下，我們觀得到；但是它的無所不在的狀態，我們也觀得到；它的不存在於當下的無量世界，我們也觀得到，所以，它是空的狀態的肉身。

空的狀態的肉身，肉身在還是空的，肉身不在還是空的，不管在不在都是空的狀態，這就是空觀的狀態。當你有空觀的覺受的時候，一切相都是空的狀態，一切如來義都是從空相出來的法流義，所以無邊無量宇宙的狀態，各種不同的諸相，不管有沒有顯相，它都是一種法流義的存在。

每一個生命苦難的聲音，都是一種空性之音；每一個生命轉識成智的各種不同的密因，也是空性的聲音；每一個如來相本身無邊無量的第一義不可思議的自性之音，也是空性之音的存在。

我們自身一定要打破所有的識性狀態下的框架，我們今天對於未知的存在，本身就只有一個答案，就是打破所有已知的限制，所以，空無所空的時候，覺所覺空的時候，只剩下一個覺，任何的境界，任何的次第，只剩下一個答案就是空覺空觀的狀態。

覺所為了覺空，所以所在之當下乃為觀自在之本覺，若諸相已空，即為空相之自觀，一切所觀若不落諸相之生滅，諸相本空相，諸相之觀若有所落入，覺所之中必為轉識成智之質變，這就是空之覺所，諸相已空，覺所本空，觀空諸相，諸相自觀自在自觀空，此諸相空觀之奧義。

覺無邊無量到最後，所有的存在本身，我們不落入生滅相的時候，肉身的存不存在，當下都是不可思議的。重點是在於我們自身對裡面生死的議題，都能夠很清楚在即身肉身的臨在之中，都是一個空無所空的意會，這個意會的功德力，不管肉身在不在這個人世間，在現場的當下，我們自身是空的存在的觀自在。

中道空觀之空與不空的等同等持

∞ 中道的覺就是——覺所空，覺所不空，等同等持。

當我們在覺所覺空的時候，這是從解脫的角度來講。但是對眾生來講，他不管是如何狀態下的不空識性，都是沒有覺所的，因為眾生不知道覺，不知道面對，不知道反省，他就是在識性裡面的不空之處，不斷的輪迴在各種不同不空的諸相之中的形式。

但中道的覺所不是如此，中道的覺是什麼?**中道的覺就是——覺所空，覺所不空，等同等持。**覺所空的狀態就是不斷的轉識成智，但是覺所覺空的時候，我們自己本身也要瞭解到，報身佛的中道成就就是——在覺所覺空的過程中，也在某一種專志的結界當中，布局在即身肉身有部分是不空之處的所在。

在覺所的當下，覺所覺空的轉識成智之中，覺所覺空的等同等持當中，報身佛有非常不可思議的重大報身佛成就的中道的布局。中道的布局就是，當我們已經進入一個無相的覺所覺空的解脫厚度，報身佛就會布局不空之處的重大之輪動機制，在我們即身肉身特殊的經絡之中布局著。

當我們覺所覺空的當下，到一個關鍵性的時候，我們不能夠落入過度的覺所覺空的清淨相，因為報身佛瞬間就必須布局不空之處的狀態。**專業設計的不空之處的狀態，在即身肉身的過程當中，就是我們自身在覺所覺空當中，也有部分的不空之處隨時提點著我們自己，不要落入覺所覺空的清淨相過甚。**

布局性的不空之處，它不是一般表面所謂的即身當下肉身識性的不空之處，這個狀態是在即身當下的不空之處，報身佛專業結界部分的狀態，作為平衡我們自己覺所覺空過度，而落入淨相的危機感這種狀態的法執，也就是讓我們不要著空太深。所以就會在即身肉身的覺所覺空當中，也布局了部分不空之處的狀態，但是，它不同於所謂平常常態性的不空之處的識性肉身的因果。

所以，當我們了解到中道報身佛成就的布局時，我們在覺所覺空的過程當中，覺空的狀態不斷在深化時，同樣的道理，那個不空之處的整個專業結界的狀態，也會同步的擴大。這個狀態就是，這個結界皈依境的不空之處，它本身其實就是一個關鍵性的逆破之重大布局。它是不空的非不空之處的狀態，這裡面只有報身佛本身能夠專業的在緣起性空和轉識成智各種不同的次第的轉換之中，所做的一個逆向布局的資糧，這是不空的、專業的不空成就之處。

這個不空成就之處，有時候是一個空行義的逆破狀態，我們在空行義當中會有一個重大的體會，當轉識成智到一個無壽者相，我們進入一個重大成就的時候，那種無罣礙的空行的了義，我們自己本身要能不落入這樣子空行重大的空前絕後的法喜，才是重點所在。

如果**我們落入空行義無障礙性的法喜的時候，有時候要再走出來，是非常困難的。**所以我們不著於空，不著於空行狀態下的所有狀態，這中間就要祈請報身佛本身存在的協助，在我們自身不斷行空的轉識成智的覺所覺空之中的功德力上，報身佛就會同時引動龐大的狀態，一步一步的隨著我們覺所覺空的狀態，不斷的深化過程裡面，布局更廣大的專業結界的眾生性的不空之處的狀態，以這樣的畏因提點來平衡，而成即身當下的中道成就。

這個狀態是空前絕後的，這個狀態，修行者是無從得知的，這就是肉身即身有報身成就的立場，而且是中道的報身成就就會了解到的。**不空之轉識成智，而引入中道空性，左脈如是，右脈如是，左右脈共不空之處，共轉識成智，回歸中脈不可思議之報身佛空性空義空行，這就是廣三中脈等同等持中脈中道中觀報身成就。**

當這個狀態是等同等持的時候，不空在即身肉身之中，是等同轉識成智的狀態，覺所覺空的空行義，也是完全不執著於任何空行的一切重大功德力。在這種情況之下，覺所覺空的了義，與不空成就的重大結界的專志，也在等身的肉身裡面被布局著的時候，就沒有落於所謂的空與不空的狀態上。

也就是覺所覺空，我們覺空了，瞬間就非空，非空就是我們瞬間不落入於空。瞬間不落於空的狀態，是因為我們即身肉身裡面，報身佛有一個重大的平衡感，就是我們不空的即身肉身狀態，它不是用來轉識成智用的不空之處，而是專業的中道平衡的不可思議之不落兩邊的不空之處的結界狀態。

這個狀態是被結界的，這個狀態的輕重和深廣，是由報身佛在整個不空處的皈依境裡面，由報身佛主位的觀照總持涵攝其中。在我們肉身每一個成就之中，所需要的關鍵性逆破之功德力的不空之處的時候，這個資糧是非常重要的。

這個不空之處結界的專業不空之處，是非常重要的逆向逆破的功德力，它不但能避免掉這個肉身在過度精進之中的自我內傷的過程，同時自身如果已經進入無相的行空之覺所覺空的過程當中，能夠有不落於空的重大的畏因和提點。

因此，隨時隨地的，當你在空之中的體會裡，你不會落入其中太深，產生過度的法喜而走不出來，或走出來的時間點已經不等同於報身佛要肉身走出這個空的體會的法喜時間點。所以去體會同時會有輪動某一個結界的不空狀態，這個狀態就是非常重要的關鍵性逆破的提點。

當我們本身在覺所覺空，在空的了義中，同時非空出來的那一刻，我們自身就意會到，我們自己本身的主位皈依境裡面，有一部分的結界是不空之處的時空感在提點我們，當我們能夠在空與不空之中等同等持的不可思議的狀態當下，這一切全部都能夠成就，這一切不斷成就到一個不可思議的自然本質性平衡點的時候，那麼基本上就是空所空滅，不空成就之。

不空之處就是關鍵性的空行義的了義之逆密行法。空行的觀照，等同直接就切入所有不空之處的狀態，所以空就是不空，不空就是空，這就是中道的基本運作的了義。

我們就可以了解到，**空行成就的關鍵，是由不空成就整個重大的提點出來的，逆破的提點出來的。**所以，當我們懂這個道理的時候，**任何逆向的基本面，都能夠深化自己性空的必然性。**當我們自己不著於空的狀態，就是我們性空了也要不著於空，這個瞬間的軌跡，就是報身佛引動了重大逆破的不空之專業結界。所以不空之處的識性時空的能量場，瞬間讓我們從性空的覺所覺空的空處，整個重大的非空轉移空出來。不著於空，不落入不空，我們本身就是自己即身肉身的中道。

虛空無窮盡的中道闇黑自性教法

ω 解除所有法喜的光明或不舒服的黑暗，我們要的是在中道之後無窮盡的狀態。

所有的相對性基本的基礎是建立在光明教法的皈依上，在光明教法的皈依上，我們要有一個非常清楚的立場，就是世間尊重，因為眾生需要這樣一個點亮的光明，去引領他們走向一個基本的厚度。

在一切識性相對教法系統面臨崩盤的時候，這個厚度就會成為一種在安全範圍內識性累積的重大外在的信靠狀態，或者成為一種非常重的價值觀念框住的狀態，而走不出來，這是一個關鍵所在。

當光明教法崩盤的那一刻，也就是代表我們要進入一個最深的無窮盡的闇黑教法，所謂闇黑的教法，它不是相對性的黑暗光明所理解的相對性下的任何相對性教法。坦白講，光明教法整個的解除，它的目的是在於其背後有太多相對性的黑暗腐朽。

我們講闇黑的教法，它不是相對性的光明和黑暗，我們講的是在光明教法崩盤的過程裡面，有太多相對性黑暗的腐朽累積，同時都是要被解除的，這個時候就是中道性的狀態。中道性的狀態本來就不是光明與黑暗的問題，而是解決光明與黑暗之間所有共同輪動的議題，這裡面相對性的光明與黑暗長期以來累積的問題全部都要解決。

但是問題是出在於，今天光明教法所強調的是一個相對性的光明面，在這個信靠過度累積的過程裡面，他們最後不敢再面對闇黑了，他們不敢再面對相對性的黑暗了，黑暗裡面的腐朽他們不面對了，他們只著在所謂的光明裡面，如此，這個相對性是永遠無法解除的。

任何的生命當他只偏向所謂的假象光明的那一刻，相對性的另一半問題永遠沒有辦法解決，生命是沒有辦法畢竟空的，生命連究竟的基本面都是沒有的，這是最大的痛苦，這是最深的痛苦。

我們的肉身本來就是左右脈的輪動，如果我們活不出一個中脈中道中觀不可思議的中道狀態，我們顯相出來的只不過是相對性的狀態，就是光明與黑暗的重大爭戰的道途，就像陰陽之間，就像男女之間，就是所謂的無量的相對性。

黑暗與光明之間，若你今天只把焦點放在光明的時候，你就看不到黑暗的部份，它仍存在你肉身的生命生活之中，那你怎麼辦呢？

為什麼我們存在的歷史軌跡，永遠有黑暗的腐朽？黑暗的腐朽是看得到其外在形式，但是**光明教法裡面累積的過重法執，難道不是另外的各種不同看不到的黑暗的腐朽嗎？**

我們要了解到這個關鍵是非常殘忍的事情，關鍵性的殘忍，殘忍性的關鍵。為什麼？**過度光明的法教所代表的就是過度道德的判別，用形式的道德去框住，而成為各種不同假象形式的一個生活規範的時候，人類是無法面對自己本身的真實面的。**

所以，**中道是真實義的開始**，我們必須把相對性的黑暗問題整個非常清楚的反應在我們的日常生活之中。但是對於習慣於光明教法的人來講，他們只要聽到相對性的黑暗，就認為全部都是錯的，全部都是有問題的，全部都是沒有辦法去面對的，只要是在光明教法之外的，在已知之外的狀態，所有的非知都變成是黑暗的。

到最後會變成怎麼樣？各種不同類別的光明教法，其過度累積的系統法執相互之間的鬥爭，因為，每一個人只相信自己這一脈法流的光明教法，別的光明教法，如果不熟悉的，就很容易把它當做是相對性的黑暗面。

為什麼會有太多的宗教戰爭？因為在各種不同宗教系統裡面的子民，他們認為他們宗教裡面各種不同的教育，與所謂的代表人物都是光明教法，才是正統的，以此堅持在彼此的各種不同的光明意識形態之中。但因為生活層面是不一樣，所累積的苦難形式是不一樣的，所以就會產生各種不同宗教戰爭。這其實還是人類沒有辦法面對自己在所謂已知的光明教法之外的其他狀態，而認為所有自己不知道或不理解的，都是黑暗的。

這是一個重大的問題，多生累劫來都沒有辦法解決這個問題，再偉大的人物都沒有辦法解決這個問題，因為他們連這個問題都看不清楚。為什麼？因為他們本身難免都有殘存的自以為是的光明教法，也難以面對自己本身最深闇黑的界面存在的識性，這是關鍵。

今天我們要非常清楚，**中道是真正唯一的不可思議的狀態，它不在光明也不在黑暗，在光明也在黑暗，它唯一的目的就是解決所有的相對性，非常清楚的解決所有的相對性。**

無常性的狀態就是中道的狀態，它不在任何的宗教系統裡面，不在光明的教法裡面，不在黑暗的教法裡面，它只存在一個狀態就是——當來下生的觀自在。你自己本身所有的識性才是一個大的問題，識性本身，當角度不同的時候，誰對誰錯不知道？爭論到最後就是最殘暴的事情，就會逼出那個最黑暗面的暴力，就會變成一個最極端帝王術的狀態，這就是人類歷史軌跡的殘忍狀態，一直沒有辦法解決。

我們今天提出一個中道的公義，最重要的末日審判，所有的慣性都必須被審判，不是在任何的宗教系統，而是在每一個人的生活當中自己本身面對的態度問題，才是關鍵的所在。這樣講已經非常清楚了，所以，很多時候，我們的立場就是在無量性的無常性，我們自身檢視的當下態度，就是要解除所有所謂的法喜的光明，或是不舒服的黑暗，我們要的只是一個真正在中道之後無窮盡的狀態。

無窮盡的狀態它本身就是包羅萬象無邊無量的狀態，**不管任何的系統，不管任何的教**

法，不管任何宇宙的萬有存在，它背後就是無窮盡的虛空的衣缽，我們肉身要成就的就是這個狀態，而這就是闇黑的教法。無預設性的基礎它本身就可以成就真正的中道闇黑的教法，它不是相對性的黑暗光明的教法，而是解決所有相對性的教法。

黑暗在哪裡？立場不同就是黑暗嗎？而贏的人就是光明嗎？到最後只剩下這樣的一個鬥爭議題，其他什麼都沒有意義了，這個世代能分得清誰是光明？誰是黑暗？太多的光明裡面做了黑暗的事情，太多黑暗的事情其實都在光明裡面被隱藏著。

我們要非常清楚，我們所有意識型態形成的標準，本身腐朽到一個累積的時候，都是辛苦的狀態。所以，我們要徹底的解除這樣的狀態，就是用中道力量的涵攝性，把所有的相對性全部無始無終的全面性涵攝而解除掉，讓所有有始有終的所有有限性的相對性，全部解除掉。

當我們了解到這個重要性的時候，就只有一個立場——無預設性的面對即身存在，無預設性的面對所有無常所打破的不空之處，就是當下等同等持逆破之觀自在的立場。

我們只有一條路，任何無邊無量的面向，我們只有一條路，就是祈請報身佛共主的轉識成智的狀態，我們自然就能夠成就徹底的無窮盡闇黑的存有。在無常裡面，所有的有始有終都是緣起性空必然性的資糧，我們在這個地方轉識成智，那一定是成就衣缽上的真正中道的闇黑教法。

虛空與空性

∞ 虛空唯一宣說的就是空相，空所空滅的時候，就是進入空性的開始。

無邊無量的宇宙，無量劫來的宇宙，生生滅滅的宇宙，背後有一個狀態就是虛空。虛空是無邊無量宇宙、無邊無量日月星辰的背景，最後的無窮盡，它無窮盡到無邊無量，它是沒有盡頭的，它就是最後的空相。但是，你站在地球看著宇宙，它是無窮盡的空相，還是可以被我們人類的立場、人類的覺知所覺到，至少到現在以人類的整個進化而言。

這個宇宙的虛空納入了無邊無量存在的宇宙，它無窮盡到最後就是一個黑暗，它是一個黑，一個闇黑，這就是一個空相。但是，它是被覺的，它是最後的「覺所」。「覺所」的覺裡面的最後狀態是什麼？就是覺空，這個空就是「空相」。

空相為覺空之最後一相，在宇宙名之為虛空相，為空性第一示現之無窮盡之空相。無窮盡之中，謂之覺空，空所之覺，寂滅空相之所。空相善逝，空無空相，空所空滅，即入空性之實相。空相寂滅，覺空之覺，也等同等持當下善逝最後一念之覺空之覺，空所空滅，覺所滅覺，方為中道正法之終極，為入空性之實相奧義。

「覺所」，覺，人類的覺；所，所是什麼？從一個小的點開始，覺無邊無量萬有生命的苦難，覺各種不同的道場，覺所在的，覺他人的，覺自己的，覺這個所在的這個「覺」都空掉，這就是空相。

若有所相，本為覺之所臨在；若無諸相，本為空覺之臨在。空相之覺，本為空覺，覺所臨在，本為無量諸相無量覺所之等同等持。

若以第一義不思議意會之，諸相所在俱為覺之臨在；若以相對去意會之，能覺的本體義，還有被覺的對應義。能覺的是覺所中涵攝所有被覺的諸相，其根本核心是以中道之中觀之覺，破能覺與被覺而涵攝之，而回歸中道之本覺，入正法本體之自然湧動之覺之奧義。

當所有覺的過程裡面，可分為「能覺的」和「被覺的」。你一定有一個覺，你可以覺萬有，但是如果你被牽動，你自己這個能覺的狀態還是有識性。所以覺到最後，覺到空就是虛空，覺到最後自己也會有一個空。

但是覺所覺空的時候，你要能夠空覺，「空覺」這兩字是等同存在的，你到最後連覺的這個動作都是多餘的，就是「空覺不二」，最後，空所也要空滅。空就是這個空相、宇宙的相，空所，空相，空所空滅。這個空相是「被覺的」最後的狀態，所以，這個空相的最後，這個空也要滅掉，當滅掉之後，你的覺也滅掉了，那就是空性的開始。

虛空是空性變現的第一個相，叫做空相，這裡就是指空相也是被變現的，這個空相是在表達它的無窮盡。所以為什麼一直在表達——不要預設，不能預設，不要落入，不要分別。因為你只要一分別，永遠無法有一種深遠的遼闊，你自己的存在裡面容得下的，永遠是有限的。

這個腦袋如果就是一個虛空，你有無邊無量的識性，無邊無量的識性有各種不同的類別、各種的結界，它就有各種不同的銀河系、各種不同宇宙的日月星辰，都是在識性中，都是為了生存而戰的識性。一些有關動物生態的節目，很多動物在某一個平台為了生存要獵食，牠們都會有牠們的本能，有牠那種生命形式的功能去捕捉獵物，每一個動作出去都是會衡量的，對應出去都是面臨生死的狀態。哪一個生命的狀態不是在進行生死的爭戰？人類是唯一能夠意會到「只有覺的狀態才能真正消化生死輪迴」的生物。

今天你有恆河沙數一識性的一個病因在，都可能引動成某一種因果牽動的無邊無量識性。所以，有時候如來對肉身所下的一個力道的關鍵，當然就是善逝，今天如果自己的系統不究竟，裡面還殘存識性的時候，自己要先善逝掉，要不然還是會有所連結而被牽動。

為什麼會講無邊無量？很多的通靈狀態，背後都是某一個銀河系力量生命進化的高點高能量場來對應，那裡面還是有他們的識性在的。所以，為什麼如來要對我們做這麼大的善逝？因為肉身只要一轉身，要跟世間的識性連結，是何等的容易，落入世間識性的輪迴，是何等容易的一種苦。

在覺所之中，在覺空之中，在空覺之所，這一切奧義最關鍵的，是要回歸在我們的身口意之中，迴向在我們生活的當下，圓成在我們肉身的面對時空。**一己之力本是一己之密行，一己之身口意，肉身的任何狀態，都是覺所無量次第的皈依。**

為了回歸空性的不可思議，我們每一個人的肉身，我們每一個人肉身當下已是如來本體的空行義，我們肉身所要反應的，就是我們肉身因果不空的識性苦難，**我們必須用肉身的轉識成智去印證我們肉身的一生都是如來義俱足的具體顯相。**

這裡所要表達的是，看似擁有那麼多資糧的人類，在那麼容易取得的狀態中，所面對的承受又是何等艱難的轉化。既然是那麼容易就能夠得到的貪求，那麼，也就是等於那麼難的回歸空性啊。因為，因果是絲毫無差的，這就是為什麼有些人的如來要對祂的肉身打下去時，是那麼重的力道。這就表示，祂已經對肉身很清楚的宣告——就肉身個人來講，若要回歸空性，肉身自己要善逝多少，才能寶生多少，生生不息多少。

所以重點是在於，我們當下在自己原點所在的生活裡面，以一人之力對自己的如來宣告自己重大的決心，就是「我願意把所有的識性粉碎，粉碎還是不夠，我要善逝」。所以，必須以如來的標準做為決策，端看肉身是否能做到。

最大的孤寂就是虛空本身，虛空本身不說的，它唯一宣說的就是空相，但是空相本身就是空性本身的第一義，無邊無量無窮盡的納入所有生命所需要的道場，這就是重大的空性之愛。

空性之愛其實展現的最大關鍵就是虛空、空相，空相虛空本身就是空性之愛的第一義，因為空相是無邊無量的，所以就是宣告其本願本有的志業，就是納進無邊無量宇宙生靈的道場。

宇宙的日月星辰、宇宙無邊無量存在的銀河系就是萬有，所以虛空是最大的空相，萬有是無邊無量每一個宇宙、或多重宇宙、或無邊宇宙、有形無形宇宙重大的整個進化過程的道場。有多少類別的苦難在宇宙日月星辰的演變裡面，它就示現多少的宇宙道場，讓需要的生靈去面對他自己的演化過程，去反應他的苦難，重點就是在這裡。

所以，空相本身是被覺的，這個空相最後的空所，空相的這個所在的最後，也空滅的時候，空也滅掉的時候，那就是空性。所以空相還是一個空，它還是被覺的。所以虛空本身消化掉之後，它不再講無窮盡了，它的存在就是一種本源。當然這個地方我們沒有辦法用任何識性去嘗試解讀空性的存在。

但是，如果今天只有單一的空相，裡面都是空的，這樣也不完整，所以為什麼有萬有和日月星辰？日月星辰就是很多的生命體在這個空相裡面不斷的運作，所有的生命整個就是另外一種空相的意志、空相的生命、空相的傳達、空相的一個自己的進化過程。生命本身就是在這個空相的宇宙裡面，在這個虛空裡面，無邊無量的生靈、無邊無量的生命形式，都是等同空相的一種生命力。

真正的空相，再加上無邊無量的宇宙道場存在的整個演變過程，那整個的合體本身才是圓滿的。這個空相會反應無邊無量生命的不圓滿，這背後就是一個覺。那麼，空所空滅的時候，就是進入空性的開始，簡單講是這樣。空性是不可說的，所以，今天也不是把萬有解除掉，或者把虛空解除掉，才能進入空性，我們要有一個解讀就是——空相本身就是空性變現的，萬有本身也是空性變現的。

虛空空相本是無來去，納一切之萬有，沒有收不收攝的問題，萬有本身有來去的問題，才有收攝的問題。收攝到無窮盡，無收攝相，就是本初原點的源頭，原點入空性虛空相，亦空所空滅，空相原點本是等同之義，空相解除，原點善逝，即為入空性之實相。

然任何次第的修行者仍在來去的收攝之中，何時能入原點之圓動？本不可說。所以，修行者放下所有的修行相，直接入虛空無窮盡之空相佛首智，當下解除所有的修行次第，不著於宇宙萬有的來去，能得無上無壽者相佛首智，通達虛空之無窮盡本無任何收攝來去之問題。

若落入宇宙萬有次第的修行，即著於宇宙萬有來去的染著之相，一入虛空無窮盡密藏，頓超永劫宇宙萬有相對輪動之修行次第，其中何來涵攝之有？因有宇宙萬有之來去，才有涵攝其中之修行次第，若已入虛空無壽者相無窮盡之存在存有，永不落入宇宙萬有之相對性，何來

無量次第教法之存在存有？

無邊無量的修行者能收攝嗎？能收的已經不得了了，因為大部份都是收不了的，我們看很多自詡為某些教法的修行者，他能收攝回來看自己什麼？他都在看別人啊。所有的生命今天會在那個道場裡面形成一個具體的輪迴，輪迴的都是他自己無法收拾的，所以才會成為一個輪迴的動作。收攝是最難的，收攝基本上都是空前的，而這次是絕後的。

在修行的法緣次第之中，也是要收攝宇宙所有萬有的相對性，所以要進入虛空主性密藏，也必然要經過宇宙萬有收攝之轉識成智，到虛空原點之如如不動，方能入虛空無窮盡之空相。

所以，虛空是真空，宇宙萬有是妙有，收攝其中之核心價值就是轉識成智。不落入永劫宇宙萬有之相對性，不落入次第修行之空有，如此通達的虛空的無窮盡，涵攝了宇宙萬有的輪動性，這就是虛空宇宙實相中道真空妙有的無上正等正覺之等同等持。

虛空本是收攝宇宙萬有的無窮盡，宇宙萬有的道場無不是在來去之中輪動變現的轉識成智，每一個宇宙有邊有量的來去，都已涵括在虛空空相無窮盡的圓收收圓之涵攝之中。以本體如來之智，妙觀宇宙虛空，那就是如來本體的真空妙有。虛空為如來之真空，宇宙萬有為如來之妙有，唯生命自己本身是否能生命恢復到自己如來本體的無上甚深微妙法。

是男是女，非男非女，無男無女，空男空女，如來主位皈依境

ß 地球的男女相就是整個宇宙永劫以來最後的男女相，最後的陰陽相。

我們要講一個關鍵性的主位皈依境，主位皈依境當中的存在，其無邊無量的世界，無邊無量的志業，無邊無量的廣天下，根本的核心就是解除陰陽的相對性。陰陽的相對性、男女的相對性、永劫以來不同宇宙存在的各種無邊無量的相對性，回歸到整個地球磁場的主位皈依境的立場，就是我們所謂的兩性關係、男女關係。

男女關係不只是我們所理解的肉身男女關係，更在非男非女的兩性關係，更在無男無女的兩性關係，更在空男空女的兩性關係。所有兩性關係當中，就是整個的宇宙回歸到地球上肉身的覺所，在陰陽之中兩性對待的男女相上，具備了無邊無量最後終極解密解碼的解除過程。

男女的解除過程，也代表整個宇宙陰陽相的終極性的解除過程。地球的兩性關係就是在面對中去解除所有的相對性，是整個宇宙志業重大的圖騰狀態的對應。所以地球的男女相就是整個宇宙永劫以來最後的男女相、最後的陰陽相，這是一個空前重要的密碼圖騰。地

球任何兩性關係的對待、圖騰、解苦解難，或者重大的苦難、重大的消耗過程、圓成的過程、輪動的過程，所關係的是整個宇宙的變動、整個宇宙的變化、整個宇宙最後的機會。

所以，兩性關係不是單純的所謂男女關係，我們要了解，我們終結所有地球兩性關係的目的是為了一個重大志業，**廣宇宙無邊無量的志業狀態的陰陽相，全部在地球的男女相全面整個的解脫。**所以陰陽最後的歸屬，就是男女相最後的每一個輪脈融合的狀態、每一個苦難融合的狀態。當我們的兩性關係的相對性全部解決的時候，會產生一個重大的狀態就是——一己完整的不可思議的狀態。人類的男女相，就是整個宇宙主位皈依境的最後的男女相。

整個男女相互為世間尊重互為自主的那一刻，整個相對性的陰陽相，宇宙永劫以來所有相對性的陰陽相，都在整個地球男女的傳承之中，演化到最後的那一刻，男女共合成一無極的時候，這樣不可思議的整個人類的肉身就會產生重大的質變，成為非男非女的狀態、無男無女的狀態、空男空女的狀態。

也就是地球所有男女相的一切功課全部演化結束的時候，只剩一個動作就是——所有的肉身不再往外對應任何的相對性，轉身面對自己的如來相，轉身面對自己主位的如來義，轉身面對自身當下究竟中道的中脈法流的如來本位的事實。

自己本身永劫來的陰陽相，不再有任何的男女相，不再有任何陰陽相的相對待過程，那只是一個形式，最重要只剩下一個態度，轉身面對自己本身的如來。即身肉身內在永劫來最深遠的本體功德力就是拿永劫的慣性面對自己的如來——主位的如來，皈依無上蓮華座的主位的如來。把永劫的慣性狀態、永劫來所有的相對性，回歸到如來的座下，成為如來本身的主位皈依境上所有眷屬共主狀態的主位皈依境。

我們要懂這個道理，懂這個密藏。當我們在演化地球男女關係的時候，不能太落入所謂因果的相對性，不要太落入太形式化的陰陽兩極的相對性，在共同面對兩性關係的過程當中，同時要轉向面對自己本身主位皈依境的肉身如來，如來肉身，這是重大所在。**整個宇宙永劫來只為一個目的，就是在地球的原點上，成就整個宇宙虛空性的主位皈依境。**

透過男女相，地球陰陽對待的終極的男女相，整個圓成永劫來宇宙一切生靈陰陽對待的所有磁場，都能夠圓滿在地球男女相的關係之中，而圓滿在自身一己肉身最後的一切陰陽相、永劫的陰陽相，回歸到即身肉身內在主位如來的蓮華本座的當下。

當我們懂這個道理的那一刻，就要了解一己肉身的本覺性，覺所當中有陰陽，有無邊無量的陰陽相，有無邊無量的男女相。所以我們在地球生生世世的輪迴，有各種不同重要的男女相輪迴的狀態，也都是為了一己本身的陰陽相對性都能夠有一個永劫來圓成的當下，每一個人都是這樣。

不管今天這個當下的肉身是男是女，終究在男女的對待過程當中，還是一個相對性外在結果的一切關係的男女對待。但是這些功課的目的，是為了最後每一個人都能夠打破自己肉身內在左右脈的陰陽相，成就自己中道的如來法座的主位，中脈的主位，涵攝所有相對性的陰陽男女相。

所以累劫以來，我們自身所扮演過的各種不同陰陽相、各種不同的男女相，都應該回歸到當下肉身覺所覺空的畢竟空狀態的即身中脈的如來本位的本體上，這就是我們自身要表達的重點。

所以當我們走過了一切陰陽男女相的過程，我們就要進入即身肉身非陰非陽的狀態、非男非女的狀態，讓我們解除所有相對性的陰陽相，解除所有累劫來男女相的相對性，讓自己本身的中脈是無男無女的，是空男空女的，讓左右脈相對性的陰陽脈、男女脈，都能夠成為自己本身的中脈。所以重點就在這個地方。

當我們成就中道中脈中觀的時候，左脈也是中脈，右脈也是中脈，中脈也是左右脈的那一刻，我們自己的肉身就是如來本體法報化三身成就的主位肉身、如來的肉身、中道的肉身、世尊的肉身、法報化三身等身的肉身。所以，沒有任何陰陽的問題，沒有任何男女相的問題，也代表整個世界的男女相都解決了，整個永劫來的男女陰陽對待全部都圓滿，涵攝到一個中道主性的狀態。

懂這個道理時，我們成就了中道身，成就了永不落入相對性的金剛性的中道世尊身、如來本體重大法流的金剛性壇城的肉身。一切的時間表，因果的時間表，都在我們日常生活當中的起心動念，每一個念頭都是永劫的圓滿，每一個念頭都是永劫來的本初，每一個念頭都是永劫來的諸佛。

所以當我們自身圓成到這樣不可思議功德力的肉身的時候，解除所有的男女相，解除所有的陰陽相，解除所有相對性的存在，永劫來只剩一個圓的圓滿狀態，那就是你自己本身圓成當下的基本面的存在，圓動的如如，如如圓動的即身肉身。每一個狀態，不再有任何生滅的問題，不再有任何轉識成智非生非滅的問題，當下只是一個圓滿的如來的即身肉身狀態。

國家圖書館出版品預行編目(CIP)資料

叩問中道—生命的終極解脫 / 陳炳宏、阿媞著.
— 第一版. — 臺北市 : 樂果文化出版 :
紅螞蟻圖書發行, 2016.05
面 ; 公分. — (樂生命 ; 4)
ISBN 978-986-93011-5-2 (平裝)

1.修身

192.1 105007121

樂生命 004

叩問中道—生命的終極解脫

作　　者／陳炳宏、阿媞
總 編 輯／何南輝
責任編輯／韓顯赫
行銷企畫／黃文秀
封面設計／引子設計
內頁設計／沙海潛行

出　　版／樂果文化事業有限公司
讀者服務專線／（02）2795-3656
劃撥帳號／50118837號　樂果文化事業有限公司
印 刷 廠／卡樂彩色製版印刷有限公司
總 經 銷／紅螞蟻圖書有限公司
地　　址／台北市內湖區舊宗路二段121巷19號（紅螞蟻資訊大樓）
電話：（02）2765-3656
傳真：（02）2795-4100

2016年5月第一版　　定價／360元　　ISBN：978-986-93011-5-2